ファイナンス
理論入門

金融工学へのプロローグ

木島正明
鈴木輝好
後藤　允
[著]

朝倉書店

まえがき

ようこそ，ファイナンス理論の世界へ！

　ファイナンス理論は，経済学が持つ理論的な美しさを保ちながら，社会経済とりわけ金融の実務において広く用いられている点が大きな特徴です．個人や機関投資家の資産運用，金融機関の自己資本の管理，複雑な金融商品のプライシングなど，ファイナンス理論は生きた経済に適用されています．さらに，実務からのフィードバックもあり，ファイナンス理論は現在も発展を続けています．

　それでは，なぜファイナンス理論は，これほどまでに金融実務に役立っているのでしょうか．それは，ファイナンス理論が，将来の不確実性に対峙したとき，いかに対処すべきかということに関して定量的な行動指針を与えてくれるからです．

　ファイナンス理論の主たるテーマは金融におけるリスクです．リスクに対する態度の一つにまったくリスクをとらないという選択肢もありますが，それでは自由化された経済では利益を得ることはできません．我々は，ファイナンス理論を学ぶことで初めてリスクに対する合理的な態度を備えることができるのです．

　本書は，主として文系の学部生向けに書かれていますが，金融機関に就職したばかりの若手や事業会社の財務部門に配置されたファイナンスの初学者，資格試験とりわけ証券アナリスト，ファイナンシャルプランナー，公認会計士をこれから受験しようとする実務家にも利用できるように工夫されています．

　ファイナンス理論の成果には必ず数値的な結果がともないます．したがって，学習を進める過程で高度な数学を避けて通れない場面が多くありますが，本書では，必要な数学知識を①連立方程式が解けること，②多項式を微分できること，③公式を参照しながら等比数列を扱えること，④正規分布を扱えること，に限定しました．最終章を除いて，これらの数学知識だけで本書の内容を理解できるはずです．

　学問の世界では，結論の一般性を高めるために，理論の多くは抽象的に記述されています．ファイナンス理論も例外ではありません．しかし，抽象度の高い理論は，得られる成果が一般的である反面，理解に多くの労力と時間を要します．そこで，本書では電卓を使用して最終結果を導く演習問題を多く用意しました．実際に数値結果を出しながら学習することが，実務で広く利用されているファイナンス理論を会得する近道です．しかも電卓を利用することで，数値が計算の過程でどのように加工されていくのかを実感することができます．臨場感を持って問題を解くことは理解を助けるだけでなく，理解不足を気付かせてくれることにもなります．本書は，本文中の問お

よび章末問題を解きながら読み進めることができます．

さて，ファイナンス理論には金字塔というべき3つの成果があります．(1) Modigliani–Millerの定理，(2) ポートフォリオ選択と資本資産評価モデル（CAPM），(3) Black–Scholesの公式です．(1) は企業の資本構成に関する基本的な結果，(2) はポートフォリオ選択とそれに基づく市場均衡に関する基本的な結果，(3) はオプションの理論価格に関する基本的な公式で，いずれの成果もノーベル経済学賞を受賞しています．本書の目標は，これら成果の導出原理を理解し，簡単な数値例を扱えるようになることです．

この目的のために，本書を次のように構成しました．第1章では，ファイナンス理論の背景を概観します．金融特有の専門用語に慣れてください．第2章では，貨幣が持つ時間価値の考え方を学びます．ここでは労を惜しまずに電卓で計算を進めてください．ファイナンスの基本原理である正味現在価値（NPV）の考え方に慣れるためです．第3章では企業の投資と資金調達に関する理論を学び，Modigliani–Millerの定理を導出します．第4章はリスクに関する総論です．リスクとは何か，リスクプレミアムとは何かが主たるテーマになります．第5章ではポートフォリオ選択とCAPMについて学習します．前半のハイライトですが，連立方程式が解ければ理解することができます．第6章では，金融派生商品（デリバティブ）の定性的な性質と特徴について説明します．第7章では，後半のハイライトであるBlack–Scholesの公式を導きます．最後の第8章はファイナンス理論の応用で，プロジェクト評価や企業買収，最適資本構成など経営の根幹に関わる問題をファイナンスのアプローチで考えます．

著者の3名は共同研究などをとおしてつねに情報交換を行なっており，本書の執筆に際しても，構想の段階から全般に渡り何度となく意見交換をしました．したがって，各章の分担を厳密に識別するのは難しいですが，原稿段階では，木島の総括の下で，第1章を木島および後藤が，第2，3および5章を鈴木が，第4章を木島が，第6，7章を後藤が，第8章を鈴木と後藤が執筆しました．

本書をまとめる過程で多くの方々のお世話になりました．特に，首都大学東京都市教養学部の室町幸雄教授および龍谷大学経済学部の田園講師には，たいへん有益なコメントを多数頂きました．記して感謝いたします．もちろん，あり得べき誤りはすべて著者の責任に帰します．最後に，多くの支援とともに本書出版の機会を与えて下さった朝倉書店編集部の方々に感謝の意を表します．

2012年1月

著者識

目 次

1. 金融実務の概観 ··· 1
   1.1 金融とは ·· 1
   1.2 資金調達の方法 ·· 7
      1.2.1 債　　券 ··· 7
      1.2.2 株　　式 ··· 9
      1.2.3 銀行借入 ··· 10
   1.3 証券市場 ·· 12

2. 貨幣の時間価値とキャッシュフローの評価 ······················ 16
   2.1 キャッシュフロー ··· 16
      2.1.1 確定的なキャッシュフロー ······························ 17
      2.1.2 不確実なキャッシュフロー ······························ 18
   2.2 割引債価格と利回り ·· 20
      2.2.1 単利と複利 ·· 20
      2.2.2 転化回数 ··· 22
      2.2.3 利回り曲線とフォワードレート ······················· 23
      2.2.4 割引関数 ··· 25
   2.3 割引現在価値と利付債価格 ······································ 25
      2.3.1 キャッシュフローの分解 ································· 26
      2.3.2 利付債の価格 ··· 27
      2.3.3 最終利回り ·· 28
   2.4 投資の評価 ··· 31
      2.4.1 内部収益率法 ··· 31
      2.4.2 正味現在価値法 ·· 32
   2.5 リスクのあるキャッシュフロー ································ 33

3. コーポレートファイナンス ··· 37
   3.1 企業の投資意思決定 ·· 37
      3.1.1 事業の正味現在価値とハードルレート ············· 37
      3.1.2 資金調達コスト ·· 39

目次

- 3.2 資金調達の理論 …………………………………… 45
  - 3.2.1 Modigliani–Miller の定理 …………………… 45
  - 3.2.2 証券の価値と財務レバレッジ ………………… 50
  - 3.2.3 資本構成に関するさまざまな学説 …………… 55

4. リスクとリスクプレミアム …………………………… 59
- 4.1 リスクとは ……………………………………………… 59
  - 4.1.1 収益率と対数収益率 …………………………… 60
  - 4.1.2 リスクとリターン ……………………………… 61
- 4.2 代表的なリスク指標 …………………………………… 64
  - 4.2.1 ボラティリティ ………………………………… 64
  - 4.2.2 VaR：バリューアットリスク ………………… 65
- 4.3 リスクプレミアム ……………………………………… 66
  - 4.3.1 確実性等価 ……………………………………… 67
  - 4.3.2 Sharpe レシオ ………………………………… 68

5. 現代ポートフォリオ理論 ……………………………… 72
- 5.1 ポートフォリオ選択 …………………………………… 72
  - 5.1.1 リスクとリターン ……………………………… 72
  - 5.1.2 ポートフォリオ効果（2 銘柄の例） ………… 74
  - 5.1.3 実行可能ポートフォリオ（3 銘柄の例） …… 77
  - 5.1.4 最小分散ポートフォリオと有効フロンティア … 79
  - 5.1.5 無リスク資産の導入 …………………………… 80
- 5.2 ポートフォリオ選択における共分散の分析 ………… 84
  - 5.2.1 最小分散ポートフォリオの導出 ……………… 84
  - 5.2.2 接点ポートフォリオの性質 …………………… 91
- 5.3 資本資産評価モデル …………………………………… 94
  - 5.3.1 CAPM の仮定と市場の均衡 …………………… 94
  - 5.3.2 リスクの市場価格と市場ポートフォリオ …… 95
  - 5.3.3 ベータ：個別証券のリスク …………………… 97
- 5.4 ファクターモデル ……………………………………… 100
  - 5.4.1 市場モデル ……………………………………… 100
  - 5.4.2 インデックス運用 ……………………………… 104

6. 金融派生証券 …………………………………………… 109
- 6.1 デリバティブとは ……………………………………… 109
- 6.2 先渡契約と先物契約 …………………………………… 110
  - 6.2.1 先渡契約 ………………………………………… 110

         6.2.2　先物契約 ………………………………………… 112
　6.3　スワップ契約 ………………………………………………… 114
         6.3.1　金利スワップ ……………………………………… 114
         6.3.2　通貨スワップ ……………………………………… 115
         6.3.3　CDS ………………………………………………… 116
　6.4　オプション契約 ……………………………………………… 117
         6.4.1　オプションの種類とペイオフ …………………… 118
         6.4.2　さまざまな取引戦略 ……………………………… 122

7. 金融商品の価格付け ……………………………………………… 128
　7.1　無裁定理論 …………………………………………………… 128
         7.1.1　無裁定価格 …………………………………………… 129
         7.1.2　先渡価格 ……………………………………………… 131
         7.1.3　スワップレート ……………………………………… 132
         7.1.4　プットコールパリティ ……………………………… 133
         7.1.5　複製ポートフォリオとリスクヘッジ ……………… 134
　7.2　二項モデル …………………………………………………… 135
         7.2.1　コールオプションのプレミアム …………………… 136
         7.2.2　リスクの市場価格 …………………………………… 138
         7.2.3　リスク中立確率 ……………………………………… 139
         7.2.4　CRR の公式 …………………………………………… 141
         7.2.5　ダイナミックヘッジ ………………………………… 143
　7.3　Black–Scholes の公式 ……………………………………… 145
         7.3.1　二項モデルの極限 …………………………………… 147
         7.3.2　リスク指標 …………………………………………… 150

8. ファイナンス理論の応用 ………………………………………… 153
　8.1　M&A への応用 ………………………………………………… 153
         8.1.1　M&A とは …………………………………………… 153
         8.1.2　M&A の分類 ………………………………………… 154
         8.1.3　M&A の方法 ………………………………………… 155
         8.1.4　Black–Scholes 公式の応用 ………………………… 155
　8.2　リアルオプション …………………………………………… 158
　8.3　信用リスクの計測 …………………………………………… 160
　8.4　最適資本構成の問題 ………………………………………… 163
         8.4.1　法人税の導入 ………………………………………… 163
         8.4.2　倒産コストの導入 …………………………………… 166
         8.4.3　企業価値と最適資本構成 …………………………… 169

A. 付　録 ……………………………………………………… 171
　A.1　数学の基礎 ……………………………………………… 171
　　A.1.1　数列の和の計算 …………………………………… 171
　　A.1.2　指数関数と対数関数 ……………………………… 173
　　A.1.3　テーラー展開 ……………………………………… 176
　A.2　確率の基礎 ……………………………………………… 178
　　A.2.1　確率変数 …………………………………………… 179
　　A.2.2　期待値 ……………………………………………… 181
　　A.2.3　共分散と相関係数 ………………………………… 183
　　A.2.4　二項分布 …………………………………………… 184
　　A.2.5　正規分布 …………………………………………… 186

問と章末問題の略解 …………………………………………… 191

索　引 ……………………………………………………………… 195

Coffee Break

　利子と利息 ……………………………………………………… 2
　両替 ……………………………………………………………… 5
　預金と貯金 ……………………………………………………… 12
　順イールドと逆イールド ……………………………………… 24
　時間価値と割引関数 …………………………………………… 26
　自己資本と他人資本 …………………………………………… 44
　法人税と倒産コスト …………………………………………… 56
　VaR の誕生 ……………………………………………………… 66
　CAPM の仮定 …………………………………………………… 95
　共分散推定問題の解決 ………………………………………… 96
　通貨スワップと為替スワップ ………………………………… 116
　リーマンショック ……………………………………………… 118
　哲学者ターレスのオプション取引 …………………………… 120
　プレミアムの悪魔 ……………………………………………… 123
　強気の雄牛と弱気の熊 ………………………………………… 126
　裁定取引 ………………………………………………………… 134
　メガバンク ……………………………………………………… 154

1 金融実務の概観

　英和辞典を引いてみると，financeには財政，財務，金融などの訳語が並んでいますが，本書で学習するファイナンスはこれらとは少し異なります．適当な訳語がないためカタカナで「ファイナンス」と書くことにしますが，新しい学問であるファイナンス理論を学ぶ前に，本章では学習の動機づけのために金融実務を概観します．実際の経済で金融がどのような役割を果たしているのか，とりわけ重要なプレーヤーである銀行や証券会社の業務はどのようなものか，などを企業の資金調達の例を使って説明します．

1.1 金融とは

　上の訳語の中でファイナンスにもっとも近いのは**金融**です．日本語の金融という言葉の意味は「お金を融通する」ということですから，お金の余っている経済主体から，お金の不足している経済主体にお金を融通するのが金融です．お金を提供する主体から見ればこれは**投資**であり，お金を必要としている主体から見ると**調達**ということになります．それでは，どこにお金が余っていてどこが足りないのか，どのように融通するのかを簡単な例をとおして見ていきましょう．

例 1.1 (簡単な金融)　まず簡単な例として，同じ村に住む富豪のAさんと自営業のBさんを考えましょう．Aさんには余分なお金があり，どこかに有利な投資機会がないかと探しています．一方のBさんは商売を続けるためにお金が必要で，どこかにお金を貸してくれる人がいないかと探しています．そこで，Bさんは知人を通じてAさんと知り合い，「1年後に5%の利子をつけてお金を返す」という条件でAさんから100万円を借りることになりました．

　これがもっとも簡単な金融の例です．Aさんを**貸し手**，Bさんを**借り手**といいます．お金の余っているAさんから，お金の不足しているBさんにお金が融通されました．Aさんが（Bさんに）投資した100万円を**元本**といいます．Bさんはこの元本100万円を使って商売を営み，AさんはBさんの商売がうまくいったら利子5万円を付けて投資資金をBさんから返してもらうことができるので，Aさんの利益は利息分の5万

◆ *Coffee Break*

利子と利息

利子とは借り手が支払う対価のことで，それを貸し手が受け取る場合に利息といいます．利子も利息も同じものですが，厳密には主体によって言葉が変わることに注意しましょう．利子という言葉は，古来，農耕のために牛を借りた場合には子牛を付けて返したことに由来します．一方，利息の由来は中国の史記で，男子は将来仕事をしてお金を稼ぐという「息は利の如し」からであるといわれています．

円になります．一方，B さんの側から見れば，B さんは（A さんから）調達したお金 100 万円で商売を営み，商売がうまくいって 120 万円の収益が出たとしたら，元利合計 105 万円を A さんに返済した残り 15 万円が自分の利益になります．貸し手にとっては利息が得られ，借り手にとっては商売が続けられるので，双方にとって利点のあることがわかります．

もちろん，B さんの商売が必ず成功するという保証はありません．もし B さんの商売が失敗し，利子も 100 万円も返せなかったら A さんは損失を被るので，貸し手には投資先を選別する目が必要になります．一方，借り手は利子を付けて返済する義務があるので，それを上回るだけの利益を出す経営能力が求められます．とはいえ，金融の仕組みがなかったら B さんは商売を続けられなかったでしょうし，A さんも余ったお金を箪笥にしまっておくしかなかったかもしれません．

さらに，B さんは商売に成功し，もっと事業を拡大しようとするかもしれません．そうすれば新たに従業員を雇う必要も出てくるでしょうし，もっと広い社屋を建てることにもなるでしょう．新社屋のために家具や什器・パソコンなどを購入する必要も出てきます．

このように，事業に失敗するリスクがあるとはいえ，A さんの投資がきっかけで，A さんと B さんの利益だけでなく，社会全体での雇用の創出や工事の発注，商品の購入などをとおして経済の拡大につながっていく可能性が出てくるわけです．これが「金融は経済の血液」といわれる理由です．金融をとおしてお金があたかも血液のように体（経済システム）全体に流れて栄養（経済成長）を隅々まで運んでいくことができます．

例 1.1 では知人の紹介で A さんと B さんは知り合いましたが，借り手と貸し手がお互いに好ましい取引相手を探すためにはコストがかかります．この**探索コスト**が大きい場合には，探すことを諦める（したがって，商売の継続も諦める）人も出てくるでしょう．上述のように，金融は借り手と貸し手をつなぐ重要な仕組みなので，探索コストが大きいということは経済にとって好ましいことではありません．このため，借り手と貸し手を仲介する役割を担う人が登場することになります．次の 2 つの例を使って**仲介人**の役割を考えましょう．

例 1.2 (直接的な仲介人) お金が余っているわけでもなく商売をしているわけでもないが利に聡い C さんを考えましょう．C さんは A さんと B さんのような例があちこちで起こっていることに気づき，富豪の中にはまだまだお金が余っている人，自営業の中にはまだまだお金が足りない人がいると考えます．そこで，多くの富豪と商売人の情報を集め，それぞれに相手を紹介して借り手と貸し手を仲介するという商売を思いつきました．C さんの顧客であった A さんと B さんにお互いを紹介したところ，双方が納得して，A さんは B さんに「1 年後に 5% の利子を付けてお金を返す」という条件で 100 万円を貸すことになりました．その際，C さんはその仲介の対価として，2 人から手数料として 1% ずつを契約時にもらうことになります．

例 1.1 と同様に，(C さんが仲介して) A さんから借りた 100 万円を使って B さんは商売を営み，商売がうまくいって 120 万円の収益が出たとしたら，利子 5 万円を付けた元利合計 105 万円を A さんに返済し，手数料として C さんに 1 万円支払っているので，残り 14 万円が B さんの利益になります．仲介料 1 万円が惜しいという見方もできますが，これは納得してお金を貸してくれる貸し手を見つけるための探索コストであり，もし C さんがいなければもっと高いコストをかけて貸し手を見つける必要があったかもしれません．一方 A さんは，もし B さんの商売がうまくいったら利息 5 万円が A さんの利益になりますが，手数料として 1 万円払っているので，差引 4 万円が A さんの純利益になります．

この場合，A さんと B さんはお互いを知らなかったので，C さんがいなければ A さんは利息が得られなかったし，B さんは商売を続けることができませんでした．C さんはその仲介の対価として 2 人から手数料合計 2 万円を手に入れました．このように，この例では貸し手，借り手，仲介人 3 者にとって利点があることがわかります．

もちろん，B さんの商売が必ず成功するという保証はないですから，例 1.1 と同様に，A さんには投資先を選別する目が必要になります．そのための情報を提供するのも C さんの役割です．C さんは仲介しただけで手数料は契約時点で手に入っているので，仮に B さんの商売が失敗したとしても損をするのは貸し手の A さんであって C さんではないことに注意してください．

例 1.3 (間接的な仲介人) 次に，C さんのように貸し手と借り手を仲介するだけでなく，自分でお金を集めて，集めたお金を貸すという商売を思いついた D さんを考えます．D さんは多くの人から利子の支払いを約束してお金を借り，一方で，多くの商売人にも声をかけ，自分が借りて集めたお金を貸して利息をもらいます．A さんからは「1 年後に 3% の利子を付けてお金を返す」という条件で 100 万円を預かりました．B さんには「1 年後に 6% の利子を付けてお金を返す」という条件で 100 万円貸すことにしました．ただし，A さんが預けた 100 万円が B さんに貸し出されたということは，A さんも B さんも知りません．

例 1.2 と同様に，仲介人の D さんから借りた 100 万円を使って B さんは商売を営み，商売がうまくいって 120 万円の収益が出たとしたら，利子 6 万円を付けた元利合計 106 万円を D さんに返済し，残り 14 万円が B さんの利益になります．一方，100 万円を（D さんに）預けた A さんは，B さんの商売とは関係なく，1 年後に D さんから利息分の 3 万円を手に入れることができます．さらに D さんは，B さんの商売がうまくいったら利息分の 6 万円が D さんの収益になりますが，A さんに借りたお金の利子 3 万円を A さんに支払わなければならないので，差引 3 万円が D さんの手に入ります．この利息と利子の差を利鞘と呼び，これは例 1.2 における手数料と同じです．例 1.3 の手数料は例 1.2 に比べて高くなっていますが，これは A さんにとって B さんの商売の成果とは関係なく利息 3 万円が手に入るからです．もちろん，仲介人 D さんが必ず利子を支払えるという保証はないですから，貸し手には仲介人を選別する目が必要になります．D さんは利鞘を稼ぐために借り手を選別し，一方で（貸し出すお金を作るために）貸し手を探す必要があります．もし借り手（B さん）の商売がうまくいかなければ，D さんは大胆なリストラなど，B さんの会社経営の立直しに口を出すかもしれません．

以上のように，金融には貸し手，借り手，仲介人の 3 者が登場人物として現れます．ここで，仲介人である C さんと D さんの違いを整理しておきましょう（図 1.1）．C さんの場合には，貸し手と借り手を互いに紹介して手数料を手に入れるだけで，B さんの商売がうまくいかなくても，お金が返ってこないのは貸し手の A さんであって C さんではありません．お金のやり取り自体は貸し手と借り手が直接交わしているので，このような金融の形態を**直接金融**といいます．一方，D さんの場合には，貸し手から D さん自身がお金を借りて，借り手には D さん自身がお金を貸しており，儲けは利息収入と利子支払の差額である利鞘になります．D さんは利息収入が利子支払を下回っ

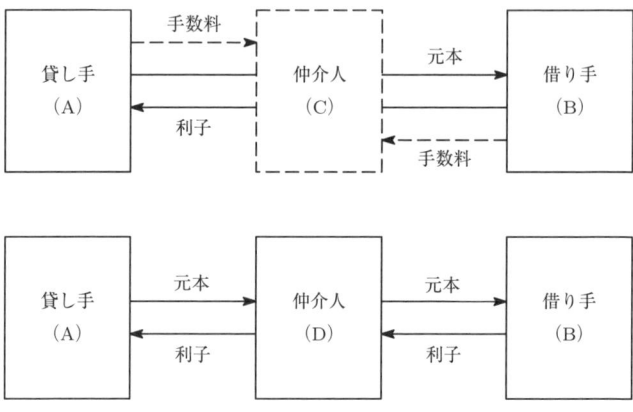

図 1.1 直接金融と間接金融の違い

◆ *Coffee Break*

両　替

　海外に旅行する際，空港などで外貨の両替を行なうことになりますが，両替も金融の一形態と見なすことができます．日本では江戸時代まで小判，丁銀および銭貨（いわゆる金，銀，銭の三貨）が流通しており，これらを交換および売買する必要がありました．両替という言葉は，一両小判を銀貨や銭貨に替えたことに由来します．この取引の仲介人が両替商と呼ばれた人たちですが，両替商は江戸時代に確立したといわれています．有力な両替商は公金の出納や手形の振出し，支払い，貸付けなどの業務も行なっており，幕府や藩の財政を支えた存在でもありました．時代劇などではあまりよくないイメージで登場する両替商ですが，彼らは江戸時代の経済にとって極めて重要な役回りを演じていたのです．なお，現在の日本の銀行の多くは江戸時代の両替商が前身です．

たら損をしてしまうことになるので，利息は多めに，利子は少なめに設定します．しかし，借り手であるBさんの商売がうまくいかなかったら，利息どころか貸したお金そのものが返ってこないので，Dさんは（Aさんに代わって）そのリスクを負うことになります．この場合，本来の借り手と貸し手の間に仲介人との貸し借りが入るので，このような金融の形態を**間接金融**といいます．

　最後に，これまでの説明を経済学の言葉を使って簡単にまとめておきます．富豪のAさんのように，個人で余ったお金を融通している人のことを**個人投資家**といいます．そのほかにも，企業単位でお金を融通する**機関投資家**も存在します．以下本書では，個人投資家と機関投資家をまとめて，単に**投資家**と呼ぶことにします．

　お金の借り手であったBさんには，自営業者だけでなく，広く一般の企業や家計があてはまります．たとえば，自動車，電機などの製造業，電話，IT企業などの情報通信業，電力，ガスなどのエネルギー産業などがあります．これら一般の企業をまとめて**事業会社**と呼びます．

　最後に，仲介人であったCさんとDさんには**金融機関**が対応します．直接金融におけるCさんは**証券会社**であり，間接金融におけるDさんは**銀行**が代表的な金融機関になります．その他の金融機関については，金融機関の分類の項（1.2.3項）で述べます．

　実際の経済では，投資家が貸し手で，事業会社や家計が借り手となり，金融機関が貸し手と借り手の間を仲介するということになります．また，借り手が事業を営むなどのために必要となるお金のことを**資金**と呼びます．

　以上の用語を使えば，直接金融では，事業会社は（次節で説明する）株式や債券などの有価証券を証券会社をとおして発行し，投資家はこれを市場で購入することで資金が事業会社に渡ります．この際，証券会社は資金の受け渡しを行ない，事業会社と投資家の双方から手数料を受け取ります．一方，間接金融では，投資家は銀行に資金

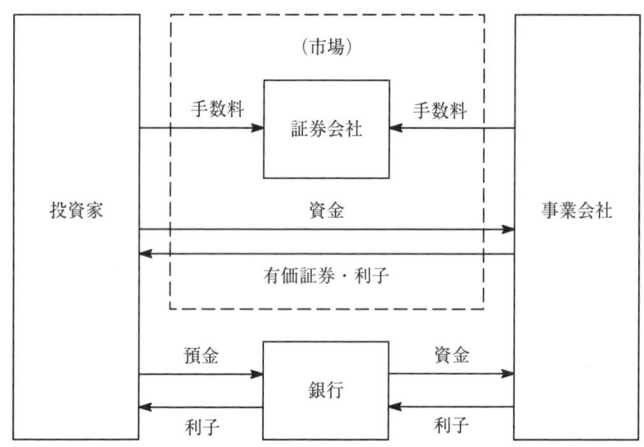

図 1.2 直接金融と間接金融におけるお金の流れ

を預け入れ，銀行はその対価として利子を払います．同時に，銀行は事業会社に資金を貸し出し，その対価として利息を受け取ります．つまり，投資家から事業会社への資金の流れの中に銀行が介在し，貸出しと借入れの差額である利鞘を受け取ります．具体的な資金の流れを図 1.2 に表わしました．より具体的な資金の流れは次節で説明します．

もちろん，資金の出し手である投資家にとって，利息は多いほうがよいし，リスクは低いほうがよいでしょう．では，どのようにしたら自分の好みの投資先を決めることができるでしょうか？ ファイナンス理論ではこのような問題に対して答えを見つけていきます．一方，事業会社にとっては，資金調達のコスト（支払い利子を含む）は低いほうがよいでしょう．また，投資家が望む事業をどのように選べばよいかなど，企業に関わるファイナンス（コーポレートファイナンス）の問題も多く存在します．以下，本書では，こういった問題に対するファイナンスの理論を説明していくことになります．

もちろん，考えるべきことは多岐にわたり，決して本書に含まれている内容だけがファイナンス理論ではありません．たとえば，仲介人である銀行は，投資家から見れば資金の借り手である一方，事業会社から見れば資金の貸し手になるので，貸し手と借り手の問題を同時に考える必要があります[*1]．本書では紙数の制約上，こういった問題には立ち入りません．しかし，本書の内容を理解することは，その広大なファイナンスの世界に踏み出すための最初の一歩になるはずです．一方で，ファイナンス理論で構築されたモデルや考え方は金融資産以外の実物資産にも適用可能だということ

[*1] 銀行 ALM と呼ばれます．銀行は仲介人という性質上，Asset（資産）と Liability（負債）を同時に Management（管理）する必要があります．

が最近わかってきています．本書の最後（8.2 節）に，ファイナンス理論の応用として，このリアルオプションについてもふれることにします．

1.2 資金調達の方法

本節では，事業会社の資金需要を出発点として，事業会社を中心に金融の仕組みを詳しく見ていきます．金融のイメージをつかむため，架空の事業会社として情報通信会社である S 社を例に話を進めます．S 社の社長になったつもりで本節を読めばより臨場感が湧くと思います．

例 1.4 (情報通信会社の資金需要) 現在，S 社は携帯電話事業が好調で，契約者数を順調に伸ばしています．また，各ユーザの通信量は増加し続けており，ユーザの通信需要に応えるためには基地局の増設が喫緊の課題であり，事業拡張のために 500 億円の資金が必要になると見積もられています．そこで，社長は財務企画部長を呼び，直接金融で調達する場合と間接金融で調達する場合について，それぞれの**資金調達**の方法を調査するよう指示しました．

直接金融における資金調達では，借り手である S 社と貸し手である投資家の間に証券会社が介在します．通常は，S 社が**有価証券**と呼ばれる証券を証券会社をとおして発行し，投資家はこれを市場で購入することで資金が S 社に渡ります[*2)]．有価証券を購入し保有することで投資家は利息を受け取ることができるし，貸した資金も戻ってくることが期待できます．S 社としても，個々の投資家を把握することなく，有価証券を売ることで資金調達が可能になります．一方，間接金融では，S 社は銀行から**融資**を受け，その対価として利子を銀行に定期的に支払います．

有価証券には大きく分けて**債券**と**株券**の 2 種類が存在し，その役割も大きく異なります．債券によって調達される資金は**負債**といい，株券による場合は**株式**といいます．以下では，負債と株式，および融資の場合に分けて，S 社の資金調達の具体的な手順を説明します．

1.2.1 債券

事業会社が発行する債券を**社債**と呼び，国が発行する債券である国債や地方自治体が発行する地方債と区別します．後述するように，これは**発行体**（債券を発行する主体）によって信用力が異なるため，同じ債券でも市場での扱われ方が異なるからです．資金を貸した（この場合には債券を購入した）投資家が**債権者**であり，債券を発行した事業会社は**債務者**になります．

債券には大きく分けて割引債と利付債の 2 種類があります[*3)]．ある決められた将来

[*2)] 証券とは財産法上の権利・義務に関して記載された紙片のことで，有価証券とは価格を持った証券という意味です．また，証券会社とは，事業会社に代わって有価証券を代理発行する会社という意味です．

[*3)] 他に，物価連動債や仕組債，転換社債なども債券の一種です．各自で調べてみてください．

時点（**満期**と呼びます）に決められた金額（**額面**）を受け渡す債券を**割引債**と呼びます．満期までのどの時点においても，他の支払いなどは発生しません．一方，**利付債**（あるいは**クーポン債**）とは，満期までの期中においてクーポンと呼ばれる利払いのある債券のことです[*4]．満期では額面とクーポンの合計額が支払われます．いずれの場合でも，発行時には市場で決められた**発行価格**と呼ばれる金額で取引されます．

日本においてはほとんどが利付債で，クーポン支払いは年2回で額面は1億円に設定されています[*5]．また，発行価格が1億円になる（すなわち額面に一致する）ようにクーポンの金額が決められます．このような利付債は**パー発行**と呼ばれます．もちろん，通常は最小取引単位が設定されていて，社債の場合には1枚が最小取引単位になります．したがって，社債の購入には通常，最低でも1億円が必要になります．利付債については2.3節で詳述しますが，本書では，説明を簡単にするために，額面を100円や1円などとすることもあるので注意してください．

さて，S社は500億円の資金調達のために，額面100万円の利付債を5万枚パー発行するとします．具体的には，
1) S社は証券会社に，額面100万円の利付債5万枚の発行を依頼する．
2) 証券会社はS社の信用力が市場でどのように評価されているかを調査し，パー発行になるようにクーポン額を決めたところ1万円（1年で2万円の利払い）に決定する．
3) 証券会社は社債を発行し，S社に500億円から手数料を引いた金額を渡す[*6]．
4) S社は利払い日に証券会社に5億円を利子として渡し，証券代行会社（通常は信託銀行）を通じて投資家に利息が支払われる．
5) S社は社債の満期日に証券会社に500億円を渡し，証券代行会社を通じて投資家に額面が償還される．

一方，投資家サイドから見れば，資金の流れは以下のようになります．
1) 社債を100単位購入した投資家は，購入代金1億円と手数料を証券会社に支払う．この際，この投資家はS社の債権者となる．
2) この投資家は利払い日に証券代行会社から100万円の利息を受け取る．
3) 満期日に証券代行会社から額面1億円と100万円の利息を受け取る．

ところで，負債には返済に対する義務（**債務**）がありますが，S社がこの債務を必ず履行できるとは限りません．通信需要が想定以下にとどまったために売上げが伸びず，半年ごとの利払い負担が重くのしかかるかもしれません．あるいは，自然災害などで基地局が破壊され，修繕のための資金が必要になり経営が圧迫されることもあり

[*4] 利付債にはクーポンが一定の固定利付債と変動する変動利付債がありますが，本書では，利付債といえば固定利付債を指すことにします．

[*5] 個人向けに額面100万円の利付債も発行されています．ソフトバンクはかつて額面100万円の社債を発行したことがあります．

[*6] 社債の場合には証券会社による引受方式が一般的で，売れ残りは証券会社が全額引き受けます．このため，場合によっては発行価格が額面を下回ることもあります．

得ます．利払いや額面の償還が滞った場合，これを**債務不履行**（あるいは**デフォルト**）といいます．デフォルトに陥ると，最悪の場合，投資した資金の全部（あるいは一部）が毀損するというリスクが債権者にはあります．このようなリスクを**信用リスク**といい，金融市場ばかりでなく，近年の世界経済全体の最大の関心事になっています．信用リスクについては本書の最後（8.3節）で簡単に解説します．

1.2.2 株　式

　株式での調達の仕組みは，上で説明した負債とは大きく異なります．まず，負債は債務であり返済する義務があったのに対して，株式には返済の義務がなく資本に算入されます．実は，株式は事業会社の**自己資本**であり，このため株主がその会社の所有者であるということになります．また，株式には満期や額面，利払いもありません．その代わり，業績に応じて**株主**に**配当**が企業から（その企業が存続する限り永遠に）支払われます．言い換えると，業績が悪ければ配当を支払う義務はありません．

　S社が500億円の資金調達のために株式を追加発行（増資）するとすると，手順は以下のようになります．説明の簡単化のために現在のS社の株価を2,300円，発行済み株式数を2億株とします．

1) S社は証券会社に株式の追加発行を依頼する．
2) 証券会社は過去のS社の株価を調べて株式の発行価格を決めたところ2千円だと予想する[*7]．
3) 500億円調達するために証券会社は株券を2,500万株発行し，S社は手数料を証券会社に支払う．
4) 新規発行株価は市場から2,200円と評価されたため550億円を株式で調達．証券会社はS社に550億円渡す．
5) 配当支払い日に，S社は証券会社に2億2,500万株分の（業績に応じた）配当を渡す．

この例では，新規発行株式が予想に反して高く売れたので，S社は余った50億円を別の目的に使うことができます．

　一方，投資家サイドから見れば，資金の流れは以下のようになります．

1) 株式を1万枚購入した投資家は[*8]，購入代金2,200万円と手数料を証券会社に支払う．この際，この投資家はS社の株主となる．
2) この投資家は配当支払い日に証券代行会社から株式1万枚分の配当を受け取る．

配当は，この株式を配当権利日に保有していた場合に受け取ることができます．もちろん，S社の業績によっては無配に陥るリスクもあり，株価は将来の業績の予想などによって変化します．

[*7] 追加発行により株式の**希薄化**が起こるので，通常は増資により株価は下落します．
[*8] 株式の最小取引単位は銘柄により異なります．たとえば，トヨタ自動車や三菱UFJフィナンシャルグループは100枚，シャープや三菱自動車は1,000枚，JR東海などは1枚が最小取引単位（単元株数）となっています．

表 1.1 債券と株式の主な相違点

相違点	債券	株式
弁済の義務	あり（負債に算入）	なし（資本に算入）
議決権	有しない	有する
額面，満期	ある	ない
利払い	あらかじめ決められたクーポン	業績によって左右される配当

　株式の重要な性質として，株主は**株主総会**に出席し，保有枚数に応じた**議決権**を行使できるという点が挙げられます[*9]．事業会社を運営しているのは経営陣ですが，重要事項の決定には，定例あるいは臨時の株主総会を開催して，企業の所有者である株主の承認を得なければなりません．株主は保有枚数に応じて議決権をもつため，多額の出資者ほど重要事項の決定に関して強い影響力を持つことになります[*10]．

　以上で説明した株式と債券の差異を表 1.1 にまとめました．

1.2.3　銀　行　借　入

　直接金融を営む金融機関は証券会社だけですが，間接金融を営む金融機関は表 1.2 のように，多数存在します．一般に，単に銀行といえば，普通銀行，郵便貯金銀行，信託銀行，その他の銀行をまとめた小分類を指します．間接金融を営む金融機関は他にも信用金庫などがありますが，以下では，それらを代表して銀行ということにします．

表 1.2　間接金融を営む金融機関の分類

中分類	小分類	細分類
銀行業	銀行	普通銀行
		郵便貯金銀行
		信託銀行
		その他の銀行
協同組織金融業	中小企業等金融業	信用金庫・同連合会
		信用協同組合・同連合会
		商工組合中央金庫
		労働金庫・同連合会
	農林水産金融業	農林中央金庫
		信用農業協同組合連合会
		信用漁業協同組合連合会，信用水産加工業協同組合連合会
		農業協同組合
		漁業協同組合，水産加工業協同組合

[*9] 伊藤園から議決権のない第1種優先株式が東京証券取引所第Ⅰ部に上場されています．

[*10] 株主が議決権が持つということは，株式調達の持つ負の側面にもなります．多くの株券を発行すると，経営陣の意向に反する株主が影響力を持つこともあり，最悪の場合には反対株主によって経営陣が退陣させられる危険性もあり得るからです．これを防ぐために，近年**マネジメントバイアウト** (MBO) という手法により，経営陣が株式を取得して自らが株主となり，経営を円滑に行おうとする試みが散見されるようになってきています．近年の事例など，各自で調べてみてください．

間接金融による資金調達も，債券の発行と同じように負債になります．資金を貸した銀行は**債権者**であり，融資を受けた事業会社は**債務者**になります．債券の場合と用いられる用語が異なるので注意してください．

たとえば，債券は発行でしたが，銀行が事業会社に資金を貸すことを**融資**といい，通常は審査を伴います．債券では償還日，額面といいましたが，融資の場合にはそれぞれ満期日，元本といいます．社債の発行では額面や償還日などは事業会社に決定権がありますが，融資の場合には元本や利子，満期日などは審査によって銀行が決めるのが一般的です．

さて，S社は500億円の資金調達のために，銀行に融資を申し込むとします．具体的には，

1) S社は銀行に500億円の融資を依頼する．
2) 銀行はS社を審査し，400億円を上限に年率2.4%，満期3年で融資することを決定する．
3) 利払い日（半年ごと[*11]）に，S社は銀行に4億8,000万円の利子(400億円×2.4%/2)を支払う．
4) 3年後の満期日に，S社は銀行に元本と利子の合計404億8,000万円を返済する．

S社は融資で400億円しか調達できなかったので，100億円は別の方法で調達することになります．また，銀行は債券を発行するわけではないので，通常は事務手数料以外は発生しません．なお，利子の計算の詳細については2.3節で学びます．

一方，投資家が銀行に貸し出した資金のことを**預金**といいます．預金には大きく分けて定期性預金と普通預金の2種類があります[*12]．定期性預金には満期があり，満期以前に解約するとペナルティーが課せられます．普通預金には満期がない代わりに，いつでも口座から預金を引き出すことができます[*13]．利払いは半年ごとに発生します（利息は1日単位で計算されます）が，定期性預金の利率は普通預金よりも高く設定されています．預入れ金額も通常は任意に設定でき，預金者は銀行の債権者になります．もちろん，手数料は発生しません．

銀行に資金を預け入れる投資家（預金者）の視点からは，資金の流れは以下のようになります．

1) 投資家は銀行の定期性預金に預金する．
2) 利払い日に，銀行から利息を受け取る．
3) 満期日に，銀行から元本と利息を受け取る．

投資家が普通預金に預け入れた場合には，満期日がないので，投資家は自由に預金を

[*11] 銀行融資に対する利払いには，毎月払いや四半期払いもありますが，ほとんどが半年払いです．
[*12] 代表的な定期性預金に定期預金，積立預金などがあります．他に，当座預金や外貨預金などの預金があります．各自で調べてみてください．
[*13] このため，普通預金は「要求払い預金」とも呼ばれます．要求払い預金には利息の付くものと付かないものがあります．

◆ *Coffee Break*

預金と貯金
　本書ではすべて預金で統一しましたが，実は貯金という言葉もあり，預金と貯金は使い分けて用いられます．貯金箱といいますが，預金箱とはいいませんね．実は，どの金融機関に預けるかで呼び方が異なり，銀行は預金で，ゆうちょ銀行は貯金です．民営化される前の郵便局時代からの呼び方がいまも続いているわけです．他に，信用金庫，信用組合，労働金庫に預けたお金が預金，JA バンク（農業協同組合）や JF マリンバンク（漁業協同組合）に預けたお金が貯金と呼ばれます．貯金は明治時代に政府が庶民に「お金を貯める」ことを奨励するために始めた郵便貯金に由来しています．

引き出すことができます．
　事業会社がデフォルトしたとしても損失を被るのは銀行であり，間接的な資金の貸し手である投資家にはリスクがありません．この点が投資家にとっての直接金融と間接金融の大きな違いになります．
　もちろん，銀行がこの債務を必ず履行できるとは限りません．融資先が倒産したりして資金の回収が進まず，預金の利払い負担が重くのしかかるかもしれません．あるいは，自己勘定で購入していた金融資産の価値が下落し，バランスシートが大きく毀損することもあり得ます．しかし，銀行がデフォルトした場合，その影響は甚大なので，預金は法律により全部あるいは一部保護されています．具体的には，3つの要件（無利息，要求払い，決済サービスの提供）を満たす決済性預金については，その全額が保護されます．それ以外の預金（利息の付く普通預金，定期性預金など）については，預金保険機構により1人あたりひとつの金融機関につき元本 1,000 万円までとその利息が保護されます．

1.3　証　券　市　場

　例 1.1 では知人の紹介で A さん（貸し手）と B さん（借り手）が知り合い，何らかのプロセスを経て「5% の利子で 100 万円」という契約で合意しました．一般に，金融取引では，買い手と売り手（または貸し手と借り手）が出会って，互いに価格（利息）が折り合って初めて取引が成立します．たとえば，ある商品を 100 万円で売りたい人がいたとします．取引が成立するためには，この商品を 100 万円で買いたいと思っている人を探し出す必要があります．この探索コストが高い場合には，取引は活発には起こらないでしょうから，経済そのものが発展しないでしょう．この探索コストを低く抑え取引を活性化させる仕組みが市場です．
　前節では事業会社が資金調達する際の資金の流れを中心に説明しましたが，実は，そこで発行された社債や株式はそれ以降，証券市場で取引することができます．市場

1.3 証券市場

で取引される価格を**市場価格**といいますが，本節では，証券市場と市場価格について簡単に説明します．

証券市場とは証券を取引する場所のことで，日本には東京，大阪，名古屋，札幌，福岡に取引所があります．証券取引所には数多くの経済主体が参加し，定型化された商品（債券や株式）が取引されます（**取引所取引**と呼ばれます）．他に，取引所をとおさずに売買することも可能で，**店頭市場**と呼ばれる取引所外取引では，相対取引を中心に定型化されていないさまざまな金融商品が取引されています．

日本の取引所は午前9時から午後3時まで途中昼休みを挟んで開いています．午前中を前場，午後を後場といいます．前場と後場の最初の価格（寄付き）は**寄せ板方式**，それ以降の価格は**ザラ場方式**という売買成約方式で決定されます．注文方式には2つあり，**指値**注文では価格と数量を指定，**成行**注文では数量のみを指定します．約定の原則は，売り注文であれば価格の低いもの，買い注文であれば価格の高いものが優先され，同じ価格であれば時間の早い注文が優先されて約定され，約定価格が市場価格になります．詳細は専門書を参照してください．

市場にはいろいろな経済予想や思惑を持った投資家が参加しており，売買状況を確認しながら次々に（あるいは前もって）売買注文を出します．その結果，約定価格は時々刻々と変化することになります．とはいえ，多くの経済主体が参加した透明性の高い取引所で付けられた価格は，市場参加者全体の総意として付けられた価格と見なすことができます．このため，取引所取引には**価格発見機能**があるといわれ，金融資産を市場価格（時価）で評価しようとする考え方の根幹をなしています．

以下では順に，債券，株式，その他の金融商品について見ていきます．

発行体（前節の例ではS社）が発行したときに購入する債券を**新発債**といい，すでに発行された債券を**既発債**と呼びます．債券の売買は**債券市場**で証券会社をとおして行なうことができます．債券には額面が付いていますが，既発債の市場価格は額面と異なるのが普通です．

債券を持っていればクーポン収入が得られますが，時間の経過とともに得られるクーポンの回数が減っていきます．また，2.3節で学ぶように，債券価格は投資家の将来の金利予想に依存して決まります．多くの投資家が将来金利が上がると予想すれば債券価格は下がるし，逆の場合には債券価格が上がります．投資家の将来予想は経済の状態により時々刻々と変化するため，債券の市場価格も時々刻々と変化します．さらに，社債の場合には前述のデフォルトリスクも価格に反映されています．

図1.3に社債価格（額面を100円に基準化）の変動の例を示しました．選んだ銘柄は2007年6月発行のソフトバンク債第25回債（満期4年），2010年6月発行のソフトバンク債第32回債（満期5年），2002年9月発行のトヨタ自動車債第6回債（満期10年），2008年12月発行のトヨタ自動車債第8回債（満期10年）です．同じソフトバンク発行の社債でも，満期が異なると違う社債と見なされることに注意してください．また，トヨタ自動車債第6回債（満期10年）の社債では，残存期間が短いほうが価格は安くなっています．これは満期が異なるとクーポン収入の総額も異なる

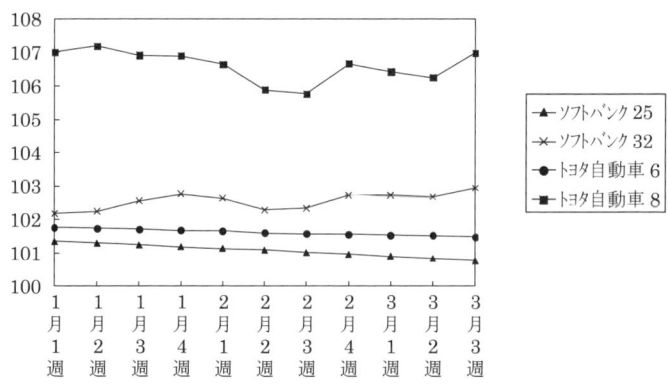

図 1.3 債券価格の変化

し，さらに，異なる満期までの金利予想も異なります．デフォルトの可能性も満期の長いほうが高くなるからです．

　株式を売買する市場が**株式市場**です．上の例ではS社が株式により増資しましたが，既存の株式も新規発行の株式も，市場で流通している株式には差異はありません．これは，債券と異なり，株式には満期や額面がないからです．株券の市場価格を**株価**といい，その事業会社の収益性，成長性，配当などの要因を反映しています．株価の理論価格に関する代表的な考え方について 3.1 節で説明します．

　図 1.4 に株価の変動の例を示しました．選んだ銘柄はソフトバンク (9984)，トヨタ自動車 (7203)，三菱 UFJ フィナンシャルグループ (8306)，日本マクドナルドホールディングス (2702) でカッコ内はその銘柄の銘柄番号です．債券と異なり，同じ企業

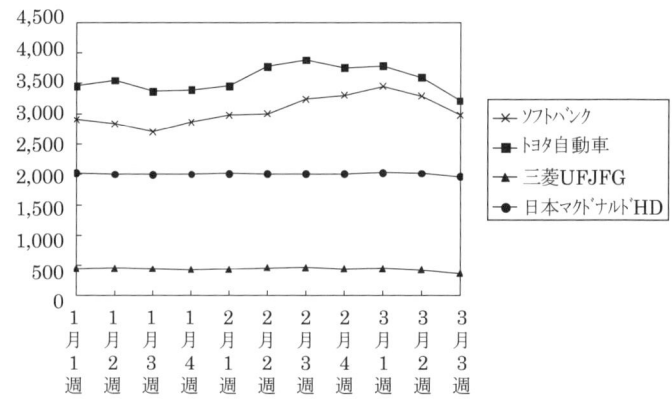

図 1.4 株価の変化

が発行する株式はひとつしかありません．株主は株券を保有する限り会社を保有していることになるので，株価は会社の価値を表わしているということもできます．実際，株価に**発行済み株式数**をかけたものを**株式時価総額**といい，これは企業価値を表わす代表的な指標になります．図 1.4 で株価の水準が異なるのは，企業の業績や成長期待が異なるためだけではなく，発行済み株式数が少ない場合には株価の水準が高くなる傾向があるからです．また，銀行や外食産業に比べると，メーカーや IT 産業の株価の変動が大きいように見えますが，変動の大きさ（リスク）を見るためには，株価水準の変動を調べてもあまり意味がありません．価格変動リスクの分析方法については第 4 章で学習します．

一方，銀行融資では，債権者である銀行は融資した債権（**貸出債権**）を他人に売却することはできません．これは，融資においては有価証券が発行されていないためです．証券市場の重要な役割に「**流動性**の供給」がありますが，売りたいときに売りたい価格の近辺で売れる，買いたいときに買いたい価格の近辺で買えるとき流動性が高いといいます．正確な情報をもった数多くの経済主体が参加している市場は流動性の高い市場です．一方，貸出債権や売掛債権には流動性がまったくないので，それらの時価を評価することはできません．したがって，それらを売って手元資金に変えることもできません．

近年，こういった流動性のない債権を**流動化**するための方法として**証券化**という手法が登場しています．証券化の一般的な流れは以下のようなものです（図 1.5）．
 1) 銀行が債権の譲渡だけを目的とした**特別目的会社** (Special Purpose Company; SPC) を設立し，そこに債権を譲渡する．
 2) 債権からの利息収入を原資として SPC が社債を発行し，資金を調達する．
 3) 銀行は債権譲渡の対価として調達した資金を受け取る．

こうして銀行が保有していた債権は流動化され，SPC が発行した社債を購入した投資家には，貸出債権からの利息収入がクーポンとして支払われます．もちろん，貸出債権は将来デフォルトするリスクもあるので，銀行にとっては（不良）債権をバランスシートから切り離すことができるという利点もあります．

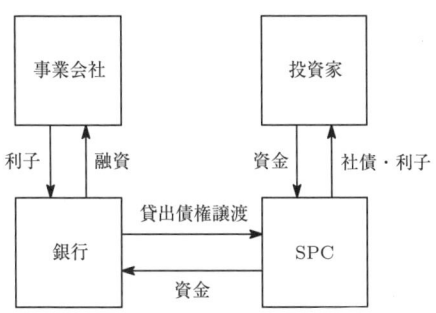

図 **1.5** 貸出債権の証券化の仕組み

貨幣の時間価値とキャッシュフローの評価

本章では，ファイナンス理論の基本原理となる将来キャッシュフローの割引現在価値について学びます．「コーポレートファイナンス」を始めとして「ファイナンス理論の応用」に至るまでの本書のすべての章において，キャッシュフローの考え方は繰り返し基本的な枠組みを提供します．

2.1 キャッシュフロー

自分にとって，受け取る資金を**キャッシュインフロー**，支払う資金を**キャッシュアウトフロー**と呼び，まとめて**キャッシュフロー**と呼びます．また，キャッシュフローの出入りを時間軸に対して描いた図を**キャッシュフロー図**と呼びます．たとえば，現時点で3.8万円を友人に貸して（キャッシュアウトフロー），これを1年後から毎年1万円ずつ4年間返済してもらう（キャッシュインフロー）と約束したとします．このときのキャッシュフロー図は図2.1のようになります．インフローは時間軸に向けて，アウトフローは時間軸から外側に向けて書くのが一般的です．矢印の上側に出入りする資金額を書きます．

決められた期日に，決められた額が約束どおりに発生するキャッシュフローを**確定的キャッシュフロー**と呼びます．図2.1の例では，資金返済の約束は絶対で，返ってこないことや半分になって返ってくること（貸倒れ），さらには遅れて返ってくること（延滞）は絶対にないことを前提にしています．確定的キャッシュフローを**リスクのな**

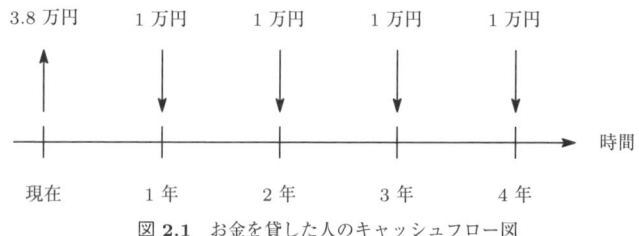

図 **2.1** お金を貸した人のキャッシュフロー図

いキャッシュフローということもあります．一方，事前に発生額を確定できないキャッシュフローを**確率的**キャッシュフローあるいは**不確実な**キャッシュフローと呼びます．貸倒れや延滞の可能性のあるキャッシュフロー，増える場合もあれば減る場合もあるキャッシュフローなどは不確実なキャッシュフローの例です．不確実なキャッシュフローのことを**リスクのある**キャッシュフローともいいます．

以下では，確定的なキャッシュフローの例として債券（国債），リスクのあるキャッシュフローの例としてスワップについて説明します．

2.1.1 確定的なキャッシュフロー

確定的なキャッシュフローの代表例が国債です．国債とは国が発行する債券のことです．前章で学んだように，債券とは発行体（国や企業）が広く世間から借金をする際に用いられる資金返済の約束を書いた証書です．返済の単位がその証書に書かれており，これを**額面**と呼びます．たとえば額面100円の債券を10枚持っていれば，満期に1,000円が発行体から支払われます．満期とは，あらかじめ決められた額面の返済期日のことです．

利息の支払い方法に関して2種類の債券があります．ひとつは**割引債**と呼ばれ，満期までの間，利息の支払いが一度もない債券です．もうひとつは，満期までの間，定期的に利息の支払いがある債券で**利付債**と呼ばれています．特に，発行体が国である場合には，これらは**割引国債**および**利付国債**と呼ばれます．利付債のクーポン支払いは通常，半年ごとに行なわれます．

日本政府が発行する国債は，割引債か利付債かにかかわらず日本国債と呼ばれます．市場では現在までのところ，日本政府が国債を**償還**（満期に額面を返済すること）できないことはないと考えられているので[1]，日本国債に関わるキャッシュフローは確定的といえます．

a. 割引国債のキャッシュフロー

まず，割引国債のキャッシュフローについて考えてみましょう．割引国債は金融派生証券の理論（第6章と第7章）においても重要な役割を果たします．

たとえば，額面100円，満期4年，**発行価格**が93円の割引国債のキャッシュフロー図は図2.2のようになります．発行価格とは，債券が発行された時点における債券の価格で，発行体に入金される債券1枚あたりの資金額になります[2]．この割引債を購入した人は，日本政府に対して93円を貸し出し，4年後に額面100円を返済してもらう契約をしたことになります．割引国債のキャッシュフローは，これから扱うすべてのキャッシュフローの基本になります．

---

[1] 発展途上国や企業が発行する債券は**デフォルト**する可能性があります．デフォルトとは，貸倒れや利払いの延滞の総称で，資金が約束どおりに返済されない事象を指します．デフォルトの可能性のある債券のキャッシュフローは不確実になります．

[2] 債券の発行後に，市場で取引される債券価格は**流通価格**（あるいは市場価格）と呼ばれます．

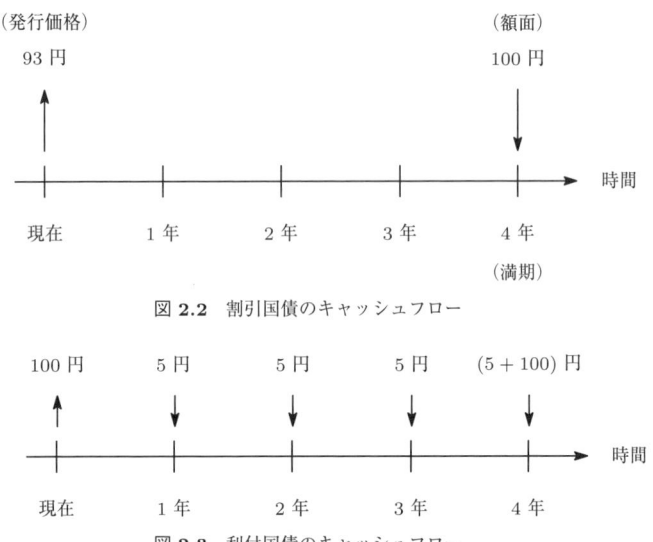

図 2.2 割引国債のキャッシュフロー

図 2.3 利付国債のキャッシュフロー

b. 利付国債のキャッシュフロー

時点の異なる多くのキャッシュフローを持つ金融商品の代表例が利付債です．利付債の券面には**クーポン**（利札）が付いており，これと引き換えに利息を受け取ることができます．額面に対して何割の利息が 1 年間に支払われるかがクーポンレートで，これをクーポンと呼ぶこともあります．また，クーポン 5 円などという言い方もあり，このときは額面 100 円に対して支払われる 1 年間の利息額を意味します．たとえば，利払いが半年ごとでクーポンレート 5% の利付債では，半年ごとに額面に対して 2.5% の利息を受け取ることができます．

キャッシュフロー図 2.3 は発行価格 100 円で 4 年満期，額面 100 円，クーポンレート 5% の利付国債のキャッシュフローを表わしています．

問 2.1 次の国債のキャッシュフロー図を描きなさい．
(1) 価格 95 円，額面 100 円，満期 2 年の割引債
(2) 価格 100 円，額面 100 円，満期 2 年，クーポン 3 円の利付債

2.1.2 不確実なキャッシュフロー

不確実なキャッシュフローの例としてスワップを紹介します．

スワップとは，2 つの経済主体が将来のキャッシュフローを交換する契約のことです．たとえば，**金利スワップ**では，同一通貨における変動金利と固定金利のキャッシュフローを交換します．他に，異なる通貨間の金利と元本を交換する通貨スワップや金利と株価インデックスを交換するエクイティスワップなどが市場で取引されており，こ

2.1 キャッシュフロー

れらのスワップ取引で世界のデリバティブ取引の大半を占めているといわれています．

金利スワップのもっとも標準的なタイプは，あらかじめ決められた元本（想定元本）に対して，半年ごとに固定金利による利息と変動金利による利息を交換するものです．スワップ契約時点での利息交換と満期での元本交換は行なわれません．変動金利サイドの指標金利としては通常 LIBOR レート[*3)]が用いられ，この金利を使って半年後の利払額が決まります．一方，固定金利サイドでは，両者の経済的価値が等しくなるように計算された固定金利（これを**スワップレート**と呼びます）を支払います．

たとえば，想定元本 100 億円，満期 4 年，スワップレート 2% の金利スワップを考えましょう．固定金利サイドでは半年ごとに 1 億円（$100 \times 0.02/2 = 1$ 億円）の利払いが発生します．一方，変動金利サイドの利払いは半年前の LIBOR レートで決まりますが，LIBOR レートは不確実で，将来の値は誰にもわかりません．ここでは例示のため，将来の LIBOR レートが

時点	現在	0.5 年	1.0 年	1.5 年	2.0 年	2.5 年	3.0 年	3.5 年
LIBOR	2.2	1.9	2.0	1.8	1.8	1.6	1.7	1.9

であったとしましょう．このとき，半年後の変動金利サイドの利払いは（現在の LIBOR レートが 2.2% なので）1.1 億円となり，実際の金利交換としては，変動サイドから固定サイドへ差額の 1,000 万円が支払われることになります．同様に，1 年後の変動サイドの利払いは（半年後の LIBOR レートが 1.9% なので）0.95 億円となり，この場合には逆に，固定サイドから変動サイドへ差額の 500 万円が支払われます．繰り返しになりますが，半年後の LIBOR レートは現時点では誰にもわからないので，これは

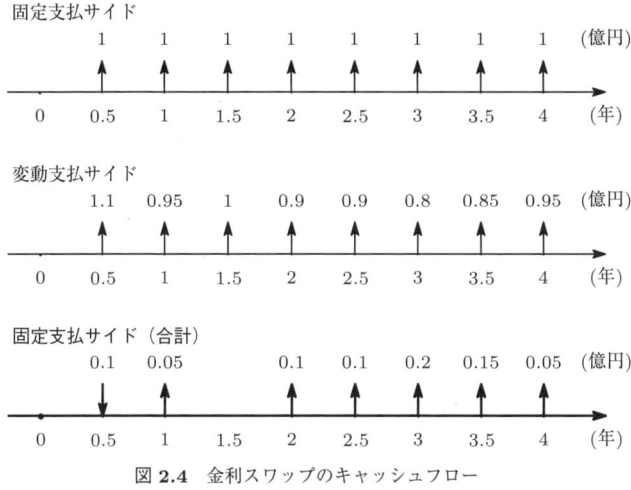

図 **2.4** 金利スワップのキャッシュフロー

[*3)] London Inter-Bank Offered Rate の略でライボーと読みます．

仮に 1.9% であったとしたらということです．以下同様に計算して描いたキャッシュフロー図が図 2.4 です．

図からわかるように，金利スワップでは LIBOR レートの値によって，どちらかが得をしたり損をしたりします．将来の LIBOR レートは不確実なので，この損得も不確実です．では，なぜこのように不確実な（リスクのある）契約を結ぶのでしょうか？この問題に対する解答は第 6 章で考えていくことになります．

問 2.2 想定元本 1,000 億円，満期 2 年，スワップレート 3% の金利スワップについて，固定支払サイドのスワップ取引後のキャッシュフロー図を描きなさい．ただし，LIBOR レートは現在 2.0% であり，将来のレートについては 0.5 年後に 3.5%，1 年後に 4.0%，1.5 年後に 2.5% であると仮定します．

2.2 割引債価格と利回り

債券は市場価格よりも利回りという指標で評価されるほうが一般的です．本節では債券投資理論においてもっとも重要な概念である利回りについて説明します．以下本書では，特に断らない限り，債券は国債を指すとします．

2.2.1 単利と複利

投資した資金（投資において初期に払い込んだ金額）を**元金**，**元本**，あるいは**投資元本**といいます．投資元本がどれくらいの率で利殖されたかを表わすものが**利回り**です．元本は投資により増えたり減ったりします．特に，利息によって増えた元本を**元利合計**といい，当初の投資元本と利息の合計を表わします．利回りにはさまざまな表示方法がありますが，ここでは単純利回り（単利）と複利利回り（複利）を，図 2.2 で表わされるキャッシュフローを例に説明します．

投資によって増加した金額が投資元本の何割にあたるかを年率で表示したものが**単利**です[*4)]．額面 P 円，満期 T 年の割引債の発行価格が v 円だったとすると，この割引債の利回りは，単利（年率表示）で

$$r_S = \left(\frac{P-v}{v}\right) \Big/ T \tag{2.1}$$

として求められます．年率に換算するために期間 T で割っている点に注意してください．たとえば，図 2.2 の割引債（発行価格 93 円，満期 4 年，額面 100 円）の単純利回りは

$$\left(\frac{100-93}{93}\right) \Big/ 4 = 1.8817\%$$

となります．以下では，利回りは % で表示し，小数点第 5 位を四捨五入することにし

---

*4) 月率や週率，日歩という考え方もありますが，通常は年率を用います．

ます*5).単利は大雑把な投資判断をするときなどに利用されます.

1年複利とは,投資元本が1年ごとに再投資されることを考慮した場合の利回りで,利息が投資の元本に加算されて,利息にも利息が付いていきます.図 2.2 の 4 年割引債を例にして考えましょう.1 年複利利回りを r とすると,投資金額 93 円は 1 年後に $93 + 93 \times r = 93(1+r)$ 円となっているはずです.ここで 93 円は元本,$93 \times r$ が 1 年間の利息です.この元利合計 $93(1+r)$ をただちに再投資すれば,同様の考え方で,2 年後には $93(1+r)^2$ になります.同様に,3 年後には $93(1+r)^3$,4 年後には $93(1+r)^4$ となり,これが額面価格 100 円に一致するはずですから,

$$93 \times (1+r)^4 = 100 \tag{2.2}$$

が成立し,この式を r について解くことで

$$r = \sqrt[4]{100/93} - 1 = 1.8308\%$$

を得ます.単利利回り 1.8817% と比較してください.

この複利の議論を 93 円を借りた側から見ると,最初の 1 年に $93 \times r$ 円の利子が生じていますが,これをその時点では支払わずに借金が $93(1+r)$ 円に増えたと考えます.すると 2 年目には $93(1+r)$ に利子がかかるので,借金は $93(1+r)^2$ に増えます.これを 4 年間繰り返し,まとめて 4 年後に $93(1+r)^4 = 100$ 円として返済することになります.

ここまでの議論をまとめると,額面 P 円,満期 T 年の割引債の 1 年複利利回りを r とすると,割引債の価格 v は

$$v = \frac{P}{(1+r)^T} \tag{2.3}$$

により求められます.逆に,これを r について解くことで,1 年複利利回りを

$$r = \left(\frac{P}{v}\right)^{1/T} - 1 \tag{2.4}$$

として求めることができます.言い換えると,割引債価格 v と 1 年複利利回り r は,一方がわかると他方が計算できるという関係になっています.

問 2.3 次の割引債の単純利回りと 1 年複利利回りを求めなさい.
(1) 額面 100 円,価格 98 円,満期 1 年の割引債
(2) 額面 100 円,価格 97 円,満期 2 年の割引債
(3) 額面 100 円,価格 90 円,満期 4 年の割引債

問 2.4 利回りは 1 年複利とします.満期 1 年の割引債の利回りは 1%,満期 2 年の割引債の利回りは 1.5%,満期 3 年の割引債の利回りは 2% であるとして,以下を計算しなさい.

---

*5) 実際の債券取引では,額面価格 100 円に対して小数点第 8 位以下を切り捨てます.

(1) 額面 100 円，満期 1 年の割引債の価格
(2) 額面 1 万円，満期 2 年の割引債の価格
(3) 額面 500 億円，満期 3 年の割引債の価格

2.2.2 転化回数

利付債では半年ごとに利息が支払われる場合が多いため，債券の実務では 1 年複利利回りではなく半年複利利回りが用いられます．**半年複利利回り**とは，半年ごとに再投資した場合における，1 年あたりの複利利回りを指します．図 2.2 のキャッシュフローにおいて，利息が半年ごとに再投資されると考えると，4 年間の間に $2 \times 4 = 8$ 回利息が再投資されることになります．よって，式 (2.2) の計算と同様にして，年率で表示された半年複利利回りを r とすると

$$93 \times \left(1 + \frac{r}{2}\right)^{2 \times 4} = 100$$

が成立し，これを解くことで $r = 1.8225\%$ が得られます．半年複利利回り r は年率表示なので，半年ごとの利率は $r/2$ であることに注意してください．

同じように考えて 4 半期複利利回りを計算すると，

$$93 \times \left(1 + \frac{r}{4}\right)^{4 \times 4} = 100$$

より，$r = 1.8184\%$ が得られます．

1 年間に何回再投資するかを**転化回数**と呼びます．半年複利の例では転化回数は 2，4 半期複利の例では転化回数は 4 です．ここまでをまとめると，満期 T 年，元本 P 円，発行価格 v 円の割引債において，転化回数 n の複利利回り r は年率表示で

$$v \times \left(1 + \frac{r}{n}\right)^{nT} = P \tag{2.5}$$

を満たします．

最後に再投資の期間を短くした（転化回数を増やした）場合について考えてみましょう．月に 1 回再投資するならば転化回数は $n = 12$ になります．1 日に 1 回なら $n = 365$，1 時間に 1 回なら $n = 365 \times 24 = 8{,}760$，1 秒に 1 回ならばおよそ n は 3,100 万となります．このような考え方をさらに進めると転化回数は無限回になり，再投資は連続的に行なわれることになります．連続的に再投資を行なう場合の利回りを**連続複利**と呼びます．A.1.2 項の例 A.3 から，連続複利利回り r は

$$v \times e^{rT} = P \tag{2.6}$$

を満たすことがわかります．式 (2.6) を r について解くと，

$$r = \frac{1}{T} \log\left(\frac{P}{v}\right)$$

が得られます．連続複利利回りについても年率で表示されていることに注意してください．

2.2 割引債価格と利回り

問 2.5 額面 100 円，満期 1 年の割引債の価格が 98 円であったとします．この割引債の 1 年複利利回り，半年複利利回り，3ヵ月複利利回りを，それぞれ年率%で答えなさい．

問 2.6 投資元本を 100 円とします．次の 5 つの場合について，1 年後の元利合計を求めなさい．
 (1) 1 年複利利回りが年率 10%
 (2) 半年複利利回りが年率 10%
 (3) 3ヵ月複利利回りが年率 10%
 (4) 半年複利利回りが半年あたり 10%
 (5) 3ヵ月複利利回りが 3ヵ月あたり 10%

2.2.3 利回り曲線とフォワードレート

割引債の利回りは満期ごとに異なる値をとる場合が多く，定期預金の利率も満期によって異なります．いま n 年満期の割引債の 1 年複利利回り r_n が

$$\begin{array}{ccccc} r_1 & r_2 & r_3 & r_4 & r_5 \\ \hline 1.5\% & 2.0\% & 2.5\% & 3\% & 3.5\% \end{array} \tag{2.7}$$

のように与えられたとします．このような利回りと満期の組合せを**金利期間構造**あるいは**利回り曲線**と呼びます[*6]．

実は，金利の期間構造が与えられると，それから将来の利回りについての情報が得られます．次の例を題材に考えてみましょう．

例 2.1 (割引債による資産運用) 金利期間構造を (2.7) とし，現在持っている 100 円を割引債で運用します．次の 2 つの方法で，2 年後に得られる運用結果に違いは生まれるでしょうか．
 (A) 満期 2 年の割引債に 100 円投資する．
 (B) 満期 1 年の割引債に 100 円投資し，1 年後に償還された元利合計の全額をその時（1 年後）に発行される新しい満期 1 年の割引債に投資する．

(A) の方法では 2 年後に得られる元利合計は確定しており，$r_2 = 2.0\%$ なので

$$100 \times (1 + 0.02)^2 = 104.04$$

になります．一方，(B) の方法では 1 年後の新しい満期 1 年の割引債の利回りは現時点ではわからないため，投資した 100 円が 2 年後にいくらになるかは確定的ではありません．実は，ほとんどの場合で (A) と (B) では異なる結果が得られます．しかし，ここでは「両者は同じ結果をもたらすはず」と考えてみましょう．このような考え方

[*6] **ゼロレートカーブ**と呼ぶこともあります．ここでゼロとは後に定義するクレジットスプレッドがゼロという意味です．

◆ *Coffee Break*

順イールドと逆イールド
　通常，利回り曲線は右上がりになっています．預貯金や住宅ローンの金利を見ると，満期が長いほど金利が高い状態が一般的で，これが逆になることは滅多にありません．利回り曲線が右上がりの状態を**順イールド**と呼びます．逆に右下がりの状態を**逆イールド**と呼びます．日本ではバブル経済の崩壊中（1989–1991年頃）に逆イールドが観察されました．日本銀行による短期金利の引き下げが続くと，多くの人が予想した結果でしょう．

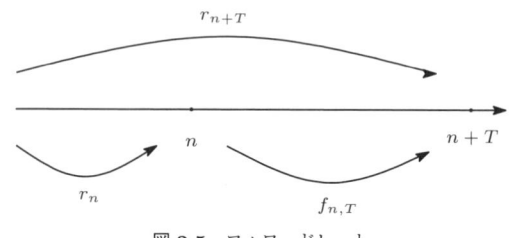

図 2.5　フォワードレート

を**期待理論**と呼びます[*7]．期待理論によれば，1年後の満期1年の割引債の1年複利利回りを $f_{1,1}$ とすれば

$$(1+r_2)^2 = (1+r_1) \times (1+f_{1,1})$$

が成立するので，これから $f_{1,1}$ が求まります．すなわち，期待理論を前提にすると，将来の利回りについて情報を得たことになります．

　同じように考えると，n 年先の満期 T 年の割引債の1年複利利回り $f_{n,T}$ も簡単に求まります．$f_{n,T}$ を n 年先 T 年**フォワードレート**（先渡利回り）と呼びます．以降では，フォワードレートを1年複利利回り（年率表示）で表示することにします．

　$f_{n,T}$ は満期 n 年の割引債と $(n+T)$ 年の割引債を用いて求めることができます．満期 n 年の割引債の複利利回りを r_n，n 年先 T 年フォワードレート $f_{n,T}$ は

$$(1+r_n)^n (1+f_{n,T})^T = (1+r_{n+T})^{n+T}$$

を満たします．この式は覚えるのではなく，いつでも図 2.5 を描いて考えるようにしましょう．

問 2.7　金利期間構造が (2.7) で与えられるとき，フォワードレート $f_{1,1}$, $f_{2,1}$, $f_{3,1}$,

---

[*7]　より厳密には，期待理論（expectations theory）とは，長期金利は現在の短期金利および将来における短期金利予想の平均値に一致するように決定されるとする理論です．

$f_{4,1}$ を求め,右上がりになっていることを確認しなさい.また,$f_{1,2}$, $f_{1,4}$, $f_{2,2}$ を計算しなさい.

2.2.4 割引関数

額面 1 円の割引債の価格を満期 T の関数として見たものを**割引関数**と呼び $d(T)$ で表わします.たとえば,満期 3 年の割引債の 1 年複利利回りが $r_3 = 3\%$ であるとすると,式 (2.3) から,割引関数の値は(割引債価格なので)

$$d(3) = 1/(1+0.03)^3$$

となります.$d(3)$ がわかれば,額面 F で満期 3 年の割引債の価格は $F \times d(3)$ として求めることができます.同様に,他の満期の割引債価格から割引関数の値を求めることができます.

したがって,金利の期間構造から割引関数は次のように定義されます.

定義 2.1 (割引関数) 満期 T 年の割引債の 1 年複利利回りを r_T とすると,割引関数 $d(T)$ は

$$d(T) = \frac{1}{(1+r_T)^T}$$

で定義される.

たとえば,金利期間構造が (2.7) のように与えられたとすると,割引関数は

$d(1)$	$d(2)$	$d(3)$	$d(4)$	$d(5)$
0.9852	0.9612	0.9286	0.8885	0.8420

(2.8)

となります.各自で計算してみてください.割引関数は,このように利回り曲線から計算するか,もしくは割引債価格から直接計算します.

問 2.8 以下の割引関数を求めなさい.
(1) 利回り曲線が $r_1 = 10\%$, $r_2 = 12\%$, $r_3 = 15\%$ のとき
(2) 割引債の額面を 100 円,満期 1 年の割引債価格が 98 円,満期 2 年の割引債価格が 96 円,満期 3 年の割引債価格が 94 円のとき

2.3 割引現在価値と利付債価格

一般には現金というと紙幣あるいはコインという物理的な対象を指し,きちんと保管してあれば時間が経過しても価値は変わりません.しかし,ファイナンス理論で現金というと所定の利息を生む預金を指し,時間が経過するとその利息分だけ価値は「必ず」上昇します.

現金の価値が時間に関して増加した変化分を現金(貨幣)の**時間価値**と呼び,このことを「現金には時間価値がある」といいます.現金には時間価値があるので,現在

◆ **Coffee Break**

時間価値と割引関数
　時間が価値を生むという考え方は貨幣の誕生とともに生まれました．お金を借りれば利子をつけて返さなければなりません．古代中東では利子は子牛と同一の言葉だったそうですが，これは牛の群れを借りれば繁殖して子牛が増えることに語源があるそうです．金融の世界では，これは「今日の百円は明日になれば百円以上の価値を持つ」ということを意味します．この『時間価値』を時間を逆にして考えたのが割引関数です．より将来の時点で受け取る利得はより割り引かれて現在価値に評価されることになります．

の 100 円と 1 年後の 100 円では価値が異なり，異なる時点のキャッシュフローを単純に比較することはできません．この不便さを解消するのが**割引現在価値**で，単に**現在価値** (Present Value; PV) と呼ぶこともあります．割引現在価値とは，将来のキャッシュフローに対して，対応する年限（満期）の割引関数をかけたものです．

　特に，時点の異なる多くのキャッシュフローを持つ金融商品を評価する際には，割引現在価値という考え方は重要になります．キャッシュフローを単純に加算したり減算したりできないからです．時点の異なる多くのキャッシュフローを持つ金融商品の代表例が利付債です．本節では，利付債を例として，時点の異なるキャッシュフローの現在価値を合算して評価する方法を学びます．また，利付債同士の優劣を比較する指標として**最終利回り**を導入します．

2.3.1　キャッシュフローの分解

　図 2.6 のキャッシュフロー全体を X として，このキャッシュフローの合計の価値がいくらかになるかを考えてみましょう．異なる年限のキャッシュフローを単純に合算すると利息の分だけ評価を誤るので，すべてのキャッシュフローを現在時刻を基準にして評価します．すなわち，すべてのキャッシュフローについて，その現在価値の合計額を算出します．このような価値を**総割引現在価値**と呼びます．

　キャッシュフロー X の総割引現在価値を考えるときには，4 つのキャッシュフローを満期と額面の異なる割引債に分けて考えます．すなわち，額面 100 円・満期 1 年の割引債，額面 50 円・満期 2 年の割引債，額面 200 円・満期 3 年の割引債，および額

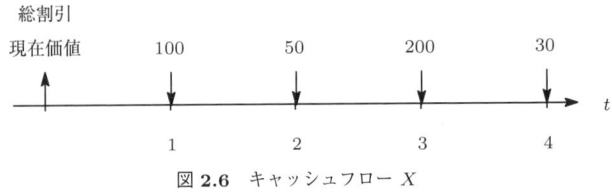

図 **2.6**　キャッシュフロー X

2.3 割引現在価値と利付債価格

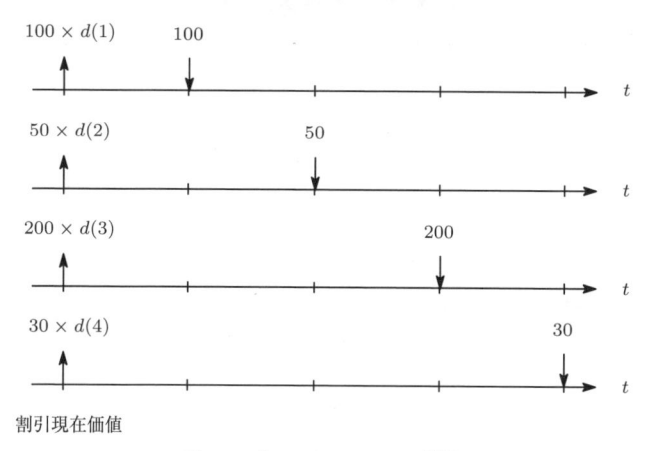

```
100 × d(1)    100
    ↑          ↓                                t

50 × d(2)              50
    ↑                   ↓                       t

200 × d(3)                        200
    ↑                              ↓            t

30 × d(4)                                   30
    ↑                                        ↓  t

割引現在価値
```

図 2.7 キャッシュフローの分解

面 30 円・満期 4 年の割引債に分けます（図 2.7）．それぞれの割引現在価値を別々に算出して合計すれば，キャッシュフロー X の総割引現在価値が得られます．いま，割引関数 (2.8) がわかっているので，キャッシュフロー X の総割引現在価値は

$$100 \times d(1) + 50 \times d(2) + 200 \times d(3) + 30 \times d(4) = 358.9551$$

となります．

結局，キャッシュフロー X は，額面と満期の異なる割引債の組合せ（証券の組合せを**ポートフォリオ**と呼びます）だと考えることができました．あらゆる確定的キャッシュフローは割引債のキャッシュフローに分解できます．また割引関数がわかっていれば，どんな確定的キャッシュフローのポートフォリオでも，その総割引現在価値を計算できます．

問 2.9 利回り曲線（1 年複利利回り）は $r_1 = 2.00\%$, $r_2 = 3.00\%$, $r_3 = 5.00\%$, $r_4 = 5.00\%$, $r_5 = 5.00\%$ とします．まず割引関数を求め，次に以下の図 (A), (B) で与えられるキャッシュフローの総割引現在価値を求めなさい．

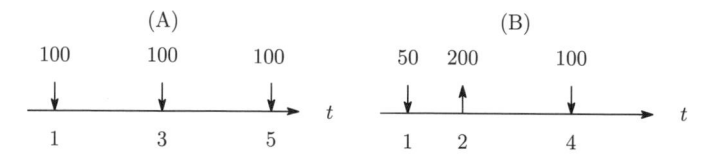

```
         (A)                              (B)
100     100     100              50   200        100
 ↓       ↓       ↓                ↓    ↑          ↓     t
 1       3       5                1    2          4
```

2.3.2 利付債の価格

利付債とは，満期まで決められた間隔で利息を受け取ることができる債券です．以下では，簡単化のために利付国債を考えて，クーポンは 1 年ごとに支払われるとします．たとえば，満期 4 年，額面 100 円，クーポンレート 5% の利付債のキャッシュフ

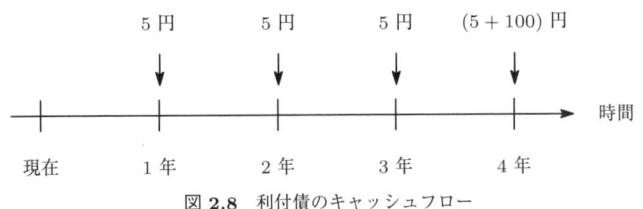

```
        5円      5円      5円    (5+100)円
         ↓       ↓       ↓       ↓
    ┼───┼───┼───┼───┼──→ 時間
   現在  1年    2年    3年    4年
```

図 2.8 利付債のキャッシュフロー

ローは図 2.8 のようになります.

さて，この利付債の価格はいくらでしょうか？ キャッシュフローの分解を利用すれば簡単に計算できます．なぜなら，利息として支払われるクーポン 5 円も，償還金として支払われる元本 100 円もどちらも同じ現金なので，単なるキャッシュフローの組合せと考えればよいからです．すなわち，クーポン 5 円が付与された 4 年満期の利付債は，額面が 5 円で満期 1, 2, 3, 4 年の割引債および額面が 100 円で満期 4 年の割引債に分解して，その総割引現在価値を算出します.

一般に，額面 P 円，クーポンが 1 年ごとに C 円，満期 T 年の利付債の価格 v は，割引関数が $d(i)$ $(i = 1, 2, \ldots, T)$ のとき

$$v = C \sum_{i=1}^{T} d(i) + P \times d(T) \tag{2.9}$$

により与えられます．また，割引関数と利回り曲線の関係（定義 2.1）から，利回り曲線が $r_i (i = 1, 2, \ldots, T)$ のとき，利付債価格は

$$v = \sum_{i=1}^{T} \frac{C}{(1+r_i)^i} + \frac{P}{(1+r_T)^T} \tag{2.10}$$

と書くこともできます.

問 2.10 利回り曲線が $r_1 = 3\%, r_2 = 4\%, r_3 = 5\%, r_4 = 6\%$ であるとき，額面 100 円，クーポンレート 5%，満期 4 年の利付債の割引現在価値を求めなさい.

問 2.11 額面 100 円，満期 t 年の割引債 $(t = 1, 2, 3)$ の価格がそれぞれ 98, 96, 93 円であるとき，額面 100 円，クーポンレート 6%，満期 3 年の利付債の割引現在価値を求めなさい.

2.3.3 最終利回り

投資した債券が平均的に何 % で運用されたかを示す指標に**最終利回り**があります．最終利回りとは，キャッシュフロー（クーポンと額面）および投資に必要な価格から逆算された利回りで，次のように定義されます.

定義 2.2 (最終利回り) 額面 P 円，クーポンは 1 年ごとに C 円，満期 T 年の利付

債に v 円を支払ったとすると,最終利回り (1 年複利利回り) は

$$v = \sum_{i=1}^{T} \frac{C}{(1+y)^i} + \frac{P}{(1+y)^T} \tag{2.11}$$

を満たす y で定義される.

最終利回りを考える際には,本来は満期により異なる利回りを一定値として考えていることに注意しましょう.式 (2.11) を y について解けば最終利回りが得られます[*8].また,式 (2.10) が価格 v を求める式であったのに対して,式 (2.11) は v から利回り y を求める式であることに注意してください.

問 2.12 利回り曲線は $r_1 = 5\%$, $r_2 = 6\%$ とします.満期 2 年,クーポンレート 4% (1 年ごと),額面 100 円の利付債の価格を求めなさい.また,最終利回りを求めなさい.

割引債はクーポンレート 0% の利付債と考えることができます.利回り曲線は,異なる満期の割引債の最終利回りを表わす曲線であるといえます.

問 2.13 額面 100 円,満期 8 年の割引債の価格が 80 円であったとします.最終利回りを求めなさい.

最終利回りを用いると,価格やクーポンの異なる債券の割高・割安を判断することができます.次の例を用いて考えましょう.

例 2.2 (割安・割高) 次の利付債 A と B では,どちらが割安でしょうか.
A:額面 100 円,クーポンは 1 年ごとに 5 円,満期 2 年,価格 98 円
B:額面 100 円,クーポンは 1 年ごとに 3 円,満期 2 年,価格 95 円
どちらの利付債も額面は 100 円で,満期は 2 年です.ただし,利付債 A はクーポンが 5 円と利付債 B の 3 円よりも多い分,現在の価格も 98 円と利付債 B の 95 円よりも高くなっています.これではどちらが割安なのかわからないので,両方の最終利回りを求めて比べてみます.式 (2.11) に数値を代入すると 2 次方程式が得られるので,解の公式より,求める利付債 A の最終利回りは 6.0923%,利付債 B の最終利回りは 5.7163% となります.各自で計算してみてください.したがって,利付債 A の最終利回りが高く,利付債 B に比べて割安なことがわかりました.

実は,債券取引の実務では,価格の代替として最終利回りを用いるのが一般的です.これは,クーポンが異なる 2 つの債券に対して売買価格を比較しても,割安・割高の判断が難しいためです.

次に,最終利回りと金利期間構造およびクーポンレートとの関係について例を用いて考えてみましょう.

[*8] 一般に計算機を用いて求める問題です.ただし,右辺は y に関して単調減少になっているので扱いやすい問題です.Excel などの表計算ソフトでも簡単に求めることができます.

例 2.3 (フラットな金利期間構造と最終利回り) 利回り曲線について $r_i = r$ ($i = 1, 2, \ldots, T$) が成立するとき，金利の期間構造は**フラット**であるといいます．フラットな利回り曲線を持つ利付債の価格は，価格式 (2.10) から

$$v = \sum_{i=1}^{T} \frac{C}{(1+r)^i} + \frac{P}{(1+r)^T}$$

となりますが，これと最終利回りを求める式 (2.11) を比較することにより，$y = r$ となることがわかります．したがって，金利期間構造がフラットな場合には，利回り（曲線）と最終利回りは一致します．

問 2.14 金利期間構造はフラットで 5% とします．このとき，クーポンレート 3%（1年ごと），額面 100 円，満期 2 年の利付債の価格 v を求めなさい．また，この利付債の最終利回りを求めなさい．

例 2.4 (クーポンレートと最終利回り) 結論からいうと，クーポンレートと最終利回りが等しい場合，利付債の価格は額面に等しくなります．これは，式 (2.11) 右辺においてクーポンを $C = yP$ とすると，

$$\sum_{i=1}^{T} \frac{yP}{(1+y)^i} + \frac{P}{(1+y)^T} = \frac{\frac{yP}{1+y}\left(1 - \left(\frac{1}{1+y}\right)^T\right)}{1 - \frac{1}{1+y}} + \frac{P}{(1+y)^T} = P$$

が成立することから確かめることができます．ここで，等比数列の和の公式を使いました．A.1.1 項を参照してください．

問 2.15 クーポンレート 6%（1年ごと），額面 100 円，満期 2 年の利付債において最終利回りが 6% であったとします．この利付債を保有することにより得られる利息と額面について総割引現在価値を求め，これが 100 円となることを確かめなさい．

第 1 章で見たように，国債市場や社債市場において新規に発行される債券の価格は，額面に一致するようにクーポンレートで調整されており，このことを債券の**額面発行**あるいは**パー発行**と呼びます．新たに発行された債券のことを**新発債**と呼び，新発債の価格は一般に額面に一致します．

例 2.5 (債券の額面発行) 例 2.4 によれば，クーポンレートと最終利回りが一致するとき，利付債の価格は額面に一致します．したがって，価格と額面が一致するような債券を発行しようとするならば，クーポンレートを最終利回りにすればよいことがわかります．このとき，将来償還される額面と借入金額が一致するので，会計上の利息の額が明確になります．一般に，価格が額面に等しい利付債を**パー債券**，額面以上の債券を**オーバーパー債券**，額面以下の債券を**アンダーパー債券**と呼びます．また，価格が額面に等しい状態をパー，額面以下の状態をアンダーパー，額面以上の状態をオーバーパーといいます．すなわち，利付債の価格（額面 100 円）は

- 最終利回りがクーポンレートと同じ場合はパー（100円）
- 最終利回りがクーポンレートより低い場合はオーバーパー（100円以上）
- 最終利回りがクーポンレートより高い場合アンダーパー（100円以下）

となります．このことを次の問で確かめておきましょう．

問 2.16 利付債の額面は 100 円とし，クーポンは 1 年ごとに支払われるとします．以下の値を計算しなさい．
(1) クーポンレート 3%，満期 2 年，価格 100 円の利付債の最終利回り
(2) クーポンレート 4%，満期 3 年，最終利回り 3% の利付債の価格
(3) クーポンレート 4%，満期 3 年，最終利回り 4% の利付債の価格
(4) クーポンレート 4%，満期 3 年，最終利回り 5% の利付債の価格

2.4 投資の評価

利付債の最終利回りは，債券の割安・割高を判断する上でとても有用でした．任意のキャッシュフローについて同じような利回り指標を定義できます．それが本節で学ぶ**内部収益率**です．

2.4.1 内部収益率法

図 2.1 は貸出しのキャッシュフローで，貸出額（投資額）は 3.8 万円，将来のキャッシュインフローは 1 万円ずつ 4 回の返済になっていました．この投資にも利付債の最終利回りと同じ考え方を適用することで，平均的な利回り y を計算することができます．つまり，投資額と利回り y を用いた総割引現在価値が等しいことから

$$3.8 = \frac{1}{1+y} + \frac{1}{(1+y)^2} + \frac{1}{(1+y)^3} + \frac{1}{(1+y)^4} \qquad (2.12)$$

が成立します．これを計算機を用いて y について解くと $y = 2.0855\%$ が得られます．このような利回りを**内部収益率**（あるいは**平均投資収益率**）と呼びます．

一般的に，将来のキャッシュフローが 1 年ごとに $C_i (i = 1, 2, \ldots, T)$ で表わされ，このキャッシュフローに対する投資の価値が v であるとき，内部収益率 y は

$$v = \sum_{i=1}^{T} \frac{C_i}{(1+y)^i} \qquad (2.13)$$

により定義されます．

問 2.17 キャッシュフロー図 (A) で表わされる投資の割引現在価値は 50 であったとします．内部収益率 y が満たす式を導きなさい．同様に，キャッシュフロー図 (B) で表わされる投資の割引現在価値は 4 であったとします．2 次方程式の解の公式を用いて内部収益率を求めなさい．

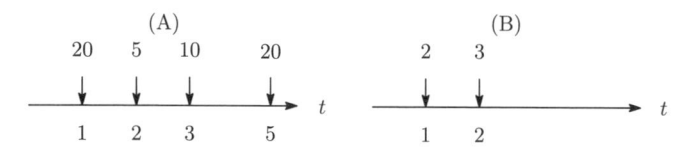

```
           (A)                          (B)
      20  5  10     20             2   3
       ↓  ↓  ↓      ↓               ↓   ↓
      ─────────────────→ t       ─────────────────→ t
       1  2  3      5               1   2
```

問 2.18 利回り曲線は $r_1 = 5\%$, $r_2 = 6\%$ とし,1 年後に 10 万円,2 年後に 10 万円のキャッシュインフローがあるとします.この投資の割引現在価値を求めなさい.また,2 次方程式の解の公式を用いて,この投資に関する内部収益率を計算しなさい.

キャッシュフローが確定的ならば,いうまでもなく,内部収益率の高いほうがより合理的な投資といえます.内部収益率の比較により投資の優劣を判断する方法を**内部収益率法**と呼びます.

問 2.19 投資案件 (A) では 1 年後に 100 円,2 年後に 200 円のキャッシュインフローがあり割引現在価値は 278 円,投資案件 (B) では 1 年後に 150 円,2 年後に 150 円のキャッシュインフローがあり割引現在価値は 280 円であるとします.どちらの投資案件が合理的か,理由を付けて説明しなさい.

2.4.2 正味現在価値法

内部収益率は将来のキャッシュフローと総割引現在価値から決定されるので,逆に,将来のキャッシュフローと利回りから総割引現在価値を求めることもできます.このように,あらかじめ指定された利回りを**割引率**と呼びます.割引率は利回り曲線を単純化のために一定値にしたものと考えることができます.割引率によって計算された将来キャッシュフロー C_i ($i = 1, \ldots, T$) の総割引現在価値 v から,その投資に関する実際の投資元本 C_0 を差し引いたものを**正味現在価値** (Net Present Value;NPV) と呼びます.すなわち,割引率を r,将来キャッシュフロー C_i ($i = 1, \ldots, T$) の対価を C_0 とすると,正味現在価値 (NPV) は

$$\text{NPV} = -C_0 + \sum_{i=1}^{T} \frac{C_i}{(1+r)^i} \tag{2.14}$$

で与えられます.

正味現在価値 NPV が正ならば,その投資は合理的であると考えてよいでしょう.逆に,正味現在価値が負になる投資は非合理的であると考えることにします.このような投資の評価方法を**正味現在価値法**といいます[*9].

例 2.6 割引率を 5% とします.以下の図で表わされるキャッシュフロー (A) と (B) に対する投資は合理的でしょうか.

[*9] 正味現在価値法ではただちに投資を実行することを前提としてキャッシュフローの NPV を評価しますが,現実の投資においては投資を延期することも可能です.投資における延期などの柔軟性(オプション性)を考慮した投資評価法を**リアルオプション法**と呼び,近年いろいろな分野で注目を集めています.リアルオプション法については 8.2 節で学びます.

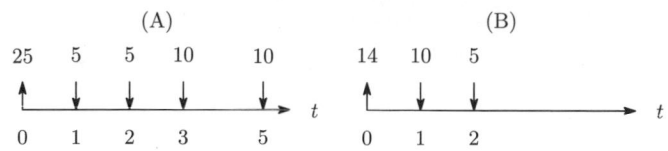

投資 (A) は将来発生するキャッシュインフロー (5, 5, 10, 10) の対価が 25 億円であることを意味します。正味現在価値 NPV を計算すると

$$\text{NPV} = -25 + \frac{5}{1.05} + \frac{5}{1.05^2} + \frac{10}{1.05^3} + \frac{10}{1.05^5} = 0.7707 > 0$$

となるので，正味現在価値法に基づけば，この投資は合理的です．一方，投資 (B) については，

$$\text{NPV} = -14 + \frac{10}{1.05} + \frac{5}{1.05^2} = 0.0590 > 0$$

となるので，やはり投資 (B) も合理的といえます．もし (A) と (B) のどちらかといわれれば，より NPV の高い (A) が魅力的といえます．現実の問題では，両方に投資できるだけの資金があれば，(A) と (B) の両方に投資することになるでしょう．正味現在価値が正の投資案件を見過ごすこと自体が合理的ではありません．しかし，もし資金が 25 億円や 14 億円に満たない場合は，借入金を検討することになります．ただし，利払い金として将来キャッシュアウトフローが発生するので，正味現在価値の値が変化します．この点については後で検討します．

　正味現在価値法は，将来のキャッシュフローと割引率，さらに対価を意味する時点 0 でのキャッシュフローが既知であるときに用いられます．また，内部収益率は正味現在価値が 0 となるような割引率です．

問 2.20 下記の投資案件 (C) と (D) について正味現在価値を計算し，投資の合理性を判断しなさい．また，どちらかにしか投資できない場合にはどちらを選びますか．ただし，割引率は 3% とします．

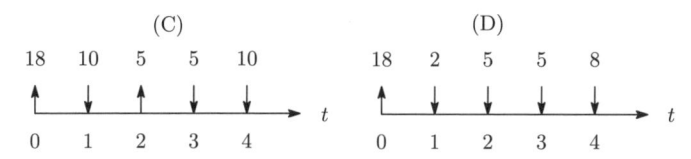

2.5　リスクのあるキャッシュフロー

　最後に，将来のキャッシュフローが不確実な場合の投資評価法を考えてみましょう．一番簡単な方法は，不確実なキャッシュフローの平均値を使って計算することです．この方法では，キャッシュフローの平均値を式 (2.13) や式 (2.14) に代入し，それぞれの評価方法をそのまま踏襲することになります．

数学的には，将来のキャッシュフローを確率変数 $\tilde{C}_i(i=1,\ldots,n)$ で表わし，その期待値を $\mathbb{E}[\tilde{C}_i]$ とします．このとき得られるキャッシュフローの対価を v とすると，内部収益率 y は

$$v = \sum_{i=1}^{T} \frac{\mathbb{E}[\tilde{C}_i]}{(1+y)^i} \quad (2.15)$$

で決定されます．式 (2.13) と比較すると，確定的なキャッシュフロー C_i を期待値 $\mathbb{E}[\tilde{C}_i]$ で置き換えた形式になっています．もちろん，確率変数 $\tilde{C}_i$ の期待値を計算するためには，何らかの方法で $\tilde{C}_i$ の確率分布を知らなければならないので，この方法は言葉でいうほど簡単ではありません．

また，正味現在価値についても割引率を r とすると式 (2.14) は

$$\mathrm{NPV} = -C_0 + \sum_{i=1}^{T} \frac{\mathbb{E}[\tilde{C}_i]}{(1+r)^i} \quad (2.16)$$

となります．ただし，キャッシュフロー $\tilde{C}_i$ に対する初期投資額を C_0 とし，この値は現時点で確定しているので確率変数ではありません．

以上のように，たとえキャッシュフローが確率的であっても，その期待値がわかれば現在価値や内部収益率が定義できることがわかりました．ただし，確定的なキャッシュフローで有用だった内部収益率法や正味現在価値法は，リスクがある場合にはそのままの形では使用できません．投資判断はリスクの大きさによって異なるためです．この「リスク」という考え方はファイナンス理論においてもっとも重要なもののひとつです．

本書のこれからの章では，内部収益率や正味現在価値の大きさに加えて，リスクの大きさも投資判断の材料になります．リスクの定義はさまざまですが，将来の期待キャッシュフローを割り引くという考え方は共通しています．

章末問題

Q 2.1 (利回りと割引債)

1) 次の割引国債の価格を求めなさい．(a) 満期 1 年，1 年複利利回り 8%，額面 100 円，(b) 満期 5 年，1 年複利利回り 8%，額面 100 円，(c) 満期 10 年，1 年複利利回り 8%，額面 100 円．

2) 次の割引債（額面 100 円）の 1 年複利利回りと単純利回りを求めなさい．(a) 価格が 96 円の 1 年割引債，(b) 価格が 94 円の 2 年割引債，(c) 価格が 90 円の 4 年割引債，(d) 価格が 85 円の 8 年割引債．

3) 額面 100 円，満期 2 年，価格 90 円の割引債について，1 年複利利回り，半年複利利回り，3ヵ月複利利回りを，それぞれ年率で求めなさい．

4) 投資元本を 100 円とします．次の場合について 2 年後の元利合計金額を求めなさい．(a) 1 年複利利回りが年率 10%，(b) 半年複利利回りが半年あたり 10%．

Q 2.2 (利回り曲線と利付債の価格)
1) 利回り曲線について $r_1 = 5\%$ とします．また n 年先 1 年先渡しレート ($n = 1, 2, 3$) について，$f_{1,1} = 6\%, f_{2,1} = 6.5\%, f_{3,1} = 7\%$ とします．利回り曲線 r_2, r_4 を求めなさい．
2) 利回り曲線について $r_1 = 8\%, r_2 = 7\%$ であるとき，額面 100 円，クーポンレート 5%，満期 2 年の利付債の割引現在価値を求めなさい．
3) 額面 100 円の 1 年割引債の価格が 95 円，2 年割引債の価格が 90 円でした．額面 100 円，クーポンレート 5%，満期 2 年の利付債の割引現在価値を求めなさい．

Q 2.3 (最終利回り)
1) 利回り曲線は $r_1 = 10\%, r_2 = 8\%$ とします．満期 2 年，クーポンレート 4% (1 年ごと)，額面 100 円の利付債の価格および最終利回りを求めなさい．
2) 額面 10 円，満期 2 年，価格 9 円の割引債について最終利回りはいくらか．
3) 額面 100 円，クーポン 1 年ごと，満期 2 年の利付債 A (クーポン 10 円，価格 98 円) と利付債 B (クーポン 11 円，価格 102 円) についてどちらが割安であるか判断しなさい．
4) 金利の期間構造はフラットで 5% とします．(a) 額面 100 円，クーポン 5 円，満期 100万 年の利付債の価格と最終利回りを求めなさい．(b) 額面 100 円，クーポン 4.99 円，満期 1億 年の利付債の価格は 100 円より高いですか，それとも安いですか．
5) 利回り曲線が $r_1 = 4\%, r_2 = 3\%$ とします．利付債を額面価格 (100 円) で発行するためにはクーポン (1 年ごと) をいくらにすればよいですか．

Q 2.4 (正味現在価値と内部収益率)
1) 投資案件 (A) は 1 年後に 100 円，2 年後に 1,100 円，投資案件 (B) は 1 年後に 500 円，2 年後に 600 円のキャッシュインフローがあります．割引現在価値がどちらも 1,000 円であるとき合理的な投資案件を選択しなさい．
2) 投資案件 (E), (F) について正味現在価値を計算して，投資の合理性を判断しなさい．ただし，割引率は 3% とします．

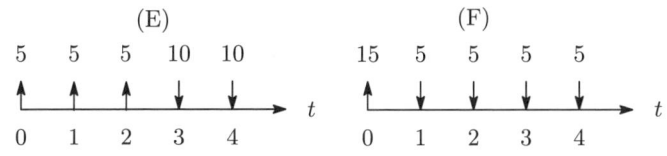

```
              (E)                        (F)
     5   5   5   10  10         15   5   5   5   5
     ↑   ↑   ↑   ↓   ↓          ↑   ↓   ↓   ↓   ↓
     ├───┼───┼───┼───┼─ t        ├───┼───┼───┼───┼─ t
     0   1   2   3   4           0   1   2   3   4
```

Q 2.5 (リスクのあるキャッシュフロー)
1) A 社はリスクのあるプロジェクト X を検討しています．キャッシュフロー $\tilde{C}_i$ は不確実ですが，平均値はわかっており，$\mathbb{E}[\tilde{C}_0] = -100, \mathbb{E}[\tilde{C}_1] = 20, \mathbb{E}[\tilde{C}_2] = 30, \mathbb{E}[\tilde{C}_3] = 80$ です．正味現在価値を計算しなさい．ただし割引率を 3% とします．
2) いま，プロジェクト Y に 100 億円を投資すると，1 年後に売却できます．いく

らで売却できるか調べると，確率 0.8 で 130 億円，確率 0.2 で 90 億円となることがわかりました．プロジェクト Y の内部収益率を求めなさい．

3 コーポレートファイナンス

　企業は株式や負債によって資金を調達し，その資金を事業に投資するので，投資家が望む事業をどのように選択するかや，資金調達のための株式と負債の割合をどうするかなど，多くの重要な意思決定問題に直面しています．さらに，企業の意思決定には，資金を提供している株主および債権者，さらには経営者や従業員といった多くのステークホルダーが関わるので，彼らの間には当然ながら利害の衝突が起こります．本章では，これら企業に関わるファイナンスであるコーポレートファイナンスについて学びます．

　なお，本章で扱う意思決定問題では，企業の目標を「企業価値の最大化」と設定することで，ステークホルダー間の利害対立や摩擦は回避されているという理想的な状況を想定することにします．

3.1 企業の投資意思決定

　キャッシュフローが確定的な場合，内部収益率や正味現在価値の考え方を用いると，複雑なキャッシュフローに対しても，最終的に利益が確保できるかどうかを判断することができました．企業が行なう事業にはリスクがあるためキャッシュフローは不確実ですが，こういった考え方は実は大変役に立ちます．企業の目標が企業価値の最大化であるならば，常に正味現在価値の高い事業を選択すればよいからです．もちろん，キャッシュフローが不確実の場合には，割引率に何を用いるかによって答えが変化します．コーポレートファイナンスでは多くの方法が提案されていますが，本節では，ハードルレートという考え方を用いた単純な方法を紹介します．

3.1.1 事業の正味現在価値とハードルレート

　企業は，株式や負債によって調達した資金を事業に投資しています．株主への配当金や負債の利子もキャッシュフローとして表わすことができるので，これらは内部収益率に換算することができます．資金調達にかかる費用の内部収益率を**資金調達コスト**と呼びます．資金調達コストの具体的な計算方法は次節で説明します．

　会社の資金調達コストと事業の内部収益率を比較すれば，どんなに複雑なキャッシュ

フローでも，その費用と利益を直接的に比較することができます．事業のキャッシュフローにはリスクがあるので，確定的な超過利益を保証するわけではないですが，

- 検討している事業のキャッシュフローが資金調達コストを上回る内部収益率を持つかどうか

を考えることは経営者にとっても投資家にとっても重要な情報になります．同じことですが，これは「資金調達コストを割引率として事業のキャッシュフローに関する正味現在価値を計算すること」でも可能です．もし正味現在価値が正ならば，これは事業の内部収益率が資金調達コストを上回っていることを意味します．このように，資金調達コストは事業選択の上で収益率の目標となるので，これを**ハードルレート**と呼ぶことがあります．

まずは，与えられたハードルレートに対して投資判断を行なう問題を考えましょう．

例 3.1 A 社のハードルレートは 15% で，以下の 2 つのプロジェクトへの投資を思案中です．プロジェクト X は対価が $C_0^X = 1{,}000$ 万円で，1 年後に C_1^X で清算できるとします．C_1^X は不確実ですがその期待値は $\mathbb{E}[C_1^X] = 1{,}200$ 万円です．一方，プロジェクト Y は対価が $C_0^Y = 1{,}500$ 万円で，1 年後に C_1^Y で清算でき，その期待値は $\mathbb{E}[C_1^Y] = 1{,}700$ 万円です．

この例ではプロジェクト X, Y の内部収益率を計算し，それらとハードルレートを比較します．まず，プロジェクト X の内部収益率を y_X とすると，

$$C_0^X = \frac{\mathbb{E}[C_1^X]}{1+y_X}$$

より $y_X = 20\%$ を得ます．同様に，プロジェクト Y の内部収益率 y_Y は

$$C_0^Y = \frac{\mathbb{E}[C_1^Y]}{1+y_Y}$$

より $y_Y = 13.33\%$ となります．A 社のハードルレートと比較すると

$$y_Y < 15\% < y_X$$

となるので，プロジェクト X が収益率の目標を満たすプロジェクトであり，投資実行の対象になります．

例 3.2 B 社のハードルレートは $r = 10\%$ で，キャッシュフロー C_i $(i = 1, \ldots, 5)$ を持つ事業を検討しています．C_i は不確実ですが，その期待値 $\bar{C}_i = \mathbb{E}[C_i]$ は

$$\bar{C}_1 = -10, \quad \bar{C}_2 = -20, \quad \bar{C}_3 = 50, \quad \bar{C}_4 = 50, \quad \bar{C}_5 = 50$$

であることがわかっており，このプロジェクトの対価は $C_0 = 80$ です．

このプロジェクトの可否は以下のようにして決められます．まず，ハードルレートを用いてプロジェクトの正味現在価値（NPV）を求めると，

$$\text{NPV} = -C_0 + \sum_{i=1}^{5} \frac{\bar{C}_i}{(1+r)^i}$$
$$= -80 + \frac{-10}{1.1} + \frac{-20}{(1.1)^2} + \frac{50}{(1.1)^3} + \frac{50}{(1.1)^4} + \frac{50}{(1.1)^5}$$
$$= -2.8574 < 0$$

になります．NPV が負なので，このプロジェクトの内部収益率はハードルレートを下回ってしまいます．よって，このプロジェクトは実行すべきではありません．

3.1.2 資金調達コスト

企業の資金調達に関する支払いキャッシュフローの内部収益率を資金調達コストと呼びました．企業は主に株式と負債により資金を調達するので，ここでは株式調達の内部収益率（**株式コスト**）と負債の内部収益率（**負債コスト**）を求め，これらから会社全体の資金調達コストを表わす**加重平均資本コスト**を決定する手法を紹介します．そのためには，調達資金と投資資金の帳簿である貸借対照表に関する簡単な知識が必要となります．

a. 貸借対照表

企業は出資者による出資金と債権者による貸出金を用いて事業を営んでいますが，これを端的に表わすのが**貸借対照表**です．貸借対照表は**バランスシート**とも呼ばれ，左右見開きのノートのようになっています．左側を**借り方**あるいは**資産サイド**と呼び，企業の保有する資産が一覧表として記されます．一方，右側は**貸し方**あるいは**負債サイド**と呼ばれ，負債と資本が一覧になっています．主な分類項目を図 3.1 に示しました．

図 3.1 で**流動資産**とは，原則として 1 年以内に売却したり現金化する予定の資産で，受取手形や在庫などを指します．**固定資産**とは，土地建物や機械設備などです．**流動負債**とは 1 年以内に返済する予定の負債で，**固定負債**とは満期が 1 年以上の負債です．**資本**は株主からの出資金と，事業から得られた利益のうち株主に配当されていない留保分などからなります．

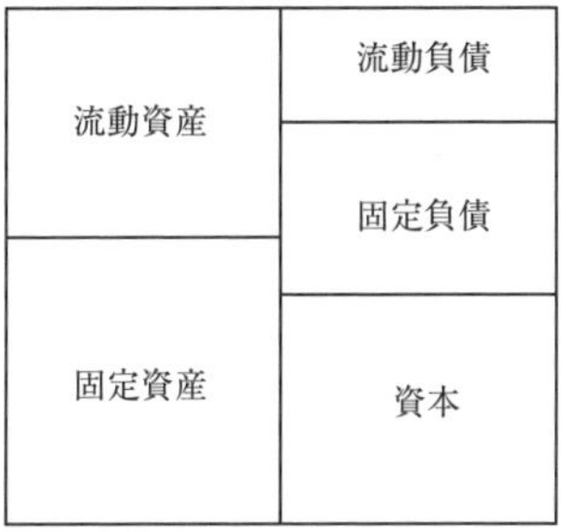

図 3.1 貸借対照表

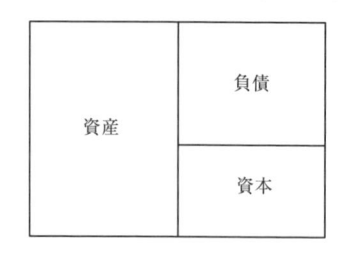

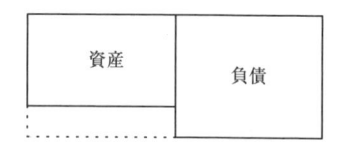

図 3.2 単純化された貸借対照表   図 3.3 債務超過状態の貸借対照表

貸借対照表の書き方や読み方は簿記論や財務諸表論に譲るとして，以下では，簡単化のために図 3.2 のような単純化された貸借対照表を考えます．

b. 株主と債権者の違い

株主と債権者は，企業の生み出すキャッシュフローに対する権利および経営に対する発言権が異なります．主な違いは以下の 3 点です．

1) 株式は**劣後債務**，債券（借入金）は**優先債務**と呼ばれるように，債権者は企業の保有する資産に対する所有権を株主に対して優先的に持ちます．たとえば，企業が**債務超過**の状態（図 3.3）で倒産すると，株主は残余資産をすべて優先的に債権者に渡さなければならないので，株式の価値はゼロとなります．

2) 株主は**残余利益**のすべてを受け取る権利を持ちます．残余利益とは，さまざまな費用や利払い金，税金などを支払ってなお企業に残った資金のことを指します．このため，業績好調のときには株主への配当は大きくなりますが，業績不振のときには，利払い後に残る残余利益が小さくなるため，配当がゼロでも我慢しなければなりません．一方，債権者は事前に決められた利息および元本のみを受け取り，それ以上の利益を受け取ることはできません．

3) 株主は**議決権**を持ちます．このため，株主総会において重要な案件に関する決定権を持ちます．一方，債権者には議決権がありません．

このように，株主は優先債務の返済に関する義務を負う代わりに，残余利益のすべてを受け取る権利および議決権を持っています．すなわち，株主のほうがより大きな責任と大きなリスクを負っており，一般に債権者に対して高い発言力を持ちます．このような関係にあるために，株主と債権者との間にはさまざまな場面で利害対立が起きます．たとえば，株主は大きな危険を冒してまでも莫大な利益を追求したがるでしょう．有限責任の原則の下で，残余利益のすべてを受け取る権利を持つからです．一方，債権者は最小限のリスクを負いながら，最低限の利益を出して欲しいと願うでしょう．利払いは固定だからです．

議決権が株主にあるために，この利害対立は株主有利に見えるかもしれませんが，実際はそうでもありません．債権者は資金を貸し出す際に，事業計画を精査し，融資の価値を評価します．借入れ後に事業計画を変更するような企業には，融資の継続はできません．企業は一度資金を借りると，借り続けないと事業が続けられない傾向に

あり，債権者はこの点で会社のリスクを制御できます．特に日本では，銀行が企業に対して絶対的な発言権を持つ時代が長く続いてきました．このように，経営者は株主と債権者との間で形成された（暗黙の）合意の範囲内でリスクをとることが許されており，その範囲内で最大の利益を追求しなければなりません．リスクは大きく変えられないので，自ずと必要最低限の利益を考えることになります．そこでハードルレートを用いた正味現在価値の考え方が役に立つわけです．

c. クレジットスプレッド

社債のリスクとリターンを表わす指標のひとつにクレジットスプレッドがあります．リスクの高い社債ほど，クレジットスプレッドが高くなります．

定義 3.1 (クレジットスプレッド) 満期が同一の社債と国債について，社債の最終利回りを R，国債の最終利回りを r とすると，クレジットスプレッド λ は

$$\lambda = R - r$$

により定義される．また，クレジットスプレッドは一般に**ベーシスポイント** (1% = 100bp) という単位を用いて表わされる．

例 3.3 (割引社債と割引国債) A社の満期1年の割引社債は額面100円あたり95円です．一方，満期1年の割引国債は額面100円あたり96円です．A社割引社債のクレジットスプレッドは以下のように計算されます．

割引社債の最終利回りは式 (2.4) から $R = 5.2632\%$，割引国債の最終利回りも同様に式 (2.4) から $r = 4.1667\%$．よって，クレジットスプレッドは $\lambda = R - r = 196.5\text{bp}$ (1.965%) となります．

例 3.4 (利付社債と利付国債) B社の満期2年の利付社債（クーポンレート5%）は額面100円あたり99円です．一方，満期2年の利付国債（クーポンレート4%）は，額面100円あたり101円です．B社利付社債のクレジットスプレッドは以下のように計算されます．

利付社債の最終利回りは式 (2.11) から $R = 5.5419\%$，利付国債の最終利回りも同様に式 (2.11) から $r = 3.4738\%$．よって，クレジットスプレッドは $\lambda = R - r = 206.81\text{bp}$ (2.0681%) です．

例 3.5 (新発債) C社は利付社債（満期2年，クーポンレート5%）を額面価格で発行しました．一方，満期2年の利付国債は，クーポンレートを4%として額面発行されました．C社利付社債のクレジットスプレッドを求めなさい．

例 2.5 で扱ったように，額面発行された債券の最終利回りはクーポンレートに一致します．よって，クレジットスプレッドはクーポンレートの差，すなわち 100bp となります．

d. 負債の調達と負債コスト

負債の調達は，銀行借入れあるいは社債の発行により実施されます．銀行借入れのキャッシュフローは利付債と同じ形をとりますが，利払いは毎月あるいは4半期ごとなど，契約により異なります．ただし，以下では簡単化のために銀行借入れと社債発行は同じキャッシュフローを持つと仮定し，どちらも利払いを年に一度とします．たとえば，100億円の資金調達を満期4年，利息5%で行なった場合，キャッシュフローは図3.4のようになります．

注 3.1 (額面発行とクーポンレートの決定)

1) 社債の発行でも銀行借入れでも，額面（返済額）と発行額（調達額）は等しくなるようにします．債券では，このことを額面発行と呼びました．図3.4でいうと，時刻0における調達額100億円と4年後に返済する金額（利子を除く）は等しくなるようにします．
2) 負債のクーポンレート（あるいは利息）は，企業の債務返済能力が評価された結果として付与されます．銀行借入れであれば，銀行が当該企業の事業リスク・将来性などを審査し，リスクを考慮した利息を要求します．社債発行であれば，格付け会社により付与された社債格付けを参考にしながら，投資家の間で意見が集約されていきます．
3) 額面発行された負債のクーポンレートと最終利回りは一致します（例2.4）．

企業のハードルレートを設定する上では，資金提供者による企業への評価を第一に考えるべきでしょう．このような立場によると，負債により調達された資金のコスト，すなわち負債コストはそのクーポンレート（利子率）になります．

注 3.2 (負債コストと社債流通市場)

1) 社債が流通市場で取引される場合はクーポンレートが固定され，価格によりリスクとリターンの調整が行なわれます．このとき，負債コストは，社債の最終利回りであると考えたほうがより精緻です．ただし本書では，より簡便に負債コストを決定できる，クーポンレートそのものを負債コストとします．
2) 割引社債の負債コストは発行時点における最終利回りで定義します．ただし，実際に割引社債が発行された例は少ないので，本書では扱いません．

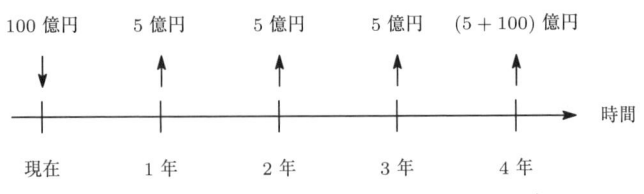

図 3.4 負債による資金調達（債務者側のキャッシュフロー）

e. 株式コストと配当割引モデル

株式を保有していると，その企業が事業により生み出した利益を配当として受け取ることができます．将来にわたって得られる配当を適当な割引率で現在価値に割り引くことにより株価を算出するのが次に示す**配当割引モデル**です．このとき用いられる割引率は無リスク金利とリスクプレミアムに分けて考えることができます．リスクプレミアムに関する詳しい議論は次章以降で行ないます．

いま，ある企業の株式に関するリスクプレミアムを ρ とすると，割引率は $r+\rho$ となります．確率的に変動する配当 $\tilde{d}$ は永続的に続き，その期待値について

$$\mathbb{E}[\tilde{d}_i] = d, \qquad i = 1, 2, \ldots$$

であるとします．このとき，株価 S は

$$S = \frac{d}{1+r+\rho} + \frac{d}{(1+r+\rho)^2} + \frac{d}{(1+r+\rho)^3} + \cdots = \frac{d}{r+\rho} \tag{3.1}$$

により与えられると考えるのが配当割引モデルです．

問 3.1 A 社は株式 1 単位あたり毎年 5 円の配当を支払っています．A 社の株式のリスクプレミアムを 2%，無リスク金利を 3% とするとき，A 社の株価を配当割引モデルにより求めなさい．

問 3.1 では，あらかじめリスクプレミアムを与えて株価を算出しました．これとは逆に，もし株価が事前にわかっていれば，配当割引モデルを用いてリスクプレミアムを算出することができます．

問 3.2 B 社は株式 1 単位あたり平均 20 円の配当を毎年支払い，株価は 400 円です．無リスク金利を 3% としたとき，配当割引モデルにより，B 社の株式のリスクプレミアムを求めなさい．

株式による資金調達の費用を配当 d と見なし，そのキャッシュフローがどのような内部収益率を持つかを考えることで，株式コストがわかります．株価から逆算した割引率（内部収益率）を株式コストと考えます．配当には税控除がないので，株式コスト R_S は

$$R_S = r + \rho \tag{3.2}$$

により与えられます．ただし，$(r+\rho)$ は式 (3.1) を満たすとします．

問 3.3 C 社は株式 1 単位あたり毎年 30 円の配当を支払い，株価は 600 円であるとします．C 社の株式コストを求めなさい．

f. 加重平均資本コスト

企業の財務構成（負債と資本）を表わす数値に**自己資本比率**があります．これは資産額に対する自己資本（株式）の割合を表わし，自己資本額を S，負債額を D とする

◆ **Coffee Break**

自己資本と他人資本

　自己資本とは，貸借対照表「純資産の部」に記載されている合計金額のことを指し，株主に帰属する純資産部分を意味します．ただし，自己資本比率を算出する際の自己資本には新株予約権や少数株主持分は含めないのが普通です．株式を自己資本と呼ぶ場合，負債を他人資本と呼ぶことがあります．また，「会社は株主のものである」ということを主張するため，自己資本という言い方を嫌い，敢えて株主資本と呼ぶこともあります．なお，金融機関に適用される自己資本比率規制算定上の自己資本の定義は，優先株の取扱いなどで定義が異なります．

と，自己資本比率 k は

$$k = \frac{S}{S+D} \tag{3.3}$$

で表わされます．

　ここで，負債コストを R_D，株式コストを R_S，自己資本比率を k とすると，企業の加重平均資本コスト（Weighted Average Cost of Capital；WACC）は

$$R = (1-k)R_D + kR_S \tag{3.4}$$

で定義されます．加重平均資本コスト（WACC，ワックと読みます）は，資金調達に関わる費用の内部収益率を表わします．したがって，WACC をハードルレートとすれば，WACC 以上の内部収益率があげられる場合，株主および債権者に資金調達費用を支払った後でも会社に利益が残ります．

問 3.4 無リスク金利は年限によらず一定で 5% とします．A 社のクレジットスプレッドは 2% で，満期 1 年の利付債を 100 億円発行しました．また，株式の時価総額は 100 億円で，配当は毎年 10 億円支払われています．株式コストを配当割引モデルにより定め，加重平均資本コストを求めなさい．

　ここまでに，ハードルレートの設定方法として WACC の概念を示し，ハードルレートを割引率として計算した事業の正味現在価値が正ならば，その事業は会社の価値を高める働きがあることを学びました．次の例を用いて本節の理解を確認しておきましょう．

例 3.6（正味現在価値の比較）　自動車会社 A は，苫小牧に自動車製造工場を建てる計画を持っています．工場の建設費用は 1,000 億円で，収益は変動するものの，その 1 年後から平均して毎年 150 億円の利益が出ると予想しています．ただし，10 年後に工場を解体し，その費用は 50 億円かかります．A 社の自己資本は 500 億円であり，毎年 30 億円の配当を行なっています．また，A 社は額面 500 億円の社債を発行しており，発行価格は 500 億円，クーポンレートは 10% です．A 社の WACC を求め，自動車工場建造に関する正味現在価値を計算すると以下のようになります．

まず，自己資本比率は $R = 500/(500+500) = 0.5$ です．次に，株式コストは式 (3.1), (3.2) から $R_S = 6\%$ となり，負債コストはクーポンレートを用いて $R_D = 10\%$ となります．よって，WACC は式 (3.4) より $R = 8\%$ となります．このとき，投資の正味現在価値は

$$-1000 + \sum_{i=1}^{10} \frac{150}{(1+R)^i} - \frac{50}{(1+R)^{10}}$$
$$= -1000 + \frac{150}{0.08}\left(1 - \frac{1}{1.08^{10}}\right) - \frac{50}{1.08^{10}}$$
$$= -16.6475 < 0$$

となり，この自動車工場の建設は合理的な投資とはいえません．ここで，等比数列の和の公式 (A.3) を用いました．

問 3.5 例 3.6 において何らかの理由で WACC が 7.5% に変化した場合には，自動車工場の建設は合理的と判断できるでしょうか？

3.2 資金調達の理論

企業の資金調達手段は大きく分けて株式と負債からなり，調達資金に占める株式と負債の割合を**資本構成**あるいは資本構造といいます．現実の企業はさまざまな資本構成を持ちます．業界ごとに隔たりがあり，また同じ業界内でも会社が違えば異なった資本構成を持っています．それでは，合理的な（あるいは最適な）資本構成は存在するのでしょうか？存在するならば，なぜ企業の資本構成は異なるのでしょうか？本節では，このような問題に対する学説をいくつか紹介します[1]．

まず，法人税や倒産コストといった企業の資本構成に大きな影響を与える要因を省いたもっとも単純なモデルを考えて，資本構成が企業価値に与える影響を考察します．次に，法人税の影響を考慮し，さらには倒産コストを導入します．倒産コストとは，倒産にともなって発生するさまざまな（直接的および関接的）費用を指します（3.2.3 項）．資本構成に関する問題は盛んに研究されており，法人税や倒産コスト以外にも資本構成に影響を与える要因が指摘されています．

3.2.1 Modigliani–Miller の定理

Modigliani–Miller が提唱した企業価値の理論[2]では，企業の価値を負債サイドの価値を用いて定義します．また，企業が保有する資産については企業価値と異なる場

---

[1] 企業の財務活動は，大きく分けて，資金調達および利益分配（配当）からなります．それぞれに多くの手法があり，学術的にも発展中の分野です．学部生レベルを対象として，企業の財務活動に関わる諸問題を網羅的に扱った教材に Ross 他著『コーポレートファイナンスの原理：第 7 版』（大野訳，金融財政事情研究会，2007 年）があります．

[2] F. Modigliani と M. Miller による次の 2 つの論文に基づいた理論を指します．"The Cost of Capital, Corporation Finance and the Theory of Investment," *American Economic Review*,

合があることを想定して，**事業資産**と呼ぶことにします．

定義 3.2 (企業価値) 企業の発行する株式および負債の時刻 0 における価値をそれぞれ S_0, D_0 とする．このとき，企業価値は

$$V_0 = S_0 + D_0$$

で定義される．ただし，負債を発行していない企業については $D_0 = 0$ とする．

以下では，企業が資本構成を変化させることに意味があるかどうかを検証するために，まったく負債を利用していない企業 U と負債を発行している企業 L の 2 つを考えます．これら 2 つの企業は共に事業資産 A を保有しており，これが保有する資産のすべてだとします．

事業資産 A に関して次の仮定をおきます．

仮定 3.1 (事業資産) 事業資産 A は時刻 0 において価格 x で売買されており，時刻 1 には価値 X を持つとする．すなわち，

$$A_0 = x, \qquad A_1 = X \tag{3.5}$$

とする．ただし，X は確率変数である．

ある工場を想定して，1 年後にその工場から得られる利益と，工場自体の売却額の合計値を価値 X だと考えてください．単純に考えるために生産に費用はかからないと仮定します．X が確率変数だということは，1 年後の利益と売却額が不確実だということです．

企業の発行する株式および負債の時刻 0（現在）における価格をそれぞれ S_0, D_0 とします．また，これらの 1 年後の価値は事業資産の値 X に応じて定まり，それぞれ $S_1(X), D_1(X)$ で与えられるとします．株式コストと負債コストに関して以下の仮定をおきます．

定義 3.3 (加重平均資本コスト) 仮定 3.1 を満たす事業資産を持つ企業について，株式コスト k_S と負債コスト k_D をそれぞれの**期待収益率**

$$R_S = \frac{\mathbb{E}[S_1(X)] - S_0}{S_0}, \qquad R_D = \frac{\mathbb{E}[D_1(X)] - D_0}{D_0} \tag{3.6}$$

で定義する．したがって，加重平均資本コスト（WACC）は

$$R = \frac{S_0}{V_0} \cdot R_S + \frac{D_0}{V_0} \cdot R_D = \frac{\mathbb{E}[S_1(X) + D_1(X)] - V_0}{V_0} \tag{3.7}$$

で与えられる．

48, 261–297 (1958). "Corporate Income Taxes and the Cost of Capital: A Correction," *American Economic Review*, **53**, 433–443 (1963).

3.2 資金調達の理論

負債を発行している企業 L に関して，以下の仮定をおきます．すなわち，負債については常に満期 1 年の利付債を想定します．

仮定 3.2 (企業の負債) 企業 L は額面 b，クーポンレート R，満期 1 年の利付債により資金調達を行なうとする．利払い $(c = b \times R)$ は 1 年後とし，負債総額を $P = b + c$ で定義する．また，事業資産価値より多くの負債は発行できないとし，P に関して

$$x > P \tag{3.8}$$

を仮定する．

さらに企業 U, L の発行する株式および負債は，以下の理想的な証券市場で取引されていると仮定します．

仮定 3.3 (理想的な証券市場)
(1) 個人も企業も確定的な利子率 r で，必要な分だけ借入れおよび貸出しを行なうことができる．
(2) 証券市場は完全で，瞬時に取引が成立する．また，取引コストや税金はゼロとする．
(3) すべての投資家が事業資産 A の利得 X について同質の期待を持つ．
(4) 事業資産 A は分割可能であり証券と同様に取引できる．
(5) 倒産コストはゼロである．
(6) 株主と債権者は企業価値の最大化を目標とすることで合意している．

さて，企業の発行する株式と負債の利得を定義しましょう．企業 U の株式の時点 1 における利得を $S_1^U(X)$，企業 L の株式および負債の利得をそれぞれ $S_1^L(X)$, $D_1^L(X)$ と書くことにします．企業は負債が満期となる 1 年後に清算されると仮定し，負債総額 P のうち一部でも返還されないという事態を**倒産**と定義します．倒産が発生した場合，企業の資産に対する請求権は債権者が持ちます．このことを債権者には**担保請求権**があるといいます．一方，株主は負債総額の全額を返還できなくても，出資金以上の請求は受けません．このことを**有限責任原則**といいます．また，株主は負債総額を返還した残りの資産全額についての請求権を持ちます．これを株主には**残余請求権**があるといいます．

このように考えると，企業 U の株式の利得は負債のない残余請求権

$$S_1^U(X) = X \tag{3.9}$$

となります．一方，企業 L の株式と負債の利得は残余請求権および担保請求権だけからなるので，それぞれ

$$S_1^L(X) = \begin{cases} X - P, & X \geq P, \\ 0, & X < P, \end{cases} \qquad D_1^L(X) = \begin{cases} P, & X \geq P \\ X, & X < P \end{cases} \tag{3.10}$$

により与えられます.

以下では，x と y の大きいほうを表わす演算子 $\max\{x,y\}$ および小さいほうを表わす演算子 $\min\{x,y\}$ を用いて，企業 L の発行する証券の利得関数を

$$S_1^L(X) = \max\{X - P, 0\}, \qquad D_1^L(X) = \min\{P, X\}$$

と書くことにします．また，残余請求権と担保請求権の和について，

$$S_1^L(X) + D_1^L(X) = \max\{X - P, 0\} + \min\{P, X\} = X \tag{3.11}$$

とできるので

$$S_1^L(X) + D_1^L(X) = S_1^U(X) \tag{3.12}$$

が成立することに注意しましょう．

さて，企業価値 V_0 は株式価値 S_0 と負債価値 D_0 の合計なので，資本構成が企業価値に与える影響を調べるためには，時刻 0 における株式と負債の価値を求める必要があります．しかし，利得 X が確率的な場合，割引現在価値法を単純に適用することはできません．第 4 章で説明するように，リスクに応じた適切な割引率を用いる必要があるためです．

そこで，Modigliani–Miller は裁定取引という概念を用いて株式と負債の価値を求めました．**裁定取引**とは，手持ち資金ゼロで，正の利益だけが期待（もしくは確定）できる取引のことで，裁定取引が可能な取引機会のことを**裁定機会**と呼びます．裁定機会が存在しないという仮定を無裁定の仮定といいます．

仮定 3.4 (無裁定)　市場に裁定機会は存在しない．

注 3.3 (無裁定と証券価格)　第 7 章で学ぶように，将来の利得が完全に等しい証券が 2 つあった場合，それらの現在価値に価格差があれば，安いほうを購入して高いほうを売ることでその時点で利益が確定するので，これは裁定機会です．よって，裁定機会が存在しないと仮定するならば，将来の利得が等しい 2 つの証券の価格は一致します．

Modigliani–Miller による次の定理は，彼らの頭文字をとって，MM 定理と呼ばれます．

定理 3.1 (MM 定理)　仮定 3.1–3.4 の下で，**企業価値保存の法則**が成立する．すなわち，資本構成の変更は企業価値に影響を与えない．

証明：仮定から，時刻 1 における企業 U の株式および事業資産の利得は

$$S_1^U(X) = X, \qquad A_1 = X$$

であり，これらは一致します．現時点での事業資産の価格は $A_0 = x$ なので，無裁定の仮定から，株式価値について $S_0^U = x$ が得られます．よって，定義 3.2 から，企業価値について

$$V_0^U = S_0^U = x \tag{3.13}$$

を得ます（バランスシートの原則から，図 3.5 における企業 U の資産について，斜線部分の価値はゼロになることがわかりました）．

次に，企業 L の株式 1 単位と負債 1 単位を保有するポートフォリオを考えます．式 (3.12) から，このポートフォリオの利得は，負債総額 P によらず

$$S_1^L(X) + D_1^L(X) = X \tag{3.14}$$

となります．ポートフォリオの利得は事業資産の利得 A_1 に一致するので，無裁定の仮定から，$S_0^L + D_0^L = x$ を得ます．したがって，企業価値の定義 3.2 から

$$V_0^L = S_0^L + D_0^L = x \tag{3.15}$$

が成立します（バランスシートの原則から，図 3.5 における企業 L の資産についても，斜線部分の価値はゼロになることがわかりました）．以上から，負債総額 P によらず $V_0^U = V_0^L$ が成立するので，企業価値は資本構成に無関係であることが示されました． □

系 3.1 (WACC) 仮定 3.1–3.4 の下では，資本構成の変更は加重平均資本コスト（WACC）に影響を与えず

$$R = \frac{\mathbb{E}[X] - x}{x}$$

が成立する．つまり，資本構成によらず WACC は事業資産の期待収益率に一致する．

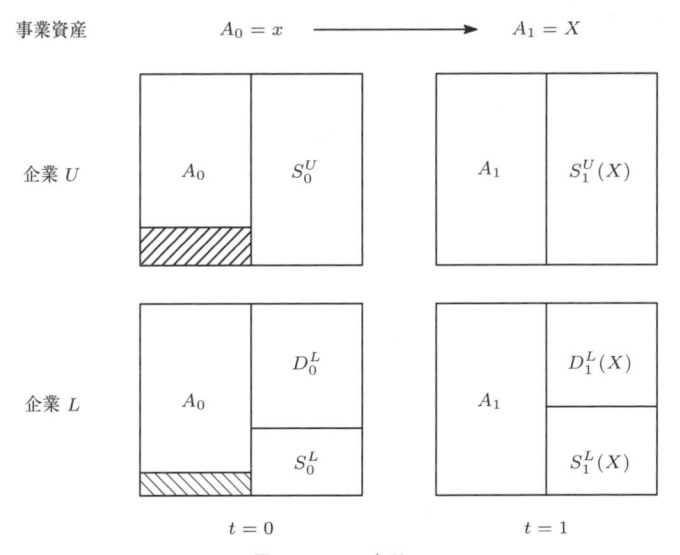

図 **3.5** MM 定理

証明:WACC の定義式 (3.7) において,MM 定理の結果 $V_0^U = V_0^L = x$ および式 (3.11), (3.12) から得られる式

$$S_1^U(X) = S_1^L(X) + D_1^L(X) = X$$

を用いると,企業 L と企業 U の WACC は一致して R で与えられることがわかります。 □

加重平均資本コスト(WACC)を低くするために,コストの高い株式に代えて負債を多く利用しても,MM 定理が成立するならば,結局はうまくいかないことを意味します。次節で扱うレバレッジ効果が原因になっています。

3.2.2 証券の価値と財務レバレッジ

裁定取引の考え方は,不確実なキャッシュフローを持つ証券の価格を決める際に強力なツールになります。以下では,倒産の可能性がある場合とない場合に分けて示します。

a. 企業の倒産を考えない場合

ここでは,事業資産の価値 X の確率分布について次のような特殊ケースを考えます。これは,Modigliani–Miller が最初に示した企業価値保存の法則における仮定です。

仮定 3.5 事象 $\{X < P\}$ が発生する確率は負債総額 P によらずゼロとする。

この仮定により,事業資産の時刻 1 における価値 X は不確実ですが,価値 P 以下になることはなく,倒産は発生しません(図 3.6)。したがって,負債は確実に償還され確定的なキャッシュフローを持ちます。

例 3.7 (株式価値と負債価値) この例では,仮定 3.1–3.5 の下で,企業 L の株式価値と負債価値を求めます。まず,倒産が発生しないことが前提なので,負債は確実に償還されます。よって,負債価値は総割引現在価値により求まり

$$D_0^L = \frac{P}{1+r}$$

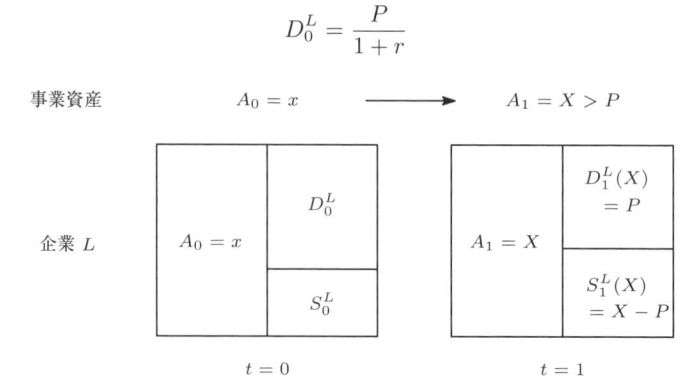

図 3.6 企業 L のバランスシート ($X > P$ の場合)

となります．次に，MM 定理から

$$S_0^L = V_0^L - D_0^L = x - \frac{P}{1+r}$$

を得ます．株式のペイオフ S_1^L は負債のペイオフ D_1^L とは違って不確実なので，総割引現在価値を用いて価格 S_0^L を求められないことに注意してください．

問 3.6 仮定 3.1–3.5 の下で，事業資産 A について $x = 100$ 億円であるとします．額面 80 億円，クーポンレート $R = 10\%$，満期 1 年の利付債を発行した企業の負債価値，株式価値および企業価値を求めなさい．ただし，額面 100 円の割引国債の価格を 95 円とします．

無裁定の仮定があれば，事業資産 A の期待収益率を知らなくても株式と負債の価格が得られました（問 3.6）．もし事業資産の期待収益率がわかれば，株式の期待収益率を得ることができます．

例 3.8（株式の期待収益率） 事象 $\{X < P\}$ は発生しないので，負債を発行した企業の株式は利得

$$S_1^L(X) = X - P$$

を持ちます．よって，事業資産の期待収益率が

$$\frac{\mathbb{E}[X] - x}{x} = \mu_A$$

のように与えられている場合，株式の期待収益率は，

$$R_S = \frac{\mathbb{E}[S_1^L(X)] - S_0^L}{S_0^L} = \frac{\mathbb{E}[X - P] - S_0^L}{S_0^L} = \frac{x(1+\mu_A) - P - S_0^L}{S_0^L} \tag{3.16}$$

により定まります．

問 3.7 問 3.6 において，$\mu_A = 10\%$ のときの株式の期待収益率を求めなさい．

企業 L の株式コストおよび負債コストは，定義 3.3 から，それぞれ株式の期待収益率および負債の期待収益率を意味します．次の例では，負債総額が大きいほど株式の期待収益率が高まることを示します．このことを負債の**レバレッジ効果**と呼びます．また，D_0/S_0 を**財務レバレッジ**と呼びます．

例 3.9（レバレッジ効果） 仮定 3.1–3.5 の下で，企業 L について考えます．事業資産の期待収益率を μ_A とすれば，系 3.1 より，WACC は $R = \mu_A$ で与えられます．いま，負債は確実に償還されるとしているので，期待収益率は無リスク金利に一致し $R_D^L = r$ となります．よって，株式の期待収益率は，式 (3.16) に関係式 $P = D_0^L(1+r)$ および $x = S_0^L + D_0^L$ を代入すれば

$$R_S^L = \frac{(1+\mu_A)(S_0 + D_0) - (1+r)D_0 - S_0}{S_0} = \mu_A + \frac{D_0^L}{S_0^L}(\mu_A - r)$$

により与えられます．$\mu_A - r > 0$ であれば，財務レバレッジ $\frac{D_0}{S_0}$ に比例して，株式の期待収益率は増加します．

問 3.8 仮定 3.1–3.5 が満たされるとします．事業資産の価値を 100 億円とし，その期待収益率を $\mu_A = 8\%$，また無リスク金利を $r = 5\%$ とします．以下の企業について，株式の期待収益率を求めなさい．ただし，負債を発行する企業の負債満期は 1 年とし，クーポンレートは共通で 5% とします．
  1) 負債を発行していない企業
  2) 額面 10 億円の負債を発行する企業
  3) 額面 50 億円の負債を発行する企業
  4) 額面 90 億円の負債を発行する企業

b. 倒産の可能性がある場合

ここでは仮定 3.5 を用いずに，企業に倒産の可能性がある場合でも，無裁定の仮定があれば，株式価値と負債価値が求められることを示します．ただし，簡単化のため，価値 X が以下の二項分布に従う場合を想定します．

$$X = \begin{cases} x_h, & 確率\ p \\ x_\ell, & 確率\ 1-p \end{cases} \tag{3.17}$$

すなわち，X は確率 p で値 x_h をとり，確率 $1-p$ で値 x_ℓ をとるとします．さらに，

$$x_\ell < P \leq x_h$$

と仮定します．したがって，$X = x_\ell$ の場合には企業 L は倒産し，$X = x_h$ のときは倒産しません．図 3.7 に模式的にバランスシートの変動を描きました．倒産可能性のない場合と比較すると，負債のペイオフも不確実性を持つので正味現在価値法を用いることができない点に注意してください．

例 3.10 (株式価値と負債価値) 事業資産 A が現時点 0 において $x = 100$ 円で取引されており，時刻 1 では確率 p で $X = 120$ となり，確率 $1-p$ で $X = 70$ となるとします．企業 U は事業資産 A に投資するために設立され，株式のみで資金調達しました．一方，企業 L は満期 1 年，額面 80 円，クーポンレート 10% の利付債を発行して事業資産 A に投資します．利子は 1 年後に支払われます．1 年後の負債総額は $P = 88$ 円で，そのうちの 8 円が利子になります．また，満期 1 年，額面 $B_1 = 100$ 円の割引国債が $B_0 = 95$ 円で取引されています．

仮定 3.1–3.4 の下で，企業 U と L が発行する証券の価値を求めて，企業価値が一致することを確かめましょう．以下では，証券の時刻 0 における価格と将来の利得について，次のような樹形図を描くことにします．これは**二項モデル**と呼ばれており，第 7 章で詳しく学びます．

3.2 資金調達の理論

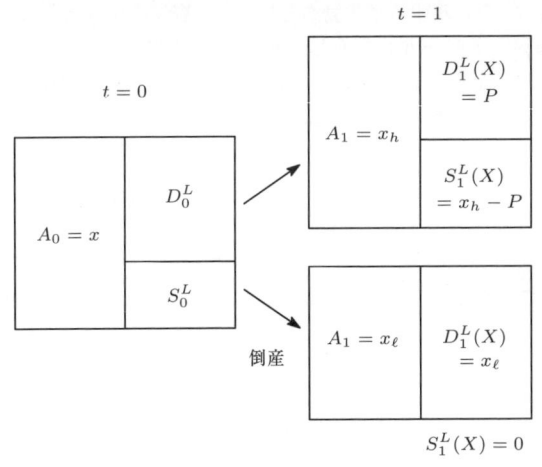

$t = 0$ / $t = 1$

$A_0 = x$ / D_0^L / S_0^L

$A_1 = x_h$, $D_1^L(X) = P$, $S_1^L(X) = x_h - P$

倒産: $A_1 = x_\ell$, $D_1^L(X) = x_\ell$, $S_1^L(X) = 0$

図 **3.7** 企業 L のバランスシート (倒産可能性のある場合)

$$
\begin{array}{ll}
\text{事業資産} & \text{無リスク資産} \\
x = 100 \diagup^{X = 120}_{X = 70} & B_0 = 95 \diagup^{B_1 = 100}_{B_1 = 100}
\end{array}
\tag{3.18}
$$

まず，企業 U の株式を保有する投資家の時刻 1 における利得は，式 (3.10) から

$$
\text{企業 } U \text{ の株式} \\
S_0^U = ??? \diagup^{S_1^U = 120}_{S_1^U = 70}
\tag{3.19}
$$

となります．企業 U の株式と事業資産の 1 年後の利得は等しいので，無裁定の仮定から，それらの現在価格も等しいはずです．したがって，$S_0^U = x = 100$ となります．

次に，企業 L の株式と負債の利得は，式 (3.10) から，

$$
\begin{array}{ll}
\text{企業 } L \text{ の株式} & \text{企業 } L \text{ の負債} \\
S_0^L = ??? \diagup^{S_1^L = 32}_{S_1^L = 0} & D_0^L = ??? \diagup^{D_1^L = 88}_{D_1^L = 70}
\end{array}
\tag{3.20}
$$

となります．もし，市場で取引されている事業資産 A と無リスク資産を適当に組み合わせて保有することにより，式 (3.20) で表わされる利得（たとえば株式の利得）を再現できれば，無裁定の仮定から，その組合せに必要な資金額が株式の価格に一致します．

実際に, 利得 S_1^L を再現する事業資産と無リスク資産の組合せを求めてみましょう. 価格 100 円の事業資産を w 単位保有し, 価格 95 円の無リスク資産を z 単位だけ保有するポートフォリオを考えます. このようなポートフォリオを**複製ポートフォリオ**と呼びます. 複製ポートフォリオの価値と利得は二項モデルを用いると, 式 (3.18) から

複製ポートフォリオ

$$\theta^0 = 100w + 95z \begin{array}{c} \nearrow \theta^1 = 120w + 100z \\ \searrow \theta^1 = 70w + 100z \end{array} \tag{3.21}$$

のように表わすことができます. もし複製ポートフォリオの利得と株式 L の利得が一致し, $\theta^1 = S_1^L$ が成立するならば, 式 (3.20), (3.21) から, 連立方程式

$$\begin{cases} 120w + 100z = 32 \\ 70w + 100z = 0 \end{cases} \tag{3.22}$$

が成立します. これを w と z について解くと $w = 0.64, z = -0.448$ となるので, 複製ポートフォリオの時刻 0 における価値は

$$\theta^0 = 100w + 95z = 64 + (-42.56) = 21.44 \tag{3.23}$$

になります[*3]. 無裁定の仮定から, 複製ポートフォリオの価値 θ_0 と株式 L の価値 S_0^L は一致しなくてはなりません. したがって, $S_0^L = 21.44$ を得ます.

同様にして, 負債の利得を実現するポートフォリオを構成してみましょう. 株式のときと同様に, 価格 100 円の事業資産を w 単位保有し, 価格 95 円の無リスク資産を z 単位保有する複製ポートフォリオ (3.21) を考えます. ただし, 一致させる利得は負債 D_1^L になるので, 式 (3.20) から, 連立方程式

$$\begin{cases} 120w + 100z = 88 \\ 70w + 100z = 70 \end{cases} \tag{3.24}$$

を得ます. これを w と z について解くと $w = 0.36, z = 0.448$ となるので, 複製ポートフォリオの価値は

$$\theta^0 = 100w + 95z = 78.56 \tag{3.25}$$

になります. よって, 無裁定の仮定から $D_0^L = 78.56$ を得ます. 以上から,

$$V_0^U = S_0^U = 100 \quad \text{および} \quad V_0^L = D_0^L + S_0^L = 100$$

となり, 企業 U と L の企業価値が等しくなることを確認しました.

[*3] これは, 1 単位 100 円の事業資産を $w = 0.64$ 単位買って, 1 単位 95 円の無リスク債券を $-z = 0.488$ 単位売るポートフォリオを意味します. 無リスク債券を売ることは, その分だけ借金をすることと同じです. すなわち, 事業資産を 64 円分だけ購入し, その一部は 42.56 円の借金で賄いました. ポートフォリオを購入するために必要な投資資金は 21.44 円です.

問 **3.9** 例 3.10 と同様に，仮定 3.1–3.4 の下で，企業 U と L を考えます．ただし，事業資産 A は現時点 0 において $x = 100$ 円で取引されており，時刻 1 では確率 p で $X = 110$ となり，確率 $1 - p$ で $X = 60$ となるとします．また，企業 L は満期 1 年，額面 75 円，クーポンレート 10% の利付債を発行しています．さらに満期 1 年，額面 $B_1 = 100$ 円の割引国債が $B^0 = 95$ 円で取引されているとします．企業 U の株式価値および企業 L の負債価値の株式価値を求めて，企業 U と L の企業価値を求めなさい．

事業資産の価値が上昇する確率 p は，事業資産の期待収益率を決定しますが，例 3.10 では確率 p の値を使用していません．よって，倒産が発生する場合でも，企業の発行する証券の価格は事業資産の期待収益率に依存しません．ただし p が与えられると株式と負債の期待収益率を得ることができます．

例 3.11 (株式と負債の期待収益率) この例では，例 3.10 において $p = 0.8$ とするとき，事業資産 A の期待収益率，企業 L の株式の期待収益率および負債の期待収益率，さらに WACC を計算します．

まず，事業資産 A の期待収益率は

$$\mu_A = \frac{[p \times 120 + (1-p) \times 70] - 100}{100} = 10.00\%$$

になります．したがって，系 3.1 から，WACC については $R = \mu_A = 10.00\%$ となります．次に，株式と負債の期待収益率の定義式 (3.7) およびそれらの利得を表わす式 (3.20)，さらには例題 3.10 の解 ($S_0^L = 21.44, D_0^L = 78.56$) から，株式の期待収益率について

$$R_S = \frac{[p \times 32 + (1-p) \times 0] - 21.44}{21.44} = 19.403\%$$

負債の期待収益率について

$$R_D = \frac{[p \times 88 + (1-p) \times 70] - 78.56}{78.56} = 7.434\%$$

が得られます．

問 **3.10** 問 3.9 において $p = 0.95$ のとき，事業資産および企業 L の株式と負債の期待収益率を求めなさい．

3.2.3 資本構成に関するさまざまな学説

理想的な証券市場の仮定 3.3(6) は，株主と債権者の間に摩擦がないことを意味します．しかし，これは現実には厳しい仮定です．債権者と株主との摩擦の本質的な原因は，利得関数の違いにあるからです．式 (3.10) にあるように，株主の残余請求権には上限がなく，その一方で有限責任原則により下限はゼロになっています．一方，債権者の担保請求権には上限があり，債権者はその上限値を期待しています．

ここで，株主の利得がゼロに近い値になると期待される状況を想定しましょう．す

◆ *Coffee Break*

法人税と倒産コスト

　負債発行にともなう支払い利子は，税法上は費用となります．したがって負債を発行すると，利益が正である限り，課税対象額を減らすことができます．これを**負債の節税効果**と呼びます．負債の節税効果は正の利得をもたらすので，負債の発行は企業価値を上昇させます．よって負債の節税効果を考慮すると企業価値保存の法則（MM 定理）が成立しません．一方，企業が実際に倒産すると，法定手続きに必要な経費の他にも，ブランド価値の損失，資産の投売りにともなう損失など実際には多くの損失（コスト）が発生します．負債発行には**倒産コスト**がともなうのです．倒産コストを考慮すると，負債の発行は企業価値を減少させ，この場合も MM 定理は成立しません．ただし，これらのことを理論的に示すには第 7 章のオプション理論が必要になります．法人税と倒産コストを考慮した場合の最適資本構成については第 8 章で考察します．

ると，株主は失うものがないので，大きなリスクをともなう事業に投資するインセンティブを持ちますが，これは債権者の望む事業とは逆になります．債権者は担保を確実に回収したいと考えるからです．実際，事業のリスクを高めると，株式の価値は上がり負債の価値は下がります．このような行為を**リスク移転**といい，株主のリスク移転が負債から株式へと価値の移動をもたらすことを**資産代替問題**といいます．負債発行には資産代替問題があるので，負債コストはその分だけ上がるはずです．その上昇分を**間接的倒産コスト**と呼ぶことがあります[*4)]．弁護士費用などを直接倒産コストといいます．

　間接的倒産コストの発生原因は他にもあります．いま，負債の満期を目前にして，負債額を満額償還できないことがほぼ確実であるとします．さらに，目の前に NPV が正の投資機会があるにもかかわらず，投資を実行しても依然として債務を償還できないと仮定します．この投資の実行は債権者にとっては利得を高めますが，株主にとっては利得がゼロのままなので，株主は企業価値を高めるその投資機会を実行しない可能性があります．これを**過少投資問題**と呼び，これも負債発行の際の負債コストを上昇させる要因となります．

　一方，企業の資金調達を別の視点から説明するものに**ペッキングオーダー仮説**があります．投資家と経営者の間には情報の**非対称性**があるはずです．経営者は自らの事業について，投資家より多くを知っているからです．

　株価は実状より割安であったり割高であったりしますが，情報の非対称性を認めると，経営者は株価が割高に値付けされているタイミングを見計らって，資金調達を実施しようと考えます．このとき，投資家は情報の非対称性を認識しているので，新た

[*4)] 倒産が予見されることにともない発生する事業上の不利益も関接的倒産コストに含まれます．

な株式発行は株価が割高であることの証だと考え，この株式を売ろうとするでしょう．結果として，株式による資金調達は株価の下落を生むため，経営者は株式による資金調達に慎重になるはずです．

それでは，負債発行はどうでしょうか？ 負債も株式と同様に，発行自体が割高の証になりかねません．ただし，倒産の可能性が低い場合，その価格は無リスク債券に近く，情報の非対称性の影響をあまり受けません．したがって，財務レバレッジが低い範囲では負債の利用は株式の利用に優先すると考えられます．

負債発行よりも優れた資金調達を考えると，もはや**内部留保**しかありません．内部留保には限りがありますが，情報の非対称性によって資金調達コストが高まることはありません．

結局，資金調達は (1) 内部留保，(2) 負債，(3) 株式の順で検討されることになります．内部留保の利用は，内部留保が枯渇するまで行なわれます．負債の利用は，倒産リスクの高まりからくる負債価格へのダメージが，株式の利用による株価へのダメージと拮抗する量まで利用されることになります．

章末問題

○ **Q 3.1 (クレジットスプレッド)** 無リスク金利は年限によらず一定で $r = 5\%$ とします．次の2つについてA社のクレジットスプレッドを求めなさい．(1) 額面100円，満期2年のA社の割引社債の価格が90円．(2) 額面100円，クーポンレート6%，満期2年のA社の利付社債の価格は95円．

○ **Q 3.2 (加重平均自己資本コストと正味現在価値法)** Sうどんチェーンは上場会社で株式時価総額は200億円です．毎年20億円を株主に配当しています．また額面600億円の借入れを利息8%で行なっています．いま1店舗あたり6,000万円の費用で，新たに10店舗を開設するプロジェクトを検討しています．よくできる店長候補が5人おり，店を任せると毎年1,000万円の利益を10年間出せます．10年後に店舗は1店舗あたり3,000万円で売却できます．その他の5人の店長候補に店を任せると，毎年500万円の利益を10年間出せます．10年後は同じように1店舗あたり3,000万円で売却できます．
  ○ 1) Sうどんチェーンの加重平均資本コストを求めなさい．
  ○ 2) プロジェクトの合理性について，正味現在価値を計算して検討しなさい．
  ○ 3) よくできる店長候補が4人，その他の店長候補が6人の場合について検討しなさい．店長以外の設定は (2) と同じとします．

○ **Q 3.3 (企業価値（倒産を考えない場合))** 仮定 3.1–3.5 が満たされ，社債には倒産のリスクがないと仮定し，事業資産 A について $x = 10$ 億円であるとします．また無リスク金利を5%とします．以下の問に答えなさい．
  1) 額面6億円，クーポンレート $R = 8\%$，満期1年の利付債を発行した企業の負債価値，株式価値および企業価値を求めなさい．

2) $\mu_A = 10\%$ のときの株式コストを求めなさい.

○**Q 3.4 (財務レバレッジ (倒産を考えない場合))** 仮定 3.1–3.5 が満たされ, 社債には倒産のリスクがないと仮定します. 事業資産 A の現在の価格が $x = 500$ 億円です. ただし額面 110 円の無リスク割引債の価格は現在 100 円です. また, 負債満期は 1 年で, クーポンレートを $R = 10\%$ とします. さらに, 事業資産の期待収益率について $\mu_A = 15\%$ です. 次のような負債を発行した場合 (1)–(3) について, 負債価値および株式価値と企業価値, さらに株式コストを求めなさい. (1) 額面 150 億円, (2) 額面 300 億円, (3) 額面 450 億円.

○**Q 3.5 (企業価値 (倒産の可能性がある場合))** 例 3.10 と同様に, 仮定 3.1–3.4 の下で, 企業 U と L を考えます. ただし, 事業資産 A は現時点 0 において $x = 100$ 円で取引されており, 時刻 1 では確率 p で $X = 130$ となり, 確率 $1-p$ で $X = 80$ となるとします. また, 企業 L は満期 1 年, 額面 $b = 75$ 円, クーポンレート $R = 10\%$ の利付債を発行しています. さらに満期 1 年, 額面 $100 (= B^1)$ 円の割引国債が $B^0 = 90$ 円で取引されているとします. 企業 U の株式価値および企業 L の負債価値の株式価値を求めて, 企業 U と L の企業価値を求めなさい.

○**Q 3.6 (証券の期待収益率 (倒産の可能性がある場合))** Q 3.5 において, $p = 0.7$ のとき, 事業資産, および企業 L の株式と負債の期待収益率を求めなさい.

4 リスクとリスクプレミアム

ここまでは主に不確実性のない経済を考えてきましたが，現実の世界は不確実です．2.5 節で説明したように，投資判断はリスクの大きさによって異なるため，正味現在価値法を単純に適用することはできません．また，3.2 節では，不確実な利得の現在価値を求めるために，裁定取引という特別な概念を利用しました．本章では，ファイナンス理論ではリスクをどのように定義し，リスク資産の価格付けをどのように行なうのかの概略を説明します．

以下，本章では時間は離散的とし $t = 0, 1, 2, \ldots, T$ で表わします．現時点が t ならば，$\{\ldots, t-2, t-1\}$ は過去の時点，$\{t+1, t+2, \ldots\}$ は将来時点を表わします．

4.1 リスクとは

現実の市場における金融商品の将来価格は不確実です．もちろん，不確実性そのものが**リスク**というわけではありませんが，不確実性がない，すなわち確実な場合には，あらかじめ（確実に起こるであろう）損失に対して対処することができるので，損失を回避することができます[*1]．

一方，資産価格が不確実な場合には，将来，価格が下がることもあるので損失を被る可能性があります．また，後で見るように，資産価格が不確実でも上手に取引を行なうことで理論上，損失をゼロにすることができる場合もあります．したがって，「不確実性＝リスク」ではありませんが，不確実性はリスクのもっとも重要な要因であることはいうまでもありません．

本章では，リスクを「不確実性に起因する損失の可能性」と定義して，リスクに関して考えていくことにします．なお，リスクにより損失を被る可能性があるため，合理的な経済主体はリスクへの対価として**プレミアム**を要求します．これを**リスクプレミアム**と呼びますが，リスクプレミアムはリスクの大きさと市場参加者のリスク回避の程度に応じて決まります．本章の最後に，リスクプレミアム決定のメカニズムにつ

[*1] 不確実性のない市場では取引そのものが発生しません．取引は，その商品を売りたい人と買いたい人が出会って，かつ価格が折り合ったときのみ発生します．確実に価格が下落することがわかっていたら，誰もその商品を買おうとしないからです．

表 4.1 投資パフォーマンス

投資機会	S_t	S_{t+1}	損益	R_t	LR_t
A	100	110	10	10%	9.5%
B	200	215	15	7.5%	7.2%
C	50	58	8	16%	14.8%

いても簡単に議論します.

4.1.1 収益率と対数収益率

資産 S の時点 t における価格を S_t と書くことにします. このとき,

$$R_t = \frac{S_{t+1} - S_t}{S_t} \tag{4.1}$$

を資産 S の時点 t における**収益率**と呼びます. 分母が時点 t における投資額, 分子がこの期間における損益（収益）を表わしています.

例 4.1 (投資パフォーマンスと収益率)　ファイナンスでは投資のパフォーマンスを収益率で評価します. たとえば, 表 4.1 を見てください. 投資機会 A と B を比べると収益は B のほうが大きいので, 収益だけを見れば投資機会 B のほうが魅力的です. しかし, 投資機会 A に 2 単位の投資を行なった場合を想定してみてください. この場合, 時点 $(t+1)$ では 220 万円の価値になるので, 収益は 20 万円となって投資機会 B の収益を上回ります. このように, 任意の単位数の投資が可能な場合には, 投資機会の損益ではなく, 損益を投資額で割った収益率を投資パフォーマンスの評価に使うべきでしょう. 収益率で投資機会を評価すれば C が 3 つの中では最高の投資機会ということになります.

一方, 実務では収益率として

$$LR_t = \log \frac{S_{t+1}}{S_t} = \log S_{t+1} - \log S_t \tag{4.2}$$

を使うことも多く, これを**対数収益率**と呼びます. ここで log は自然対数を表わします. 第 2 章で, ファイナンスでは連続複利を利回り計算に使うことを学びましたが, 自然対数は（連続複利の関数である）指数関数の逆関数なので, 式 (4.2) は収益率の自然な考え方と捉えることができます. また, 絶対値の小さな x に対して

$$\log x \approx x - 1$$

という近似が成り立つので[*2)], 価格変化が大きくない（価格にジャンプがない）場合には, 収益率 (4.1) と対数収益率 (4.2) には大きな差は生じません. 表 4.1 の最後の 2 つの列を比較してください.

[*2)]　A.1 節の例 A.5 における 1 次のマクローリン展開です.

4.1 リスクとは

表 4.2 価格変化の例

時点 t	1	2	3	4	5	6
S_t	100	110	100	90	99	100
R_t		10%	−9.1%	−10%	10%	1%
LR_t		9.5%	−9.5%	−10.5%	9.5%	1%

例 4.2 (収益率の非対称性) 資産価格が表 4.2 のように変動したとします。$S_1 = 100, S_2 = 110$ なので収益率は 10% ですが，次の時点で $S_3 = 100$ となり価格が戻ったので，収益率は −10% であることが期待されます．ところが，式 (4.1) に従って計算すると $R_2 = -9.1\%$ となり，収益率 R_t には価格の上昇・下落に関する対称性が成立しないことがわかります．同様に，$S_3 = 100, S_4 = 90, S_5 = 99$ の場合，価格 S_5 は S_3 に戻っていませんが，この期間の収益率の合計は 0 となっており，投資損益は 0 であったかのような錯覚を覚えます（実際には 1 円の損失が発生しています）．

一方，表 4.2 からわかるように，対数収益率 (4.2) は対称性を満たします．すなわち，$S_1 = 100, S_2 = 110, S_3 = 100$ のように価格が戻っていれば対数収益率の合計は 0 になるし，$S_3 = 100, S_4 = 90, S_5 = 99$ のように価格が下落していれば対数収益率の合計はマイナスになっています．

収益率 (4.1) には「1 円投資したときに得られる収益」という金銭的な意味づけが可能ですが，例 4.2 で見たように，収益率には「対称性」がないので，この意味づけは複数期間においては成立しません．一方，対数収益率 (4.2) に直感的な解釈を与えることは難しいかもしれませんが，対称性という観点で優れています．

リスクを（統計的に）扱う際にはこの「対称性」は重要なので，以下，この章では対数収益率を収益率として利用することにします．一方，次章で学ぶ「ポートフォリオ理論」では，別の理由のために，収益率として式 (4.1) を使います．

問 4.1 株価変動が

時点 t	1	2	3	4	5	6
S_t	100	99	90	100	110	100

であったとします．各時点の収益率と対数収益率を計算しなさい．また，この結果と表 4.2 の結果を比較しなさい．

4.1.2 リスクとリターン

t が過去の時点であれば収益率 LR_t は実現値（実現した値）ですが，t が現時点または将来時点の場合には，収益率 LR_t はまだ実現していないので確率変数になります．リスクを考える場合には実現値と確率変数を区別することが重要です．

過去の実現値の系列をグラフに描いてみます．図 4.1(a) と (b) は株式 A と B の株価の時系列データをグラフにしたものです．どちらの株式のリスクが大きいと考えるのが自然でしょうか？ 株式 A の価格はほぼ横ばいで，比較的滑らかに価格が推移し

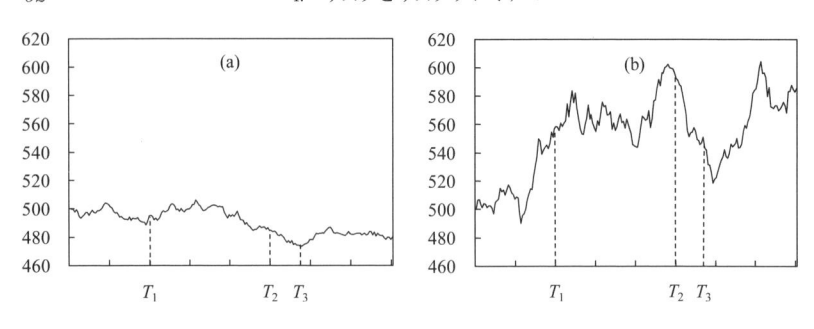

図 4.1 株価の時系列データ

ています.一方,株式 B は上昇トレンドにあるように見えますが,価格自体は激しく振動しています.もし過去の時点 T_1 でこれらの株式を購入し時点 T_2 まで保有していたとしたら,株式 A は損失,株式 B は大きな利益を出しています.一方,これらの株式を時点 T_3 で売却したとすれば,株式 A は比較的大きな損失で株式 B は小さな損失を出すことになります.したがって,損益の結果だけを見れば,株式 B よりも A のほうがリスクが大きいと判断するかもしれません.一方,損失の可能性をリスクと考えれば,株式 A よりも B のほうがリスクは大きそうに見えます.

しかし,投資機会(この場合は株式投資)のパフォーマンスは収益率で判断すべきだったことを思い出しましょう.リスクの大きさを考える際にも収益率で判断すべきです.株価 A と B の対数収益率の系列を描いたものが図 4.2 です.これらの図から判断するとどちらの株式のほうがリスクが大きいでしょうか?

その判断のために,過去の収益率の系列の平均と標準偏差を計算してみましょう.x_t を(過去の)時点 t の収益率とすると,標本平均 μ_x と(不偏)標本標準偏差 σ_x はそれぞれ

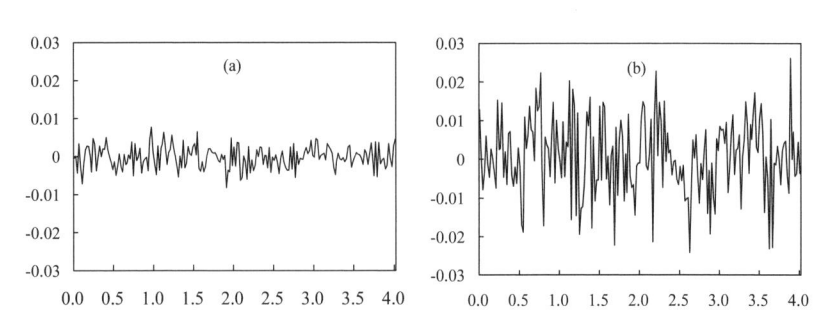

図 4.2 株価収益率の時系列データ

4.1 リスクとは

$$\mu_x = \frac{1}{T}\sum_{t=1}^{T} x_t, \qquad \sigma_x^2 = \frac{1}{T-1}\sum_{t=1}^{T}(x_t - \mu_x)^2 \qquad (4.3)$$

で与えられることを思い出してください[*3]．標準偏差は平均の回りの散らばりの程度を表わします．

公式 (4.3) を図 4.2 のデータにあてはめると，

$$\mu_A = -0.0103, \quad \sigma_A = 0.1436; \qquad \mu_B = 0.0394, \quad \sigma_B = 0.4870$$

が得られます．株式 A の期待収益率はほぼ 0，株式 B の期待収益率はプラスになっており，これは A の株価（図 4.1(a)）は横ばい，B の株価（図 4.1(b)）は上昇トレンドにあったことを統計的に裏付けています．一方，A の標準偏差は B の標準偏差に比べると小さくなっており，このことから B の株価は A の株価に比べるとより激しく変動していたことがわかります．単位時間あたり収益率の平均を**期待収益率**あるいは**リターン**，標準偏差を**ボラティリティ**と呼びますが，以上の分析から，株式 B は株式 A に比べて高いリターンと高いボラティリティを持っていたことがわかります．

問 4.2　問 4.1 と同じ株価変動を考えます．この株式のリターンとボラティリティを計算しなさい．ただし，収益率は対数収益率とします．また，表 4.2 で与えられた株価のリターンとボラティリティを計算し，これらの結果を比較しなさい．

ファイナンスでは「リターンとボラティリティの値は既知」と仮定します．言い換えると，モデルが与えられれば，それからリターンとボラティリティは計算できるとします．次の例を使ってこのことを説明します．

例 4.3 (二項モデル)　ある時点の株価を S としたとき，次時点の株価は過去と独立に，上がって S の u 倍 (uS) になるか下がって S の d 倍 (dS) になるかの 2 通りだけだとします．ただし $d < 1 < u$ とします．この 1 期間の変動を

$$S \diagdown\diagup \begin{array}{c} uS \\ dS \end{array} \qquad (4.4)$$

と表わし，この三角構造をつなげた株価変動モデルを**二項モデル**と呼びます．7.2 節で見るように，二項モデルはオプションの価格付けなどに利用されます[*4]．

株価変動が二項モデル (4.4) に従う株式のリターンを計算しましょう．ただし，上昇確率を p とします．収益率の定義 (4.2) から，リターンは

$$\mu = p\log\frac{uS}{S} + (1-p)\log\frac{dS}{S} = p\log u + (1-p)\log d$$

[*3] これら統計量の計算では暗に標本 x_t は独立に同一分布に従うと仮定していますが，この仮説（ランダムウォーク仮説と呼ばれます）はほとんどの場合に棄却されます．しかし，収益率分布に関するおおよその感覚をつかむための最初の分析として，標本平均と標本標準偏差を計算することには意味があります．

[*4] 二項モデルは実務で頻繁に利用されています．また，単純な分だけオプション理論の原理を理解するのに適しています．

となります．一方，収益率の分散は，定義から

$$\mathbb{V}[LR] = p(\log u - \mu)^2 + (1-p)(\log d - \mu)^2 = p(1-p)\left(\log \frac{u}{d}\right)^2$$

なので，ボラティリティは

$$\sigma = \sqrt{p(1-p)} \log \frac{u}{d}$$

となります．

問 4.3 二項モデル (4.4) において，収益率を式 (4.1) とした場合のリターンとボラティリティを計算しなさい．

4.2 代表的なリスク指標

リターン（期待収益率）は期待される収益率なので，リターンを収益率の期待値（平均）とすることに異論はないと思いますが，リスクに関しては使われる局面においていくつかの考え方が存在します．本節ではファイナンス（および金融実務）で使われている代表的なリスク指標について説明します．

4.2.1 ボラティリティ

ファイナンスではボラティリティをリスクの指標として利用することが多いのですが，その最大の理由は富が有限であることに起因しています．図 4.3 を見てください．図 (a) はボラティリティの高い変動，図 (b) は低い変動を表わしており，価格の平均水準は同じです．図中の横線はある閾値で，この価格を下回ったらデフォルト（破産）すると考えてください．ボラティリティの高い価格変動のほうがデフォルトの可能性が高いことは明らかでしょう．

収益率の標準偏差であるボラティリティと株価変動の関係を具体的に見てみましょう．ここでは，有名な Black–Scholes モデルと同じ株価変動の式

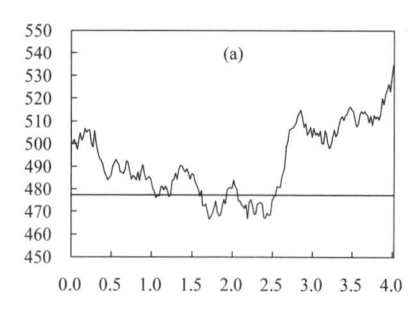

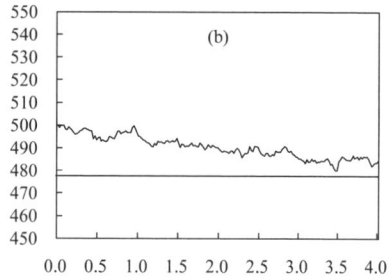

図 4.3 2 つの株価変動

4.2 代表的なリスク指標

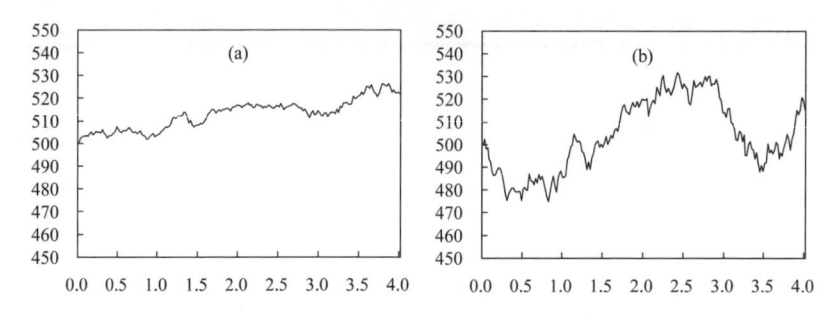

図 4.4 2つの株価変動：シミュレーション結果

$$S_t = S_0 e^{\nu t + \sigma Z_t}, \qquad \nu = \mu - \frac{\sigma^2}{2} \qquad (4.5)$$

を考えます（7.3節）．ここで，Z_t は平均 0，分散 t の正規分布に従う確率変数です．このとき，対数収益率の定義 (4.2) から

$$LR = \nu t + \sigma Z_t$$

すなわち，対数収益率 LR は平均 νt，分散 $\sigma^2 t$ の正規分布に従います．したがって，単位時間あたりの収益率の標準偏差は σ となり，Black–Scholes モデルにおけるボラティリティはパラメータ σ で与えられます．

一方，株価 S_t の平均と分散に関して

$$\mathbb{E}[S_t] = S_0 e^{\mu t}, \qquad \mathbb{V}\left[\frac{S_t}{S_0 e^{\mu t}}\right] = e^{\sigma^2} - 1$$

が成立します（章末問題 Q 4.2）．このことから，パラメータ μ が既知であれば株価のトレンド $\mathbb{E}[S_t]$ も既知になり，株価 S_t はこの平均（確定値）の回りを変動することになります．平均回りのばらつきの大きさはボラティリティの大きさが決めることになりますが，分散はあくまでもばらつきの程度を表わす指標であり，実際にどれだけ散らばるかは（確定的ではなく）確率的に決まります．図 4.4 に (a)：$\mu_a = 0.01$，$\sigma_a = 0.1$，(b)：$\mu_b = 0.02$，$\sigma_a = 0.3$ としてコンピュータ・シミュレーションにより式 (4.5) に従う株価変動のグラフを描きました．ボラティリティの大きいほうがリスクが高いことが視覚的にわかると思います．

4.2.2 VaR：バリューアットリスク

ボラティリティが高ければデフォルトする可能性が大きいことはわかりましたが，どの程度の可能性なのか判然としません．この曖昧さがボラティリティを実務で使用する際の最大の欠点です．この欠点を克服するために考えられたのが Value at Risk（VaR：バーと読みます）という概念です．

◆ *Coffee Break*

VaR の誕生

VaR を経営管理指標として最初に導入したのは米国大手銀行の JP モルガン銀行とされています．同行経営トップの，24 時間以内に起こり得る最大損失額を，全世界，全商品にわたって一覧的に見たいというニーズから VaR は生まれました．以来，特に米国において全社的な経営管理ツールとして用いられ，米国が他国に先駆けてバブルの後遺症をいち早く払拭できた理由のひとつが VaR の存在とされています．現在では，市場リスク計測モデルとして VaR が適当であるというコンセンサスは金融業界においてできあがっており，BIS（国際決済銀行）が内部モデルを奨励するという姿勢を打ち出したこともあり，邦銀においても VaR は経営管理ツールとして積極的に利用されています．

保有ポートフォリオの現在価値を V とします．現時点を 0 とし，将来のある時点 T（リスクホライズンと呼びます）におけるこのポートフォリオの価値の変動額 ΔV が，ある水準 $-x$ を下回るという事象が確率 α で生起するとき，x をこのポートフォリオの水準 $100(1-\alpha)\%$，期間 T の VaR といいます．数学的には，VaR とは

$$P(\Delta V \leq -x) = \alpha \tag{4.6}$$

を満たす x のことです[*5)]．この場合，額 x 以上の変動が生起する確率が α なので，x 以上の資産を保有することで，デフォルトの確率を α 以下に抑えることができます．これが VaR をリスク指標に使うアイデアです．

たとえば，バーゼル合意では金融当局へ報告する場合にはリスクホライズン T として 10 営業日（2 週間），α として 0.01 を使用することとなっています．一方，各金融機関内部でのリスク管理目的では，典型的には，T として 1 営業日または 5 営業日（1 週間），α として 0.05 を使用することが多いようです．

4.3　リスクプレミアム

本節では，無リスク資産の収益率（割引国債の利回り）を r_f とします．r_f は**リスクフリーレート**と呼ばれます．

リスクフリーレートを $r_f = 5\%$ として，以下の 2 つの投資機会を考えます．

投資 A：1 年後に確実に 2 万円が得られる．

投資 B：コインを投げて表ならば 1 年後に 4 万円得られるが，裏ならば何も得られない．

[*5)] 統計学では，式 (4.6) を満たす点 $-x$ のことを α パーセント点と呼びます．

ランダムにコインを投げた場合，投資 B の割引期待利得は

$$\frac{1}{1+0.05}(4\times 0.5 + 0\times 0.5) \approx 1.9\text{万円} \tag{4.7}$$

であり，これは投資 A の割引利得（$2/1.05 \approx 1.9$ 万円）と同じです．投資に必要なコストが同じだとしたら，どちらの投資機会がより魅力的でしょうか？

上の 2 つの投資機会は平均的には同じ割引利得が得られますが，投資機会 B のほうには不確実性が存在します．したがって，リスク（不確実性）を回避したい投資家の立場に立てば，確実に 2 万円が得られる投資機会 A のほうが魅力的でしょう．

投資機会 B に魅力がないということは，割引利得（1.9 万円）よりも（投資家にとって）B の価値が低く評価されるということです．もし同じならば，それは投資家が投資に際してリスク（不確実性）を考慮しないということになります．

B の割引期待利得は式 (4.7) で計算され，この式に現われる数値は金額の 4 万円，確率の 0.5 および割引率の 0.05 だけなので，B の価値を小さく評価するためには次の 3 つの方法しかありません．

1) 金銭としての 4 万円（あるいは，それから得られる効用）を低く評価する．
2) 4 万円が得られる確率 $p = 0.5$ を小さく評価する．
3) 割引率 $r_f = 5\%$ を大きく評価する．

たとえば，市場が何らかの方法で，投資機会 B の価値を 1.6 万円と評価したとします．言い換えると，方法 2) によれば，投資家はコインが表になる確率を

$$\frac{1}{1.05}(4\times q + 0\times (1-q)) = 1.6\text{万円}$$

したがって $q = 0.42$ と評価しているということです[*6]．方法 3) によれば，投資家は割引率を

$$\frac{1}{1+r}(4\times 0.5 + 0\times 0.5) = 1.6\text{万円}$$

したがって $r = 0.25$ と評価しているということです．この割引率 r を**リスク調整済み割引率**と呼びます．前章では，この割引率の差（$\rho = r - r_f = 0.2$）を**リスクプレミアム**と呼びました．

以下では，方法 1) について代表的な考え方をひとつ説明します．他の手法については専門書を参照してください．

4.3.1　確実性等価

リスク回避的な投資家を考えます．この投資家の効用関数を $u(x)$ としたとき，**リスク回避的**であるということは $u(x)$ が単調増加で上に凸の関数[*7]であるということです．投資機会 A の利得を X とすれば確実に $X = 2$ であり，投資機会 B の利得を

[*6] この確率 q を**リスク中立確率**と呼びます．第 7 章で詳しく学びます．
[*7] 同値な条件として，限界効用関数 $u'(x)$ が正で単調減少（すなわち逓減）するとき，**リスク回避的**となります．限界効用関数が一定のとき**リスク中立的**，逓増するとき**リスク愛好的**といいます．

表わす確率変数を Y とすれば

$$P(Y=4)=0.5, \qquad P(Y=0)=0.5$$

となります．効用関数 $u(x)$ が上に凸なので，

$$\mathbb{E}[u(Y)] = 0.5 \times u(4) + 0.5 \times u(0) < u(2) = u(X) \tag{4.8}$$

が成立し，リスク回避的な投資家は投資機会 A を選好することがわかります．

では，投資機会 B にいくらのリスクプレミアムを付ければよいでしょうか？ ひとつの考え方として，2 つの期待効用の値が一致するように価格を設定するというものがあります．すなわち，

$$u(X-c) = \mathbb{E}[u(Y)] \tag{4.9}$$

を満たす c に対して，価格を

$$\pi(Y) = \frac{1}{1+r_f}(X-c)$$

とします．この c をリスクプレミアムと呼び，この考え方を**確実性等価原理**と呼びます．効用関数 $u(x)$ は単調増加関数なので，c を差し引くことで式 (4.8) の不等号を等号にすることができることに注意してください．

例 4.4 (2 次効用) 例として 2 次効用

$$u(x) = 16 - (x-4)^2, \qquad 0 \le x \le 4$$

の場合を考えましょう．この場合，式 (4.8) は

$$\mathbb{E}[u(Y)] = 0.5 \times 16 + 0.5 \times 0 = 8 < 12 = u(X)$$

となります．式 (4.9) から，

$$u(2-c) = 16 - (2+c)^2 = 8$$

であり，これを解くとリスクプレミアムは $c = 2\sqrt{2} - 2 \approx 0.83$ となります．

問 4.4 (指数効用) 投資家は指数効用

$$u(x) = 1 - \mathrm{e}^{-x}, \qquad x \ge 0$$

を持つとします．確実性等価によって，投資機会 B のリスクプレミアムを求めなさい．

4.3.2 Sharpe レシオ

上の設定において，もうひとつ別の投資機会があったとします．

投資 C：コインを投げて表ならば 3 万円得られるが，裏ならば 1 万円しか得られない．

ランダムにコインを投げたとすれば，投資 C の期待利得も

$$3 \times 0.5 + 1 \times 0.5 = 2 \text{ 万円}$$

であり，これは投資 A および B の利得と同じです．

一方，各投資機会の利得の標準偏差を計算してみると，投資 B では

$$\sqrt{(4-2)^2 \times 0.5 + (0-2)^2 \times 0.5} = 2 \text{ 万円}$$

ですが，投資 C では

$$\sqrt{(3-2)^2 \times 0.5 + (1-2)^2 \times 0.5} = 1 \text{ 万円}$$

となり，期待利得が同じにもかかわらず，投資 B の利得の標準偏差のほうが投資 C より大きいことがわかります．標準偏差をリスクと考えれば，投資 B のほうが投資 C よりもリスクが大きいということです．

例 4.5 例 4.4 の 2 次効用

$$u(x) = 16 - (x-4)^2, \qquad 0 \leq x \leq 4$$

を使って投資 C のリスクプレミアムを計算し，リスクの大きい投資は大きなリスクプレミアムを要求することを確認します．

式 (4.8) から，

$$\mathbb{E}[u(Y)] = 0.5 \times 15 + 0.5 \times 7 = 11 < 12 = u(X)$$

となるので，式 (4.9) から，

$$u(2-c) = 16 - (2+c)^2 = 11$$

を解くと，投資 C のリスクプレミアムは $c = \sqrt{5} - 2 \approx 0.36$ となり，リスクの大きい投資 B は大きなリスクプレミアムを要求することがわかりました．

この事実は投資のパフォーマンスを評価する際に重要となります．リスクの大きい投資は大きなリスクプレミアムを要求するので，期待収益率が大きくても，それがリスクに見合ったものなのかを考える必要があるからです．

μ を当該資産の期待収益率，σ をボラティリティとしたとき，

$$SR = \frac{\mu - r_f}{\sigma} \tag{4.10}$$

で定義される指標を **Sharpe レシオ**といいます．ただし，r_f はリスクフリーレートです．Sharpe レシオは**期待超過収益率** ($\mu - r_f$) をリスク σ で割っているので，単位リスクあたりの期待超過収益率を表わしています．

例 4.6 上述の投資機会 B と C の投資コストをそれぞれ 1.6 万円,1.8 万円としてそれぞれの Sharpe レシオを計算します.

投資 B の投資コストは 1.6 万円なので,期待収益率は

$$\frac{4-1.6}{1.6} \times 0.5 + \frac{0-1.6}{1.6} \times 0.5 = 25\%$$

ボラティリティは

$$\left(\frac{4-1.6}{1.6} - 0.25\right)^2 \times 0.5 + \left(\frac{0-1.6}{1.6} - 0.25\right)^2 \times 0.5 = 156.25\%$$

したがって,投資機会 B の Sharpe レシオは

$$SR_B = \frac{25-5}{156.25} = 12.8\%$$

となります.一方,投資 C の投資コストは 1.8 万円なので,期待収益率は

$$\frac{3-1.8}{1.8} \times 0.5 + \frac{1-1.8}{1.8} \times 0.5 = 11.1\%$$

ボラティリティは

$$\left(\frac{3-1.8}{1.8} - 0.111\right)^2 \times 0.5 + \left(\frac{1-1.8}{1.8} - 0.111\right)^2 \times 0.5 = 30.87\%$$

したがって,投資機会 C の Sharpe レシオは

$$SR_C = \frac{11.1-5}{30.87} = 19.8\%$$

となり,Sharpe レシオを投資の判断基準にすれば,投資機会 C のほうが B よりも優れていることがわかりました.

章末問題

Q 4.1 株価時系列データが以下であったとします.

100	110	95	108	97	101	96	118	97	91
93	128	97	111	109	108	93	110	95	99

この株式のリターンとボラティリティを推定しなさい.

Q 4.2 株価変動のモデルが式 (4.5) で与えられたとき,株価 S_t の平均と分散に関して

$$\mathbb{E}[S_t] = S_0 e^{\mu t}, \qquad \mathbb{V}\left[\frac{S_t}{S_0 e^{\mu t}}\right] = e^{\sigma^2} - 1$$

が成立することを示しなさい(ヒント:A.2.5 項の例 A.13 を利用する).

Q 4.3 ある期間の対数収益率が正規分布(平均 0,分散 0.4)に従っているとします.ポートフォリオの現在価値を 100 億円としたとき,この期間における 99%VaR および

80%VaR を計算しなさい．ただし，標準正規分布の 1% 点を 2.326, 20% 点を 0.842 とします（ヒント：対数収益率 LR の $100(1-\alpha)$% 点を r_α とすると，$P(LR \leq -r_\alpha) = \alpha$ が成立します）．

Q 4.4 式 (4.1) で定義される収益率 R の $100(1-\alpha)$% 点を r_α としたとき，ポートフォリオ VaR を r_α を使って表現しなさい．

Q 4.5 例 4.4 の 2 次効用を使って投資 B と C の Sharpe レシオを計算し，どちらの投資機会が魅力的か判断しなさい．また，問 4.4 の指数効用を使って投資 B と C の Sharpe レシオを計算し，これらの解を比較しなさい．

5 現代ポートフォリオ理論

本章では，ファイナンス理論のハイライトのひとつである現代ポートフォリオ理論 (Modern Portfolio Theory；MPT) について学びます．MPT には，ポートフォリオ選択，資本資産評価モデル (Capital Asset Pricing Model；CAPM) および市場モデルという 3 つの柱があります．ポートフォリオ選択では，互いに関連しながら価格が変化する資産をどのように組み合わせれば投資家にとって最適になるかという問題を考えます．市場が均衡している状態におけるリスクとリターンのあるべき姿を表現したモデルが CAPM で，市場モデルでは，CAPM の欠点を修正した実務的な資産運用モデルであるファクターモデルを紹介します．

本章では，株式からの配当はないとし，株価は確率的に変動すると考えます．債券投資を扱った第 2 章では，満期や年限が重要な役割を果たしましたが，株式投資では，現在から所定の時間までの 1 期間（1 週間や 1 ヵ月，1 年を想定）だけに注目して理論を構成します．また，特に断らない限り，株価収益率として，式 (4.1) で定義される収益率を使います．

5.1 ポートフォリオ選択

本節では，MPT において重要な概念である有効フロンティアや接点ポートフォリオを，単純な数値例と図を用いて説明します．このため，本節では，ポートフォリオ内の銘柄数を 2 または 3 とします．一般的な場合のポートフォリオ選択理論は専門書を参照してください．

5.1.1 リスクとリターン

株式投資の対象として A 社および B 社が発行する株式を考え，その収益率を表わす確率変数を R_A, R_B とします．前章で説明したように，ファイナンス理論では，収益率の期待値をリターン，標準偏差をボラティリティと呼びますが，MPT ではボラティリティを**リスク**と考えます．以下，リターンを $\mu_A = \mathbb{E}[R_A]$, $\mu_B = \mathbb{E}[R_B]$，リスクを $\sigma_A = \sqrt{\mathbb{V}[R_A]}$, $\sigma_B = \sqrt{\mathbb{V}[R_B]}$ と書き，これらの値は現時点で知っているとします．

5.1 ポートフォリオ選択

ポートフォリオ選択問題では資産間の相関が重要な役割を果たします．本節では，R_A と R_B の共分散を $\sigma_{AB} = \text{Cov}[R_A, R_B]$，相関係数を ρ_{AB} と書き，これらの値についても事前に知っているとします．なお，相関係数や共分散については A.2.3 項を参照してください．

さて，投資対象の株式リターンやリスクの値を知っているとしましたが，実際にこれらの値を定めることは実はとても難しいことです．もっとも簡便で一般に行なわれている方法は，収益率の過去データを用いて推計するというやり方です．過去の値を足がかりに自分なりの調整を行なう場合もあることでしょう．

たとえば，過去 5 期間に A 社と B 社の株価が

時点	1	2	3	4	5
S_A	100	120	150	100	120
S_B	200	300	350	300	250

のように推移したとしましょう．このとき，リターン，リスクおよび相関係数は次のように計算されます．

1) 株価データを収益率データに変換：時点 1 における株式 A と株式 B の収益率は，それぞれ

$$\frac{120 - 100}{100} = 20.00\%, \qquad \frac{300 - 200}{200} = 50.00\%$$

となります．時点 5 については収益率が作れないことに注意すると，収益率データは以下のようになります．

	1	2	3	4	5	
R_A	20.00	25.00	-33.33	20.00	—	%
R_B	50.00	16.67	-14.29	-16.67	—	%

2) リターンの計算：収益率データの標本平均としてリターンを以下のように計算します．

$$\mu_A = \frac{20.00 + 25.00 - 33.33 + 20.00}{4}\% = 7.918\%$$

$$\mu_B = \frac{50.00 + 16.67 - 14.29 - 16.67}{4}\% = 8.928\%$$

3) リスクの計算：分散は $(R_A - \mu_A)^2$ をデータとすると

	1	2	3	4	5	
$(R_A - \mu_A)^2$	146.0	291.8	1701	146.0	—	$\%^2$
$(R_B - \mu_B)^2$	1687	59.94	539.1	655.3	—	$\%^2$

となるので，

$$\sigma_A^2 = \frac{146.0 + 291.8 + 1702 + 146.0}{4}\%^2 = 571.2\%^2$$

$$\sigma_B^2 = \frac{1687 + 59.88 + 538.9 + 655.1}{4}\%^2 = 735.3\%^2$$

と計算できます*1). したがって，リスクは以下のようになります.

$$\sigma_A = \sqrt{571.5\%^2} = 23.90\%, \qquad \sigma_B = \sqrt{735.2\%^2} = 27.12\%$$

4) 相関係数：データとして $(R_A - \mu_A)(R_B - \mu_B)$ を作成すると

	1	2	3	4	5	
$(R_A - \mu_A)(R_B - \mu_B)$	496.2	132.2	957.7	−309.3	—	$\%^2$

となるので，相関係数は以下のようになります.

$$\rho_{AB} = \frac{\mathbb{E}[(R_A - \mu_A)(R_B - \mu_B)]}{\sigma_A \sigma_B}$$

$$= \frac{(496.3 + 132.2 + 957.6 - 309.3)\%^2/4}{23.90\% \times 27.11\%} = 0.4925$$

以上の計算結果を見てみると，株式 A は B に比べてリターンがやや小さく，リスクもやや小さいことがわかります．このようなとき，株式 A を**ローリスク・ローリターン**であるといい，逆に，B を**ハイリスク・ハイリターン**であるといいます．また，株式 A と B は同じ方向に上下する傾向があることから，相関係数は正となりました．

実務では，これらの推定値（平均値，分散，相関係数）の信頼性を高めるために，株価データは少なくとも数百時点分は用意します．一方で，経済のファンダメンタルズは常に変化しており，あまり過去に遡っても推定値として実感に合わないことも多いので，適当な時点までで切り捨てることになります．

問 5.1 A 社と B 社の株価が下の表のように推移したとします．両株式のリターンとリスク，および相関係数を求めなさい．

時点	1	2	3	4	5
S_A	1000	1300	900	1100	1200
S_B	1500	1200	1800	2200	2000

5.1.2 ポートフォリオ効果（2 銘柄の例）

株式や債券などの金融資産は組み合わせて持つことでリスクを低減できます．このような金融資産の集合を**ポートフォリオ**と呼びます．ここでは，A 社の株式と B 社の

---

*1) 説明を簡単にするために標本分散を計算しましたが，本来は不偏標本分散を計算します．なお，ファイナンスでは結果を年率で表示するのが普通なので，リターンとリスクの推定値も年率に換算する必要があります．もっとも簡単な変換方法は T 倍および $\sqrt{T}$ 倍するルールです．たとえば，データの 1 期間が 1ヵ月 ($= \frac{1}{12}$) ならば $T = 12$ として，リターンは 12 倍，リスクは $\sqrt{12}$ 倍することで年率換算されます．

5.1 ポートフォリオ選択

株式の 2 銘柄からなるポートフォリオを考えます.ただし,

$$\mu_A = 2\%, \ \sigma_A = 15\%, \quad \mu_B = 10\%, \ \sigma_B = 25\%, \quad \rho_{AB} = -0.5 \tag{5.1}$$

とします.

現在,1 万円を持っており,そのうち株式 A に割合 w を,株式 B に割合 $1-w$ を投資したとします.このポートフォリオの収益率 R_P を表わす確率変数は

$$R_P = wR_A + (1-w)R_B \tag{5.2}$$

と書くことができ,ポートフォリオのリターンとリスクは

$$\mu_P = w\mu_A + (1-w)\mu_B \tag{5.3}$$

$$\sigma_P = \sqrt{w^2\sigma_A^2 + 2w(1-w)\sigma_A\sigma_B\rho_{AB} + (1-w)^2\sigma_B^2} \tag{5.4}$$

となります.式 (5.2)–(5.4) については,次節で証明します.

ポートフォリオの感覚をつかむために,株式 A に 0.5 万円,B に 0.5 万円を投資するポートフォリオを考えましょう.すなわち,$w=0.5$ として式 (5.3), (5.4) を使ってポートフォリオのリスクとリターンを計算すると

$$\mu_P = 6\%, \quad \sigma_P = 10.90\%$$

となります.投資割合が半分ずつなので,ポートフォリオのリターンは,株式 A と B のリターンの平均値になります.一方,ポートフォリオのリスクはローリスク・ローリターンの株式 A のリスク σ_A よりも小さくなっています.これは重大な発見です.株式 A と B を組み合わせたポートフォリオで,A や B よりもリスクの低い資産を構成できたわけです.

さまざまな比率 w について,リスク σ_P とリターン μ_P を計算してみましょう.w を 0.1 刻みで σ_P, μ_P を計算すると表 5.1 のようになります.表の結果を横軸に σ_P,縦軸に μ_P をとって描くと,図 5.1 のようになります.

比率を $w=0.5$ にしたときに観察できたように,適当な w を選ぶと,ローリスク・ローリターンの株式 A よりもリスクの小さなポートフォリオを作ることができ,しかもそのリターンは株式 A のリターンより高くすることができます.このように,2 つ以上の銘柄を適切に組み合わせて(分散して)投資すれば,あるリターンを確保したうえで,リスクを下げることができます.投資先を分散させてリスクを下げる効果を**ポートフォリオ効果**と呼びます.なお,$w<0$ は株式 A の空売り[*2]を意味します.

表 5.1 2 銘柄ポートフォリオのリスクとリターン(% 表示)

w	0.0	0.1	0.2	0.3	0.4	0.5	0.6	0.7	0.8	0.9	1.0
σ_P	25.00	21.79	18.68	15.74	13.08	10.90	9.54	9.37	10.44	12.44	15.00
μ_P	10.00	9.20	8.40	7.60	6.80	6.00	5.20	4.40	3.60	2.80	2.00

[*2] 株式の空売りとは,借りてきた株式を売る取引です.もちろん,空売りした株式は(配当を付けて)後で買い戻す必要があります.

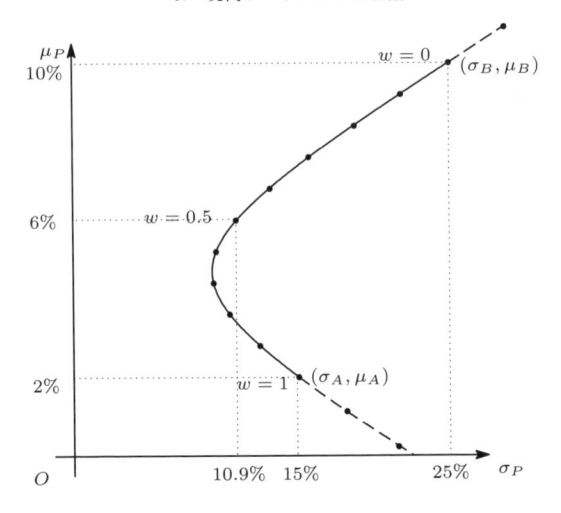

図 5.1 ポートフォリオのリスクとリターン

$w = -0.1$ であれば，A を 0.1 万円空売りし，その資金と手元の資金 1 万円を合わせて B を 1.1 万円買います．$w > 1$ の場合も同様に考えます．

ポートフォリオ効果は銘柄間の相関係数から大きな影響受けます．図 5.2 に，ρ_{AB} の値が $-1, -0.5, 0, +0.5, +1$ の場合について，w を 0 から 1 まで変化させた場合のリスク・リターン (σ_P, μ_P) を描きました．$\rho_{AB} = 1$ の場合にはポートフォリオ効果がなく，$\rho_{AB} = -1$ の場合に最大の効果が得られます．

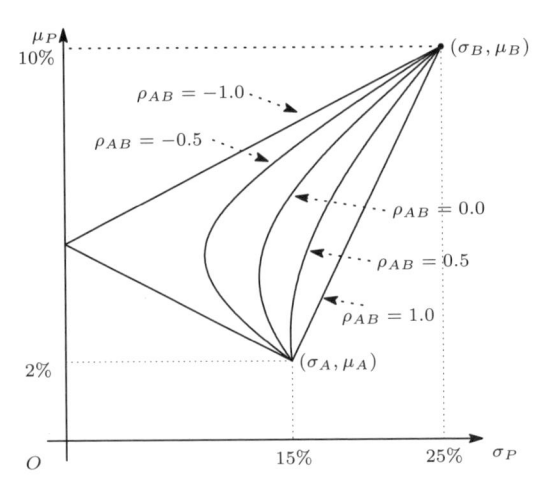

図 5.2 相関係数とポートフォリオ効果

問 5.2 株式 A と B について，

$$\mu_A = 5\%, \ \sigma_A = 10\%, \quad \mu_B = 10\%, \ \sigma_B = 20\%, \quad \rho_{AB} = -0.5$$

とします．A に割合 w，B に割合 $1-w$ を投資したポートフォリオ P のリスクを σ_P，リターンを μ_P とします．$w = 0, 0.4, 0.5, 0.6, 0.7, 0.8, 1$ の場合について，リスクとリターンの関係を (σ_P, μ_P) 平面に描きなさい．また，それらの点が双曲線を描くことを前提としてなめらかに結びなさい．

5.1.3 実行可能ポートフォリオ（3 銘柄の例）

ここまでは，対象となる株式が A と B の 2 つだけでしたが，対象を 3 銘柄以上にするとポートフォリオ効果はどうなるでしょうか？ここでは新しく株式 C を導入します．ただし，計算の簡単化のために，それぞれの銘柄間の相関係数をどれも 0 とし，次のような設定下で考えることにします．

$$\mu_A = 2\%, \ \sigma_A = 15\%, \quad \mu_B = 10\%, \ \sigma_B = 25\%, \quad \mu_C = 8\%, \ \sigma_C = 20\%$$

また，株式 A, B, C に対する投資比率をそれぞれ w_A, w_B, w_C とし，

$$w_A + w_B + w_C = 1$$

とします．

まずは投資対象を 2 銘柄にして，ポートフォリオのリスクとリターンを描いてみます．株式 A と B だけからなるポートフォリオのリスクとリターンの関係を図 5.3 に実線で描きました．点 A と B を通る双曲線になります．$w_A = w, \ w_B = 1-w, \ w_C = 0$

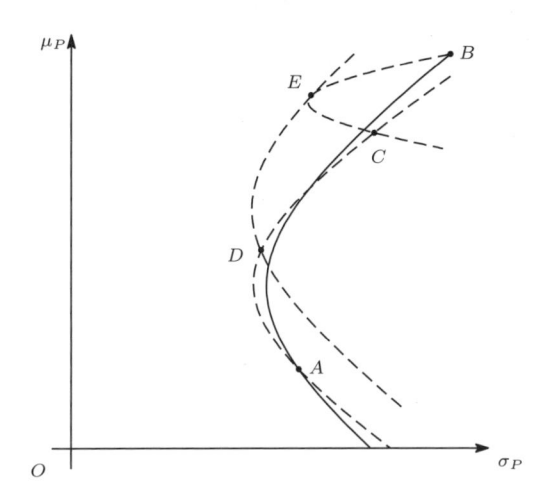

図 5.3 3 銘柄からなるポートフォリオ

として式 (5.3), (5.4) を用いています．同様に，株式 A と C だけからなるポートフォリオについて考えると，リスクとリターンの関係は点 A と C を通る破線になります．株式 B と C だけからなるポートフォリオについても同様に点 B と C を通る破線になります．

いま，新たにポートフォリオ D と E を考えます．D は株式 A に 50%，C に 50% の割合で投資するポートフォリオです．同様に，E は株式 B に 50%，C に 50% の割合で投資するポートフォリオです．ここで，ポートフォリオ D と E をあたかも証券 D と E であると考えて，証券 D と E だけからなるポートフォリオのリスクとリターンの関係を点 D と E を通る破線で描きました．

すでに描かれている曲線上のどの点も株式 A, B, C からなるポートフォリオです．描かれた曲線上の任意の 2 点を選ぶことで，曲線 ED を描いたように，新たにポートフォリオのリスクとリターンを表わす曲線を描くことができます．これを繰り返すと，無数に新たなポートフォリオを作ることができます．すべての組合せについてポートフォリオのリスクとリターンの関係を描いたものが，図 5.4 の斜線部分になります．株式は 3 銘柄しかありませんでしたが，合計して 1 になる組合せは無数にあります．ここで，斜線部分の外側については，どのように株式 A, B, C を組み合わせても構成できない点であることに注意してください．投資を実行できるのは斜線部分境界およびその内部だけになります．この組合せを**実行可能領域**あるいは**実行可能ポートフォリオ**と呼びます．

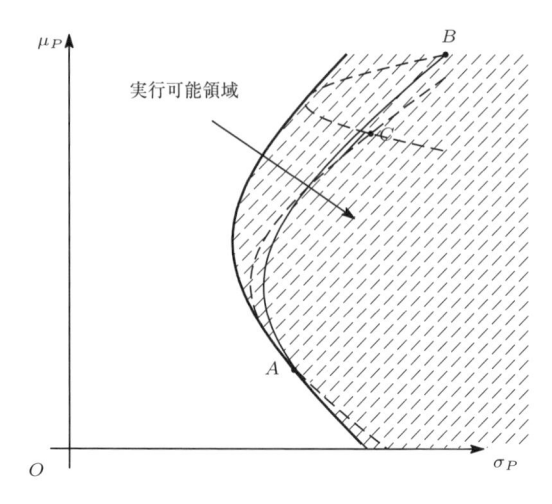

図 5.4 3 銘柄からなる実行可能ポートフォリオ

5.1.4 最小分散ポートフォリオと有効フロンティア

株式の銘柄数が増えても，実行可能領域はおおよそ図 5.4 と同じような形状を持ちます．ただし，斜線部分の面積はより大きくなります．図 5.5 に n 銘柄からなる実行可能領域を模式的に描きました．実行可能領域の境界は双曲線になっており，あるリターンに対して最小のリスクを与えるポートフォリオのリスクとリターンの関係を表わしています[*3)]．このことから，双曲線上のポートフォリオは**最小分散ポートフォリオ**と呼ばれます．また，その中でもっともリスクの小さい点 G で与えられるポートフォリオは**大域的最小分散ポートフォリオ**と呼ばれています．

最小分散ポートフォリオを求める問題は **Markowitz のポートフォリオ選択問題**と呼ばれており，ある要求リターン μ_X に対して，最小の分散を与えるポートフォリオを選択します．さまざまな μ_X に対して (σ_X, μ_X) の軌跡を描けば最小分散ポートフォリオを表わす双曲線が描けます．

最小分散ポートフォリオに興味のある投資家はリスク回避的な選好を持っています．すなわち，「リターンが同じならばリスクは小さいほどよい」と考えます．本章を通じて投資家はリスク回避的であると仮定します．

図 5.5 の点 X は要求リターン μ_X に対して最小のリスク σ_X を与えるポートフォリオを表わします．同じ要求リターン μ_X を与える実行可能ポートフォリオは点 X の右側の直線上に無数にあります．しかし，投資家はリスク回避的な選好を持つため，ポートフォリオ X は，点 X の右側の直線上のいかなるポートフォリオよりも合理的な投資対象になります．

また，点 X を通る垂直線上のポートフォリオを考えると，実行可能領域の中にはリ

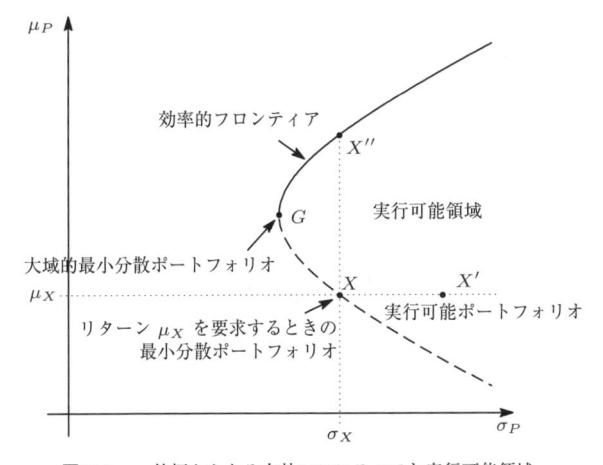

図 5.5 n 銘柄からなる有効フロンティアと実行可能領域

[*3)] 本章では，自由に空売りをできると仮定しています．空売り制約のある場合には，制約付き最適化問題を解くことになります．

スクが σ_X で，リターンが μ_X よりも大きなポートフォリオが存在することがわかります．ただし，「リスクが同じならばリターンは高いほどよい」ので，その中でも点 X'' で表わされるポートフォリオがもっとも合理的な投資対象です．このように考えると，最小分散ポートフォリオを表わす双曲線上の中でも，大域的最小分散ポートフォリオよりも上側に位置するポートフォリオだけが，**有効（効率的）**な投資対象といえます．このため，双曲線のうち実線で表わされた部分は**有効（効率的）フロンティア**と呼ばれています．無数にある投資の組合せの中でも有効フロンティア上のポートフォリオ（有効ポートフォリオ）だけが合理的です．ある個人が実際に有効フロンティア上のどのポートフォリオを選択するかは，その個人のリスクとリターンに関する嗜好，あるいは要求リターンの大きさに依存して決まります．

5.1.5 無リスク資産の導入

ここまでは，リスクのある金融資産，すなわち株式だけからなるポートフォリオを考えてきました．本項では，リスクのない資産（たとえば預金）も投資対象に加えます．預金や 1 期後が満期となる国債は**無リスク資産**と呼ばれます．無リスク資産のリターンは確定的で事前にわかっており，これを定数 r で表わします．定数 r は分散を持たないので無リスク資産のリスクはゼロになります．

さて，株式 X に投資資金のうち割合 w を，残りの $(1-w)$ を無リスク資産に投資したポートフォリオ P について考えましょう．株式 X の収益率を確率変数 R_X で表わし，$\mathbb{E}[R_X] = \mu_X$，$\sqrt{\mathbb{V}[R_X]} = \sigma_X$ とします．ポートフォリオの収益率は $R_P = wR_X + (1-w)r$ となるので，リターンとリスクはそれぞれ

$$\mu_P = w\mu_X + (1-w)r, \qquad \sigma_P = |w|\sigma_X \tag{5.5}$$

となります．ここで $|w|$ は w の絶対値を表わします．このように表現できることは 5.2 節（問 5.5）において改めて示します．よって，(σ_P, μ_P) 平面上では，直線

$$\begin{cases} \mu_P = \dfrac{\mu_X - r}{\sigma_X}\sigma_P + r, & w \geq 0 \\ \mu_P = -\dfrac{\mu_X - r}{\sigma_X}\sigma_P + r, & w < 0 \end{cases}$$

として表わされます（図 5.6）．図からも確認できるように，$w=0$ のときは無リスク資産だけを保有するので，リスクはゼロでリターンは r となります．また，$w=1$ のときは株式 X だけを保有し，リスクは σ_X，リターンは μ_X となります．実線部分はどちらの証券にも正の割合で投資している場合で，破線部分は利子率 r で借入れを行ない，株式 X を元手資金以上に買い入れている状態を表わします．逆に，点線部分は株式 X を空売りし，その資金も含めて預金をしている状態を表わします．

さて，市場に n 個の株式がある場合について，無リスク資産を導入しましょう．ここでも投資家は，リスク回避的で「同じリターンならばリスクが小さいほど合理的である」と考えます．まず，株式ポートフォリオとして図 5.7 における点 X を考えま

5.1 ポートフォリオ選択　　　　　　　　　　　　　　　　　　　　　　　81

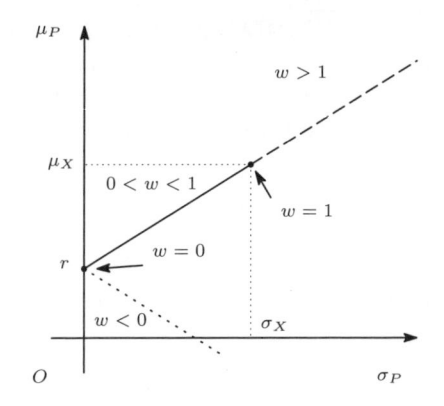

図 5.6　無リスク資産とリスク資産のポートフォリオ

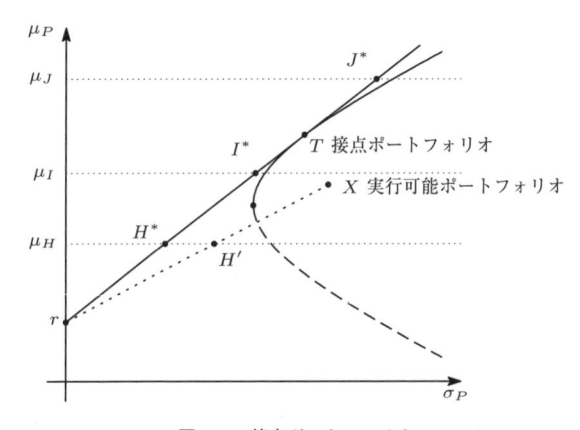

図 5.7　接点ポートフォリオ

しょう．無リスク資産と株式ポートフォリオ X からなるポートフォリオは，点 $(0,r)$ と点 X を結んだ直線上のいずれかの点になります．ここで，投資家の要求リターンを μ_H とすると点 H' で示されるポートフォリオが選択されます．

　ポートフォリオ X は，実行領域内なら自由に選択できます．よって，リスク回避的な投資家の期待に応えて，すなわち要求リターンが μ_H であることを条件として，もっともリスクの小さいポートフォリオが何になるか考えてみましょう．そのためには，点 X を実行可能領域内で動かしたときに，点 $(0,\mu_H)$ を通る水平線と点 $(0,r)$ および点 X を通る直線との交点 H' がもっとも左に位置するような点を探します．すると，ポートフォリオ X が $(0,r)$ から有効フロンティアへ引いた接線の接点となっている場合に，ポートフォリオ H のリスクがもっとも小さくなることがわかります．この点を図 5.7 の点 H^* で示しました．以上のように，要求リターンが μ_H ならば，唯一

H^* で与えられるポートフォリオが合理的な選択となります．このときの株式ポートフォリオは接点 T で表わされるポートフォリオになっていることに注意してください．

今度は，要求リターンを変化させてみましょう．より強欲な投資家がいて，図 5.7 の μ_I を要求するとしましょう．要求リターンが μ_H だった場合と同じように，まずは株式に関する実行可能ポートフォリオ X を適当に選んでみます．その後で，要求リターンが μ_I であることを条件とした最小分散ポートフォリオを選択します．いくら強欲でも投資家はリスク回避的だとすると，最適なポートフォリオは点 I^* で与えられることがわかります．このとき，点 H^* と点 I^* はどちらも点 $(0,r)$ から有効フロンティアへの接線上にあります．このことは，リターン μ_J を要求する，もっと強欲な投資家を想定した場合も同様です．

結局，合理的なポートフォリオ選択における最適なリスク資産の組合せは，要求リターンによらず共通で，接点 T の組合せで与えられることがわかりました．このポートフォリオは**接点ポートフォリオ**と呼ばれています．なお，ここまでの分析では，無リスク資産のリターン r は大域的最小分散ポートフォリオのリターンよりも低いことを仮定しています．無リスク資産がもっともリスクの小さいリスク資産の組合せよりも高いリターンを持つとは想定しにくいので，受け入れられる仮定でしょう．

ここまでに説明した無リスク資産が存在する場合のポートフォリオ選択問題は，提唱者にちなんで **Tobin のポートフォリオ選択問題**と呼ばれています．ちなみに，有効ポートフォリオ H^* と I^* を比較すると，要求リターンの違いから，I^* のほうが接点ポートフォリオの比率が大きくなります．また，有効ポートフォリオ J^* は借入金を用いて接点ポートフォリオに元手以上の投資を行なっています．

さて，リスク資産の最適な選択を扱う Markowitz のポートフォリオ選択問題および無リスク資産を加えた Tobin のポートフォリオ選択問題から，次のことがわかりました．無リスク資産が存在しない場合，最適なリスク資産のポートフォリオは有効フロンティア上にある点です．一方，無リスク資産が存在する場合，最適なリスク資産の組合せは接点ポートフォリオ唯ひとつになります．したがって，無リスク資産も含めた最適なポートフォリオは，無リスク資産と接点ポートフォリオの組合せになります．この結果は **2 資産分離定理**と呼ばれています．

定理 5.1 (2 資産分離定理) 無リスク資産が存在する場合，リスク資産の効率的な組合せは接点ポートフォリオ唯一つである．また，有効ポートフォリオは無リスク資産と接点ポートフォリオの組合せである．

例 5.1 図 5.1 で描いたリスク・リターンの関係図を用いて最小分散ポートフォリオを以下の手順で求めます．
1) 無リスク資産のリターンが $r = 2\%$ であるとき，接点ポートフォリオは点 $T = (\sigma_T, \mu_T) = (11.809\%, 70/11\%)$ で与えられます[*4]．このことを確認する

[*4] 次節で計算方法を示します．実際の計算は問 5.7 で行ないます．

5.1 ポートフォリオ選択

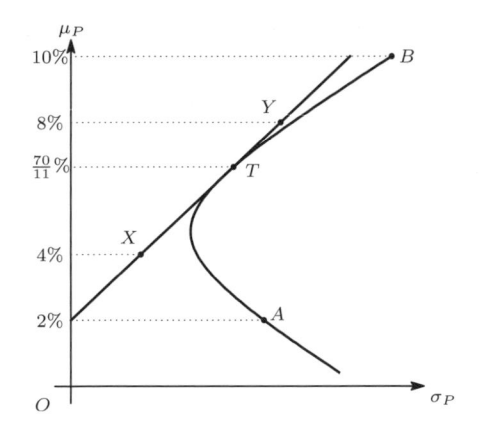

図 5.8 最小分散ポートフォリオ（例 5.1，問 5.3）

ための図を描きなさい．
2) 接点ポートフォリオにおける株式 A と株式 B の比率を求めなさい．
3) 要求リターンが $\mu = 4\%$ のとき，無リスク資産を含む最小分散ポートフォリオ X はリスク・リターン平面上のどこにあるか，点 X として示しなさい．
4) ポートフォリオ X における，無リスク資産と接点ポートフォリオの比率を求めなさい．
5) ポートフォリオ X における，無リスク資産と株式 A, B の比率を求めなさい．

図 5.8 を用いて解説します．1) 点 $(0, r)$ から有効フロンティアへの接線は点 (σ_T, μ_T) が接点となります．2) 株式 A に比率 w，株式 B に比率 $(1-w)$ を投資するポートフォリオのリターンが式 (5.3) を満たすことを利用します．すると $\mu_P = 70/11\%, \mu_A = 2\%, \mu_B = 10\%$ から $w = 5/11$ を得ます．結局，株式 A と株式 B の比率は $5/11 : 6/11$ となります．3) 縦軸上で $\mu = 4\%$ となる接線上の点は図 5.8 の点 X で与えられます．4) 無リスク資産に $(1-w)$，接点ポートフォリオに w だけ投資するポートフォリオのリターンは式 (5.5) から $\mu = r(1-w) + \mu_T w$ で与えられます．ここで $\mu = 4\%, r = 2\%, \mu_T = 70/11$ から $(1-w) = 11/24$ を得ます．結局，無リスク資産と接点ポートフォリオの比率は $13/24 : 11/24$ となります．5) 接点ポートフォリオ $11/24$ のうち，$5/11$ が株式 A なので，全体に占める比率は $5/24$ となります．同様に，株式 B が全体に占める比率は $1/4$ となります．

問 5.3 例 5.1 において，要求リターンが 8% の最小分散ポートフォリオを考えます．最小分散ポートフォリオを表わす点を Y として図示しなさい．また，このポートフォリオにおける無リスク資産と株式 A, B の比率を求めなさい．

問 5.4 問 5.2 で描いたリスク・リターンの関係図を用いて最小分散ポートフォリオ

を求めます．いま，無リスク資産のリターンが $r = 5\%$ であるとき，接点ポートフォリオは点 $(\sigma_T, \mu_T) = (8.6603\%, 7.5\%)$ で与えられます．

1) 図 5.8 にならい，有効フロンティアと接点ポートフォリオ，株式 A, B を模式的に描きなさい．
2) 要求リターンが $\mu = 6\%$ および $\mu = 10\%$ の場合について，例 5.1 と同じ手順に従い，最小分散ポートフォリオの内訳を求めなさい．

5.2 ポートフォリオ選択における共分散の分析

前節では，有効フロンティアや接点ポートフォリオなどを図解しながら，現代ポートフォリオ理論の直感的な説明を行ないました．本節では，2銘柄および3銘柄の株式を用いて，定量的に最小分散ポートフォリオを導出し，接点ポートフォリオの持つ性質について分析します[*5]．これらの分析においては，収益率間の共分散が重要な役割を演じます．

5.2.1 最小分散ポートフォリオの導出

本項では，最小分散ポートフォリオを求める問題を最適化問題として定式化し，その解が連立方程式を解いて得られることを示します．以下では，これまでと同様に，株式 A の収益率を R_A，A への投資比率を w_A と表わすことにします．

a. 株式 2 銘柄のケース

まず，ポートフォリオ収益率が式 (5.2) で表わされることを確認します．

補題 5.1 (ポートフォリオの収益率) 2つの銘柄 A と B からなるポートフォリオ P の収益率は

$$R_P = w_A R_A + w_B R_B \tag{5.6}$$

で与えられる．ただし

$$w_A + w_B = 1 \tag{5.7}$$

とし，非負制約は設けない．

証明：時点 0 における株式 A と B の保有額 (価格×保有枚数) をそれぞれ X_0^A, X_0^B とすると，$w_A = X_0^A/X_0, w_B = X_0^B/X_0$ となります．ただし，時点 0 におけるポートフォリオ P の価値を $X_0 = X_0^A + X_0^B$ とします．このとき，ポートフォリオ P の時点 1 における価値は，株式 A と B の価値が時点 1 においてそれぞれ $(1+R_A)X_0^A, (1+R_B)X_0^B$ となっていることから

$$X_1 = (1+R_A)X_0^A + (1+R_B)X_0^B$$

[*5] 2銘柄のポートフォリオは扱いが容易ですが，図 5.1 に示したように，実行可能ポートフォリオが双曲線上だけになります．これは 3 銘柄以上で構成される場合で示したような面で表わされる実行可能領域 (図 5.3) とは大きく異なり，理解が不十分になる可能性があります．また，3 銘柄ポートフォリオの分析はポートフォリオ理論に対する理解を徹底させることができます．

と書けます. したがって, ポートフォリオ P の収益率は, 式 (5.7) を使って,

$$R_P = \frac{X_1}{X_0} - 1 = \frac{(1+R_A)X_0^A + (1+R_B)X_0^B - X_0}{X_0}$$

となり, 式 (5.6) を得ます. □

本節では, ポートフォリオのリスクとリターンについてさまざまなケースを想定します. その際, 次の補題の導出過程は何度も利用されます.

補題 5.2 (ポートフォリオのリスク・リターン)　2 つの銘柄 A と B からなるポートフォリオ P のリターンとリスクは, それぞれ

$$\mu_P = \mu_A w_A + \mu_B w_B \tag{5.8}$$

$$\sigma_P^2 = \sigma_A^2 w_A^2 + 2\sigma_A \sigma_B \rho_{AB} w_A w_B + \sigma_B^2 w_B^2 \tag{5.9}$$

で与えられる.

証明: リターン (5.8) は, 補題 5.1 と期待値の線形性 (定理 A.3) から得られます. 次に, 分散の定義 A.4 および式 (5.8) から, R_P の分散に関して

$$\begin{aligned}
\sigma_P^2 &= \mathbb{E}\big[\{(w_A R_A + w_B R_B) - (w_A \mu_A + w_B \mu_B)\}^2\big] \\
&= \mathbb{E}\big[\{w_A(R_A - \mu_A) - w_B(R_B - \mu_B)\}^2\big] \\
&= \mathbb{E}\big[w_A^2(R_A - \mu_A)^2 - 2w_A w_B(R_A - \mu_A)(R_B - \mu_B) + w_B^2(R_B - \mu_B)^2\big]
\end{aligned}$$

と変形でき, ふたたび期待値の線形性および分散と共分散の定義 A.5 から,

$$\begin{aligned}
\sigma_P^2 &= w_A^2 \mathbb{E}\big[(R_A - \mu_A)^2\big] - 2w_A w_B \mathbb{E}\big[(R_A - \mu_A)(R_B - \mu_B)\big] \\
&\quad + w_B^2 \mathbb{E}\big[(R_B - \mu_B)^2\big] \\
&= w_A^2 \mathbb{V}[R_A] + 2w_A w_B \mathrm{Cov}[R_A, R_B] + w_B^2 \mathbb{V}[R_B]
\end{aligned}$$

となり, 相関係数の定義 A.6 から式 (5.9) が得られます. □

さて, 2 銘柄の株式からなるポートフォリオについて考えます. リスクとリターンの組合せは, 図 5.1 のように与えられます. このとき, 投資家の要求リターン μ を満たす最小分散ポートフォリオを求めてみましょう. 最小分散ポートフォリオは, 固定された要求リターンを満たすポートフォリオのうちで, リスクあるいは分散が最小のポートフォリオとして定義されます. リターンは式 (5.8), リスクは式 (5.9) により与えられるので, 次のような問題を解くことになります. 決定する変数は投資比率 w_A, w_B ですが, これらは式 (5.7) を満たす必要があることに注意してください.

$$\text{目的関数} \quad \min_{w_A, w_B} \sigma_A^2 w_A^2 + 2\sigma_{AB} w_A w_B + \sigma_B^2 w_B^2 \tag{5.10}$$

$$\text{制約式} \quad \begin{cases} \mu_A w_A + \mu_B w_B = \mu \\ w_A + w_B = 1 \end{cases} \tag{5.11}$$

ただし，
$$\mu_A \neq \mu_B \tag{5.12}$$
を仮定します．ここで，$\sigma_{AB} = \sigma_A \sigma_B \rho_{AB}$ は共分散を表わします．

この問題は，制約式が w_A, w_B の 2 元連立方程式になっているので，制約を満たすように w_A, w_B を求めると，目的関数を最小化するための選択肢がありません．これは，図 5.1 において縦軸に μ を定めると，自動的にリスクが定まってしまうことからもわかります．よって，連立方程式 (5.11) の解が「最小分散ポートフォリオ問題」の解になります．仮定 (5.12) がないと解が定まらないことに注意しましょう．

b. 無リスク資産＋株式 2 銘柄のケース

株式 2 銘柄だけからなるポートフォリオでは，リスクを最小化する余地がありませんでした．無リスク資産を導入した場合はどうでしょうか？ 以下では，無リスク資産の収益率を確定的で r とし，投資比率を w_0 で表わします．リスク資産のリターンに関して (5.12) を仮定し，さらに制約式
$$w_0 + w_A + w_B = 1 \tag{5.13}$$
を課します．

注 5.1 (無リスク資産との共分散) 無リスク資産の収益率 r は定数なので，その期待値も定数 r であり，共分散の定義 A.5 から，無リスク資産と株式 A の共分散について
$$\mathrm{Cov}[r, R_A] = \mathbb{E}[(r-r)(R_A - \mu_A)] = 0$$
が成立します．この結果は前節ですでに利用していますが，重要なので再掲しました．

株式 2 銘柄に無リスク資産を導入した場合のポートフォリオ収益率は，補題 5.1 と同様にして，
$$R_P = w_0 r + w_A R_A + w_B R_B \tag{5.14}$$
となることが示されます（後出の問 5.8 で確認）．したがって，この場合のポートフォリオのリターンは
$$\mu_P = r w_0 + \mu_A w_A + \mu_B w_B$$
リスク（分散）は
$$\sigma_P^2 = \sigma_A^2 w_A^2 + \sigma_B^2 w_B^2 + 2\sigma_{AB} w_A w_B \tag{5.15}$$
となります．

問 5.5 $\sigma_A = \sigma_X$, $\sigma_B = 0$, $w_0 = 1 - w$, $w_A = w$, $w_B = 0$ として，式 (5.5) が成立することを確認しなさい．

さて，株式 2 銘柄と無リスク資産からなるポートフォリオにおいて，投資家の要求リターン μ を満たす最小分散ポートフォリオを求めてみましょう．言い換えれば，要

求リターン μ を満たし,かつ分散が最小となる投資比率 w_0, w_A, w_B を決定します。この問題は以下のように定式化されます。

目的関数 $$\min_{w_0, w_A, w_B} \sigma_A^2 w_A^2 + 2\sigma_{AB} w_A w_B + \sigma_B^2 w_B^2 \qquad (5.16)$$

制約式 $$\begin{cases} rw_0 + \mu_A w_A + \mu_B w_B = \mu \\ w_0 + w_A + w_B = 1 \end{cases} \qquad (5.17)$$

この問題は3変数の最適化問題ですが,次のような方針をとると普通の連立方程式に帰着できます。まず,変数 w_0 は目的関数には現われず,影響が間接的で扱いにくい変数です。そこで,2つある制約式から w_0 を消去します(w_A, w_B が求まったら,後から w_0 を決定します)。このとき,

$$(\mu_A - r)w_A + (\mu_B - r)w_B = \mu - r \qquad (5.18)$$

を得ます。制約式は (5.18) のみとなり,変数は w_A, w_B の2つだけです。次に,制約式 (5.18) を w_B について解いて,

$$w_B = Cw_A + D; \quad C = -\frac{\mu_A - r}{\mu_B - r}, \quad D = \frac{\mu - r}{\mu_B - r} \qquad (5.19)$$

とおきます。これを目的関数に代入すると,制約のない1変数の最小化問題

$$\min_{w_A} \sigma_A^2 w_A^2 + 2\sigma_{AB} w_A (Cw_A + D) + \sigma_B^2 (Cw_A + D)^2$$

が得られます。

目的関数は2次関数なので,その最小解は微分して0とおくことで得られます。

$$2\sigma_A^2 w_A + 2\sigma_{AB}(2Cw_A + D) + 2\sigma_B^2 C(Cw_A + D) = 0 \qquad (5.20)$$

すでに解けたも同然ですが,ここでは後々のために,式 (5.20) を w_A と w_B の1次式

$$\sigma_A^2 w_A + \sigma_{AB} w_B + C(\sigma_B^2 w_B + \sigma_{AB} w_A) = 0 \qquad (5.21)$$

に変形しておきます(式 (5.20) に $Cw_A + D = w_B$ を再度代入しました)。この式は目的関数 (5.16) の最大化と同じ意味を持っているので,制約式と併せて考えると,最小分散ポートフォリオを与える投資比率 w_0, w_A, w_B は3元連立方程式

$$\begin{cases} rw_0 + \mu_A w_A + \mu_B w_B = \mu \\ w_0 + w_A + w_B = 1 \\ \sigma_A^2 w_A + \sigma_{AB} w_B + C(\sigma_B^2 w_B + \sigma_{AB} w_A) = 0 \end{cases} \qquad (5.22)$$

の解として与えられることがわかりました。

問 **5.6** 3 元連立方程式 (5.22) の解は

$$w_A = ka, \quad w_B = kb, \quad w_0 = 1 - k(a+b)$$

ただし

$$a = (\mu_A - r)\sigma_B^2 - (\mu_B - r)\sigma_{AB}, \quad b = (\mu_B - r)\sigma_A^2 - (\mu_A - r)\sigma_{AB}$$

$$k = \frac{\mu - r}{(\mu_B - r)^2 \sigma_A^2 - 2(\mu_A - r)(\mu_B - r)\sigma_{AB} + (\mu_A - r)^2 \sigma_B^2}$$

で与えられることを示しなさい[*6]．

例 **5.2** 株式 A, B および無リスク資産からなるポートフォリオについて考えます．ただしリスクとリターンについて，$\mu_A = 8\%$, $\mu_B = 4\%$, $\sigma_A = 0.2$, $\sigma_B = 0.1$, $\rho_{AB} = -0.5$, $r = 3\%$ とします．このとき，要求リターンを $\mu = 5\%$ とする最小分散ポートフォリオを求めましょう．

株式 A, B への投資比率を w_A, w_B とし，無リスク資産への投資比率を w_0 とすると，最小分散ポートフォリオは

$$\text{目的関数} \quad \min_{w_0, w_A, w_B} 4w_A^2 - 2w_A w_B + w_B^2 \tag{5.23}$$

$$\text{制約式} \quad \begin{cases} 3w_0 + 8w_A + 4w_B = 5 \\ w_0 + w_A + w_B = 1 \end{cases} \tag{5.24}$$

を満たします．ここで式 (5.24) から w_0 を消去すると

$$w_B = 2 - 5w_A \tag{5.25}$$

となるので，これを式 (5.23) に代入します．すると目的関数は

$$39w_A^2 - 24w_A + 4$$

となるので，ポートフォリオの分散は $w_A = 4/13$ のときに最小値をとります．このとき，式 (5.25) から $w_B = 6/13$, さらに式 (5.24) から，$w_0 = 3/13$ を得ます．

注 **5.2**（接点ポートフォリオのリスクとリターン） 無リスク資産が存在する場合，最小分散ポートフォリオにおける株式の組合せは接点ポートフォリオ（図 5.7）となります．よって，例 5.2 において，接点ポートフォリオに額 1 を投資した場合の株式 A への投資額 w と株式 B への投資額 $1 - w$ は

$$w = \frac{w_A}{w_A + w_B} = 0.4, \quad 1 - w = \frac{w_B}{w_A + w_B} = 0.6$$

[*6] $k = \infty$ の場合には，この最小分散ポートフォリオ問題は解を持ちません．意味のある解が存在するためには，分散と共分散にある条件を課す必要がありますが，議論が煩雑になるため，本節では扱いません．ポートフォリオ理論の専門書を参照してください．

になっています．このとき接点ポートフォリオのリスクとリターンは，式 (5.3), (5.4) から

$$\mu_T = 5.6000\%, \qquad \sigma_T = 7.2111\%$$

となります．

問 5.7 例 5.1 で利用した接点ポートフォリオ（図 5.8 の点 T 参照）のリスクとリターンを次の手順で求めなさい．ただし，株式 A, B のパラメータは式 (5.1) で与えられます．また，無リスク金利を $r = 2\%$ とします．
1) 要求リターンが $\mu = 4\%$ のとき，最小分散ポートフォリオ（図 5.8 の点 X 参照）の内訳を例 5.2 にならって計算しなさい．
2) 接点ポートフォリオに 1 円投資する際の株式 A, B の投資額を求めなさい．
3) 接点ポートフォリオのリスクとリターンを求めなさい．

c. 株式 3 銘柄のケース

株式市場に A, B, C の 3 銘柄がある場合について考えましょう．実行可能ポートフォリオは図 5.4 のように 2 次元の領域になり，有効フロンティアはその境界上の一部になります．本項では，無リスク資産がない場合における最小分散ポートフォリオの導出を行ない，最適比率は連立方程式の解として与えられることを示します．

まずは，株式 3 銘柄からなるポートフォリオ P のリスクとリターンを計算しておきましょう．そのために，株式 A, B, C の収益率を表わす確率変数を R_A, R_B, R_C とすると，ポートフォリオ収益率 R_P は

$$R_P = w_A R_A + w_B R_B + w_C R_C \tag{5.26}$$

で表わされることを利用します．ここで，

$$w_A + w_B + w_C = 1 \tag{5.27}$$

が満たされているとします．

問 5.8 式 (5.26) を証明しなさい．

ポートフォリオ P のリスクとリターンに関して以下が成立します．証明は期待値の線形性と共分散の性質を使います．各自で確認してください．

補題 5.3 (ポートフォリオのリスク・リターン)　　株式 3 銘柄 A, B, C からなるポートフォリオ P のリターンは

$$\mu_P = \mu_A w_A + \mu_B w_B + \mu_C w_C \tag{5.28}$$

リスク（収益率の分散）は

$$\sigma_P^2 = \sigma_A^2 w_A^2 + \sigma_B^2 w_B^2 + \sigma_C^2 w_C^2 \tag{5.29}$$
$$+ 2\left(\sigma_{AB} w_A w_B + \sigma_{AC} w_A w_C + \sigma_{BC} w_B w_C\right)$$

で与えられる．

以下では，リターンについて，μ_A, μ_B, μ_C のうちのすべてが等しいことはないと仮定し，要求リターン $\mu_P = \mu$ を満たし，かつ分散が最小となるようなポートフォリオ P の投資比率 w_A, w_B, w_C を決定します．リターンとリスクは式 (5.28), (5.29) で与えられること，投資比率 w_A, w_B, w_C は式 (5.27) を満たす必要があることから，ポートフォリオの最適比率 w_A, w_B, w_C は次の最適化問題の解として与えられます．

目的関数 $\quad \min_{w_A, w_B, w_C} \left[\sigma_A^2 w_A^2 + \sigma_B^2 w_B^2 + \sigma_C^2 w_C^2 \right.$

$$\left. + 2(\sigma_{AB} w_A w_B + \sigma_{AC} w_A w_C + \sigma_{BC} w_B w_C) \right] \quad (5.30)$$

制約式 $\quad \begin{cases} \mu_A w_A + \mu_B w_B + \mu_C w_C = \mu \\ w_A + w_B + w_C = 1 \end{cases} \quad (5.31)$

注 5.3 この問題を Markowitz のポートフォリオ選択問題と呼びました．図 5.5 には要求リターンを $\mu = \mu_X$ とするときの実行可能ポートフォリオと最小分散ポートフォリオが描かれています．制約式を満たすポートフォリオの点 X' は，$(0, \mu_X)$ を通る水平線上の実行可能ポートフォリオになります．このうち最小の分散を与えるポートフォリオが点 X となります．

この最適化問題の解も，次のような方針をとると，前項の最適化問題 (5.16)-(5.17) と同じように，3 元連立方程式の解として与えられます．まず，制約式を見ると，w_A, w_B, w_C の 1 次式が 2 つあるので，リターンが同じでない 2 つの株式を選んで（たとえば w_A と w_B）それらについて解くと

$$w_A = C_A w_C + D_A; \quad C_A = -\frac{\mu_C - \mu_B}{\mu_A - \mu_B}, \quad D_A = \frac{\mu - \mu_B}{\mu_A - \mu_B}$$

$$w_B = C_B w_C + D_B; \quad C_B = -\frac{\mu_C - \mu_A}{\mu_B - \mu_A}, \quad D_B = \frac{\mu - \mu_A}{\mu_B - \mu_A}$$

が得られ，これらを目的関数に代入すると，目的関数は変数 w_C だけからなる 2 次関数になります．もともとは制約式が 2 つあって，変数が 3 つある最適化問題でしたが，2 次関数（1 変数）の最小化問題になりました．この目的関数（2 次関数）を微分して 0 とおき，条件を整理すると，

$$(\sigma_A^2 C_A + \sigma_{AB} C_B + \sigma_{AC}) w_A + (\sigma_{AB} C_A + \sigma_B^2 C_B + \sigma_{BC}) w_B$$
$$+ (\sigma_{AC} C_A + \sigma_{BC} C_B + \sigma_C^2) w_C = 0 \quad (5.32)$$

が得られます．

式 (5.32) は w_A, w_B, w_C の 1 次式になっており，制約式 (5.31) と併せて考えると，問題 (5.30)-(5.31) の解は 3 元連立 1 次方程式 (5.31)-(5.32) の解として与えられることがわかりました．もちろん，意味のある解が存在するためには，分散と共分散に関する条件が必要になります．また，3 元連立 1 次方程式を実際に解くと表現がかなり

煩雑になってしまうので，次の具体的な数値例を解いて，最小分散ポートフォリオ導出の原理を再確認しましょう．

例 5.3 (最小分散ポートフォリオ) リスクとリターンについて，$\mu_A = 10\%$, $\mu_B = 5\%$, $\mu_C = 2.5\%$, $\sigma_A = 0.2$, $\sigma_B = 0.10$, $\sigma_C = 0.05$, $\rho_{AB} = \rho_{BC} = 0$, $\rho_{AC} = -0.5$ のとき，要求リターン $\mu = 5\%$ を満たす最小分散ポートフォリオを求めてみましょう．

株式 A, B, C への投資比率を w_A, w_B, w_C とすると，最小分散ポートフォリオは

$$\text{目的関数} \quad \min_{w_A, w_B, w_C} \left[4w_A^2 + w_B^2 - w_A w_C + \frac{w_C^2}{4} \right] \tag{5.33}$$

$$\text{制約式} \quad \begin{cases} 10w_A + 5w_B + \dfrac{5}{2}w_C = 5 \\ w_A + w_B + w_C = 1 \end{cases} \tag{5.34}$$

を満たします．制約式 (5.34) を w_A, w_B の連立方程式だと考えると，

$$w_A = \frac{w_C}{2}, \qquad w_B = \frac{2 - 3w_C}{2} \tag{5.35}$$

を得るので，これらを目的関数に代入するとポートフォリオの分散は

$$\frac{(2 - 3w_C)^2}{4} + \frac{3w_C^2}{4}$$

と表わすことができます．上の式は $w_C = 1/2$ で最小値をとるので，(5.35) から $w_A = 1/4$, $w_B = 1/4$ を得ます．

問 5.9 リスクとリターンについて，$\mu_A = 15\%$, $\mu_B = 10\%$, $\mu_C = 5\%$, $\sigma_A = 0.3$, $\sigma_B = 0.2$, $\sigma_C = 0.1$, $\rho_{AB} = 1/2$, $\rho_{BC} = -1/2$, $\rho_{AC} = 0$ のとき，要求リターン $\mu = 10\%$ を満たす最小分散ポートフォリオを求めなさい．

5.2.2 接点ポートフォリオの性質

無リスク資産が存在する場合，最小分散ポートフォリオにおける株式の組合せは接点ポートフォリオと呼ばれ（図 5.7），接点ポートフォリオはそれ自体が最小分散ポートフォリオになっていました．すなわち，前項で扱った最適化問題の解になっています．このことを利用すると，接点ポートフォリオだけが持つ特別な性質を導くことができ，その性質は次節で扱う CAPM において重要な役割を持ちます．本項では無リスク資産および株式 2 銘柄からなるポートフォリオを考えますが，一般の n 資産の場合も考え方はまったく同様です．

まず，任意のポートフォリオ P とその中に含まれる株式収益率との共分散を計算しておきます．ポートフォリオ収益率 R_P は式 (5.14) で与えられます．

補題 5.4 任意のポートフォリオ P において，

$$\sigma_{AP} = \sigma_A^2 w_A + \sigma_{AB} w_B \tag{5.36}$$

$$\sigma_{BP} = \sigma_B^2 w_B + \sigma_{AB} w_A \tag{5.37}$$

が成立する.

証明:ポートフォリオ P と株式 A の共分散について,式 (5.14) および定義 A.5 から,

$$\begin{aligned}\sigma_{AP} &= \mathbb{E}[(R_A - \mu_A)(w_0 r + w_A R_A + w_B R_B - \mu_P)] \\ &= \mathbb{E}[(R_A - \mu_A)^2 w_A + (R_A - \mu_A)(R_B - \mu_B)w_B] \\ &= \mathbb{V}[R_A]w_A + \mathrm{Cov}[R_A, R_B]w_B \end{aligned} \quad (5.38)$$

となり式 (5.36) が得られます.式 (5.37) についても同様です. □

結果から明らかなように,補題 5.4 は無リスク資産を含まない(すなわち $w_0 = 0$)ポートフォリオについても成立します.この補題を利用すると,ポートフォリオの分散について次の性質を得ることができます.

定理 5.2 (ポートフォリオのリスク分解) 無リスク資産と株式 2 銘柄からなる任意のポートフォリオにおいて,以下の性質が成立する.

1) ポートフォリオの分散と共分散の関係:

$$\sigma_P^2 = \sigma_{AP} w_A + \sigma_{BP} w_B \quad (5.39)$$

2) ポートフォリオのリスクと共分散の関係:

$$\sigma_P = \sigma_A \rho_{AP} w_A + \sigma_B \rho_{BP} w_B \quad (5.40)$$

3) 投資比率とポートフォリオの分散の関係:

$$\frac{\partial \sigma_P}{\partial w_A} = \sigma_A \rho_{AP}, \quad \frac{\partial \sigma_P}{\partial w_B} = \sigma_B \rho_{BP} \quad (5.41)$$

証明:

1) 式 (5.36) の両辺を w_A 倍し,式 (5.37) の両辺を w_B 倍し,これらを加えると,ポートフォリオの分散の式 (5.15) が得られます.
2) 共分散の定義から,式 (5.39) において $\sigma_{AP} = \sigma_A \sigma_P \rho_{AP}$,さらに $\sigma_{BP} = \sigma_B \sigma_P \rho_{BP}$ とできるので,式 (5.40) を得ます.
3) 式 (5.9) の両辺を w_A で偏微分し,式 (5.36) を利用すると

$$2\sigma_P \frac{\partial \sigma_P}{\partial w_A} = 2\sigma_A^2 w_A + 2\sigma_{AB} w_B = 2\sigma_{AP} \quad (5.42)$$

となります.ここで,$\sigma_{AP} = \sigma_A \sigma_P \rho_{AP}$ より,式 (5.41) の第 1 式が得られます.第 2 式も同様です. □

注 5.4 定理 5.2 は最小分散ポートフォリオでなくても成立し,次のように解釈できます.

1) ポートフォリオ収益率の分散は,ポートフォリオに含まれる各証券とポートフォリオとの共分散の加重平均値として表わされる.

2) ポートフォリオのリスクは，各証券のリスクの加重和としては表わすことができず，各証券との相関係数の分だけ調整される．

3) ポートフォリオ P へ株式 A をわずかに加えたとき，ポートフォリオのリスクは $\sigma_A \rho_{AP}$ だけ変化する．

株式 2 銘柄と無リスク資産から構成される最小分散ポートフォリオは，すでに前項で扱いました．図 5.7 に描いたように，要求リターンを変化させた場合，リスクとリターンの関係は直線になり，株式の組合せは常に有効フロンティアと直線の接点に存在しました．この株式の組合せを接点ポートフォリオと呼び，接点ポートフォリオ T のリターンを μ_T，リスクを σ_T とすると，ポートフォリオに含まれる株式 A と B との間に次の関係が成立します．この結果は次節の CAPM を導出する上で重要な役割を果たします．

定理 5.3 無リスク資産と株式 A, B からなるポートフォリオを考える．このとき，接点ポートフォリオ T と株式 A, B の間には関係

$$\frac{\mu_A - r}{\sigma_A \rho_{AT}} = \frac{\mu_B - r}{\sigma_B \rho_{BT}} = \frac{\mu_T - r}{\sigma_T} \tag{5.43}$$

が成立する．

証明：接点ポートフォリオは最小分散ポートフォリオのひとつなので，要求リターンを $\mu_T = \mu$ とすると，最適化問題 (5.16), (5.17) の解になっています．よって，接点ポートフォリオを与える投資比率 (w_A, w_B) は最小化の条件 (5.21) を満たします．ここで，補題 5.4 および定理 5.2 が成立することを利用します．まず，式 (5.21) は，補題 5.4 および式 (5.19) で定義される C を用いて

$$\sigma_{AT} - \frac{\mu_A - r}{\mu_B - r} \sigma_{BT} = 0$$

と書き換えることができます．次に，上式を定理 5.2 の式 (5.39) に代入すると

$$\sigma_T^2 = \frac{\mu_A - r}{\mu_B - r} \sigma_{BT} w_A + \sigma_{BT} w_B \tag{5.44}$$

を得ます．最後に，上式を $\sigma_{BT} = \sigma_T \sigma_B \rho_{BT}$ および式 (5.18) すなわち

$$(\mu_A - r)w_A + (\mu_B - r)w_B = \mu_T - r$$

に注意して整理すると，式 (5.43) の 2 番目の等式を得ます．1 番目の等式も同様にして導出できます． □

注 5.5 ラグランジュ乗数法を用いると，もう少し簡便に証明することができます（章末問題 Q 5.2 を参照）．

5.3 資本資産評価モデル

資本資産評価モデル (Captial Asset Pricing Model; CAPM) は，株価の均衡価格を論じるための経済学的な理論のひとつです．

Markowitz および Tobin によるポートフォリオ選択の結果，特に接点ポートフォリオが持つ性質 (5.2.2 項) を出発点として展開し，リスクの市場価格および均衡における個別株式のリターンを決定します．

5.3.1 CAPM の仮定と市場の均衡

市場が均衡した状態において，個別証券はどのように価格付けされているのでしょうか？ 市場が均衡するとは，それ以上は誰も取引をしようとはしない状態のことを指します．すべての投資家が満足のいくまで取引を行なった状態で，市場価格はそれ以上は動かないという抽象的な状況になります．市場が均衡している状態，すなわち市場参加者全員が満足している状態は扱いが容易で，そのときに得られる結論は実務的にも理論価格の目安になります．

CAPM では市場の均衡を実現するために次のような仮定をおきます．それらは，おおざっぱにいえば，すべての投資家は Markowitz の問題を解いて投資を行ない，しかもその際の有効フロンティアは皆で同一になることを保証するための仮定です．

仮定 5.1 (投資行動) ポートフォリオを 1 期間保有する際，リスクを収益率の標準偏差で定義し，リターンを期待収益率とする．すべての投資家はリスク回避的で Markowitz の問題を基準として投資を行なう．

仮定 5.2 (期待の同質性) すべての投資家は，証券のリスクとリターンおよび共分散について同一の期待を持つ．

仮定 5.3 (無リスク資産) すべての投資家は共通の利子率 r で希望するだけ貸借ができる．

仮定 5.4 (完全市場) 証券市場は，以下の意味で完全である．
1) 投資家の市場取引は市場価格に影響を与えない．
2) 証券は無限に分割可能である．
3) 証券取引に費用はかからず，また証券投資と証券保有に税金はかからない．すなわち，証券市場は完全な流動性を持つ．
4) 投資家は自由に空売りができる．

さて，仮定 5.1–5.4 の下で，投資家が行動した結果について考えてみましょう．結論からいうと，すべての投資家が無リスク資産と市場ポートフォリオ M を保有するという結果が得られます．ここで**市場ポートフォリオ**とは，市場に供給されているすべての株式を実際に存在する割合で比例的に小型化したポートフォリオをいいます．こ

◆ *Coffee Break*

CAPM の仮定

仮定 5.4 は大胆で，現実の市場を理想化したものになっています．すべての仮定が現実とは違うと感じられるでしょう．しかし，複雑な仮定の下で理論を構成すると至極複雑な結論が出るだけで（結果が得られないこともあります），それらは解釈ができず結局は無駄になってしまいます．CAPM の仮定はシンプルで大胆ですが，まずは分析しやすい仮定から出発し，得られた結論がすばらしいものであれば，その後，どの仮定をどのように緩められるかを考えていけばよいわけです．これはファイナンスあるいは経済学において広く認められた考え方です．実際に，CAPM のどの仮定を緩められるかに関する議論は盛んに行なわれています．

の結論は以下のように考えると導かれます．

- 投資家はみな共通のリターンと共通の分散・共分散を使用するので，すべての投資家は共通の有効フロンティアを描きます．さらに，同一の利率 r で貸借できるので，有効フロンティアへの接線も接点も等しくなります．
- 投資家はそれぞれの要求リターンに応じて，この接線上のポートフォリオの組合せを持つことになります．ただし，リスク資産の組合せはすべての投資家に共通で，接点ポートフォリオになります．
- すべての投資家が要求リターンは違うものの，全員がある投資比率で接点ポートフォリオを保有したいと考えています．需要がすべて満たされた状態が市場の均衡になるので，均衡においては，すべての投資家が接点ポートフォリオを保有し，それ以上の証券を取引する動機を持ちません．
- 供給されている株式すべてが接点ポートフォリオとして売られたので，投資家が保有しているリスク資産の組合せは，結局のところ市場ポートフォリオになります．

以上のように，投資家の同質性を意味する仮定 5.1, 5.2 および市場の完全性を保証する仮定 5.3, 5.4 の下では，接点ポートフォリオは市場ポートフォリオに一致します．これが CAPM の第一の結論です．

5.3.2 リスクの市場価格と市場ポートフォリオ

市場ポートフォリオ M のリターンを μ_M，リスクを σ_M とすれば，市場ポートフォリオの単位リスクあたり超過収益率は

$$\lambda = \frac{\mu_M - r}{\sigma_M} \tag{5.45}$$

で与えられます．4.3.2 項では Sharpe レシオと呼びましたが，CAPM では λ を**リスクの市場価格**と呼び，市場で達成可能な投資パフォーマンスの尺度になります．実務

◆ **Coffee Break**

共分散推定問題の解決

接点ポートフォリオを特定するためには最適化問題を解く必要があり，その問題は連立方程式に帰着されることを示しました（5.2節）．実際の株式市場において，これを行なうためには数百変数の連立方程式を解く必要があります．昨今では，計算機の性能が増して技術的な問題は小さくなりましたが，多数の銘柄間の共分散の推定および管理には依然として膨大な手間がかかります．たとえば，日経225に採用されている銘柄を考えると，共分散の個数は $225 \times 224/2 = 25,200$ 個あります．技術的には推定可能ですが，これらの値の正当性を保証し管理するのは事実上不可能です．CAPMによれば，合理的なポートフォリオは市場ポートフォリオになるので，接点ポートフォリオの特定作業も不要になります．投資家は銘柄間の共分散の推定と管理から開放されることになります．

的には，市場が発表する時価加重の平均株価指数[*7]について収益率と分散を推定します．投資家にとっては，リスクの市場価格はその市場に参加するかどうかを決定する上で役立つ指標になります．また，ファンドマネージャーのパフォーマンスを評価する上でも重要な役割を果たします．

さて，均衡下における投資家の保有ポートフォリオPは無リスク資産と市場ポートフォリオMの組合せだったので，そのリターンとリスクを μ_P, σ_P とすれば，これらの間に線形関係

$$\mu_P - r = \frac{\mu_M - r}{\sigma_M}\sigma_P \tag{5.46}$$

が成立します．これは**資本市場線**と呼ばれ，合理的な投資家のポートフォリオにおけるリスク・リターンの組合せは資本市場線上にあることを示しています．市場ポートフォリオは接点ポートフォリオに他ならないことから，資本市場線は図5.9のように有効フロンティアへの接線となります．資本市場線の傾きは $(\mu_M - r)/\sigma_M$ であり，これは単位あたりのリスクについて支払われる超過収益率，すなわちリスクの市場価格 λ です．市場ポートフォリオは接点ポートフォリオであることを思い出すと，ポートフォリオの単位リスクあたり超過収益率はリスクの市場価格 λ よりは上げられないことがわかります．CAPMの世界では，理論上，資本市場線の傾きを上昇させるポートフォリオ（図5.9の点Y）は実行不可能で存在しないからです．したがって，CAPMの成立する市場で，市場を出し抜くために市場ポートフォリオ以外の実行可能ポートフォリオ（たとえば図5.9の点X）を保有すると，接線の性質から単位リスクあたりの超過収益率はむしろ下がることになります[*8]．市場に参加することで得られるリス

[*7] 東証Ⅰ部では東京証券取引所株価指数（TOPIX；TOkyo stock Price IndeX）が該当します．日経平均は限られた銘柄の単純平均株価なので，リスクの市場価格を推定する上では不適当です．

[*8] もちろん，CAPMは前述の仮定が成立する理想的な市場で得られる結論であり，現実の市場ではCAPM

5.3 資本資産評価モデル

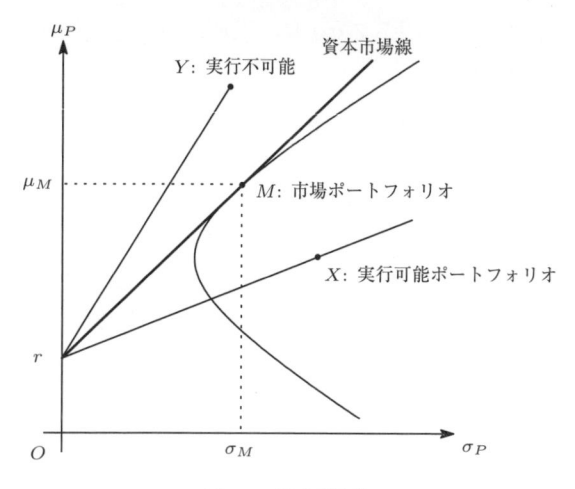

図 5.9 資本市場線

ク 1 単位あたり収益率は，市場ポートフォリオを保有することで最大化されるのです．

5.3.3 ベータ：個別証券のリスク

市場が均衡している状態における最適なリスク資産のポートフォリオは市場ポートフォリオでした．言い換えると，唯一その市場ポートフォリオだけが保有されるべき資産になりますが，この場合，収益率の標準偏差は証券のリスクとしては不適当になります．ある資産を1つだけ保有することは非合理的だからです．そこで，リスク尺度として，最適な資産である市場ポートフォリオに対する各証券の寄与度を考えます．証券 A の場合で考えると，既に保有している市場ポートフォリオ M に証券 A を 1 単位だけ新たに加えた場合の保有ポートフォリオのリスクの変化で見ます．すなわち，証券 A のリスク尺度は寄与率 $\partial \sigma_M / \partial w_A$ になります．

5.2.2 項において接点ポートフォリオのリスクの性質を調べました．市場ポートフォリオは接点ポートフォリオなので，その性質を受け継ぎます．まず，定理 5.2(3) から，市場ポートフォリオに対する証券 A, B の寄与率について

$$\frac{\partial \sigma_M}{\partial w_A} = \sigma_A \rho_{AM}, \qquad \frac{\partial \sigma_M}{\partial w_B} = \sigma_B \rho_{BM} \tag{5.47}$$

が成立します．この寄与率は，次に示すように，リスク尺度として有用な性質を持ちます．

定理 5.4 (CAPM) 式 (5.47) で定義される証券 A, B のリスク尺度は次の性質を持つ．

が成立していない可能性があります．実際，市場を出し抜くポートフォリオを構築することは可能なようで，市場ポートフォリオとの差を Jensen のアルファと呼んでいます．

1) 市場ポートフォリオのリスク σ_M は，各証券への投資比率 w_A, w_B と寄与率 (5.47) との線形和

$$\sigma_M = \sigma_A \rho_{AM} w_A + \sigma_B \rho_{BM} w_B \qquad (5.48)$$

で書ける．

2) リスク尺度として寄与率 (5.47) を用いると，各証券の単位リスクあたりの超過リターンはリスクの市場価格に一致し

$$\frac{\mu_A - r}{\sigma_A \rho_{AM}} = \frac{\mu_B - r}{\sigma_B \rho_{BM}} = \frac{\mu_M - r}{\sigma_M} \qquad (5.49)$$

が成立する．

証明：CAPM の世界では定理 5.2（ポートフォリオのリスク分解）が成立し，市場ポートフォリオは接点ポートフォリオなので，定理 5.3 も成立します．以上から，定理の内容はただちに得られます． □

注 5.6 (最適化と価格付けの違い) 接点ポートフォリオに関する定理 5.3 と市場ポートフォリオに関する定理 5.4 はまったく同じに見えます．しかし，意味には重大な違いがあるので，株式 A を例にとって説明しておきます．

まず，接点ポートフォリオは最適化問題の解として得られるので，その過程でリスクに関するパラメータ σ_A, σ_B に加えてリターンに関するパラメータ μ_A, μ_B を入力しています．また，値 $\rho_{AT}, \mu_T, \sigma_T$ は最適選択の結果として，入力パラメータから構成されるポートフォリオの値です．よって，式 (5.44) は，入力したパラメータ間で成立する関係式となります．

一方，CAPM における市場ポートフォリオは，最適化の過程を経ていません．したがって，式 (5.49) は均衡においてパラメータが満たすべき式と解釈できます．株式 A についていえば，市場パラメータ σ_M, μ_M の他にリスクに関するパラメータ σ_A, ρ_{AP} を与えれば，株式 A の超過リターン $(\mu_A - r)$ が満たすべき式になっています．これは以下のように変形することで，均衡における超過リターンそのものを表わす式になります．したがって，式 (5.49) は株式 A を価格付けしたことになります．

定義 5.1 (ベータ) 証券 A に固有な値

$$\beta_A = \frac{\sigma_A \rho_{AM}}{\sigma_M} \qquad (5.50)$$

を証券 A のベータと呼ぶ．

ベータ (5.50) を用いて式 (5.49) を変形すると，均衡における個別株式 A のリターンに関して，より単純な表現

$$\mu_A - r = \beta_A (\mu_M - r) \qquad (5.51)$$

が得られます．この表現式を**証券市場線**と呼びます．

仮定 5.1–5.4 の下では市場が均衡し，そのときの個別証券の超過リターンは市場ポートフォリオの超過リターンの定数倍（ベータ倍）になることが示されました．ここまで，証券は A と B の 2 つだけを想定しましたが，一般に n 銘柄の証券を考えても同じ結果が導かれます．各証券は独自のベータを持ち，その値によってリターンが決まっています．証券市場線を模式的に図 5.10 に描きました．

ところで，ベータはその定義式 (5.50) から，リスク尺度として定義した寄与率 (5.47) の定数倍（$1/\sigma_M$ 倍）になっているので，ベータはリスク尺度とも考えられます．たとえば $\beta > 1$ である証券は，市場ポートフォリオ以上の均衡リターンを与えますが，同時にリスクの高い銘柄ともいえます．その銘柄を保有しているポートフォリオに加えると，ポートフォリオのリスクを高める働きがあるためです．逆に，$\beta < 1$ である証券は，市場ポートフォリオ以下の均衡リターンしか持ちませんが，リスクの低い銘柄といえます．

また，市場ポートフォリオ自体のベータは定義式 (5.51) から 1 になります．式 (5.48) の両辺を σ_M で割ると

$$1 = w_A \beta_A + w_B \beta_B$$

が得られます．すなわち，市場ポートフォリオのリスク尺度である $\beta = 1$ は，その構成銘柄のベータに関する加重平均になっています．この意味でも，ベータはリスク尺度としてよい性質を備えています．

CAPM は，市場の完全性と投資家の同質性の仮定の下，2 つのことを主張しています．1 つ目は，接点ポートフォリオだけが合理的なリスク証券の組合せであり，市場が均衡した状態では，接点ポートフォリオは市場ポートフォリオに一致するということです．2 つ目は，市場が均衡している状態では，あらゆる証券が証券市場線上（図 5.10 参照）に価格付けされるということです．

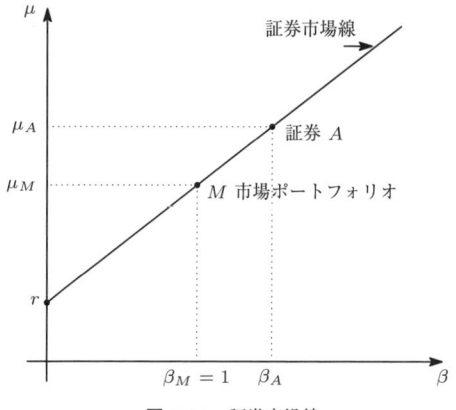

図 5.10　証券市場線

5.4 ファクターモデル

Markowitz のポートフォリオ選択問題を実行するためには，市場にあるすべての銘柄についてリターンと分散・共分散を用意する必要がありました．この問題点を思い切った単純化によって解決したのが，Sharpe によって提案されたファクターモデルです．本節では，その典型例である**市場モデル**について説明します．

5.4.1 市場モデル

株式市場では，TOPIX や日経平均などの株価指数の変化に連動して，株価が上下する銘柄が多いことが経験的に知られています．このような現象を市場効果と呼びます[*9]．また，株価指数は現在と将来の景気を反映して変動すると考えられるので，長期的に見れば景気そのものを表わす数値を代替していると考えてよいでしょう．

そこで，経済には何か1つの中心的な変動要因があり，株価の収益率もその共通の要因の変動に連動して動くと仮定することは，投資家の実感に合っています．その共通の指標として株価指数自体を選んだモデルが市場モデルです．一方，共通の指標が何かを特定せず，しかも複数の要因が存在することを仮定したモデルがファクターモデルになります．ファクターモデルでは，投資家自身が変動要因（ファクター）を選択しなければなりません．市場モデルはファクターモデルの特殊ケースになっています．

a. モデルの仮定とリスクの分解

さて，Sharpe は収益率の確率変動について，次のように仮定しました．市場には n 個の証券があるとします．

仮定 5.5 (市場モデル) 個別証券 i の収益率 R_i と市場ポートフォリオ M の収益率 R_M には，次の線形式で表わされる関係があると仮定する．

$$R_i = \beta_i R_M + \alpha_i + \epsilon_i, \qquad i = 1, 2, \ldots, n \tag{5.52}$$

ただし，α_i と β_i は各証券に固有の定数とする．また，ϵ_i は市場ポートフォリオの収益率では説明できない証券固有の変動を表わし，すべての証券に関して以下を仮定する．

$$\mathbb{E}[\epsilon_i] = 0, \quad \mathbb{V}[\epsilon_i] = \sigma_{\epsilon_i}^2 > 0, \quad \mathrm{Cov}[\epsilon_i, \epsilon_j] = \mathrm{Cov}[R_M, \epsilon_i] = 0 \tag{5.53}$$

もし ϵ_i が異なる i について互いに独立でない場合には，R_M 以外にも共通の変動要因が存在することになるので，ϵ_i は互いに独立である必要があります．さらに，ϵ_i が証券固有の変動となっていることを保証するためには，R_M と ϵ_i は互いに独立でなければなりません．また，ϵ_i は固有の分散 $\sigma_{\epsilon_i}^2$ を持ちます．

市場モデルでは，証券 i の収益率に関する不確実性の源泉を，市場ポートフォリオの不確実な収益率 R_M とその他の不確実性 ϵ_i および固有の定数 α_i に分けました．式

[*9] 市場効果は株価指数が下落するときには特に強く出る傾向にあります．

(5.52) の両辺の期待値をとると

$$\mu_i = \beta_i \mu_M + \alpha_i, \qquad i = 1, 2, \ldots, n \tag{5.54}$$

となります．また，仮定 (5.53) から，個別証券の分散について

$$\sigma_i^2 = \beta_i^2 \sigma_M^2 + \sigma_{\epsilon_i}^2 \tag{5.55}$$

が成立するので，証券 i を個別に保有した場合のリスクは，市場リスク σ_M に起因する部分と証券 i に固有の部分から構成されることがわかります．前者 $\beta_i^2 \sigma_M^2$ を**システマティックリスク**，後者 $\sigma_{\epsilon_i}^2$ を**非システマティックリスク**（あるいは**個別リスク**）と呼びます．また，左辺 σ_i^2 は総リスクと呼ばれます．

b. ポートフォリオの分散化

Markowitz は有効フロンティア上のポートフォリオだけが効率的であることを示し，分散投資の合理性を明らかにしました．Sharpe は CAPM により，投資家が保有すべきリスク証券の組合せは市場ポートフォリオだけであることを示しました．ファクターモデルからも分散投資の必要性を支持する結果が得られます．

次のような簡単なポートフォリオを考えましょう．ある n 個の証券に対してそれぞれ比率 $1/n$ で投資したポートフォリオの収益率を R_P とします．ここで市場モデルを用いると

$$R_P = \sum_{i=1}^n \frac{1}{n} \left(\beta_i R_M + \alpha_i + \epsilon_i \right)$$

となるので，収益率の分散は

$$\begin{aligned}
\mathbb{V}[R_P] &= \mathbb{V}\left[\sum_{i=1}^n \frac{1}{n} \left(\beta_i R_M + \alpha_i + \epsilon_i \right) \right] \\
&= \left(\frac{\sum_{i=1}^n \beta_i}{n} \right)^2 \mathbb{V}[R_M] + \frac{1}{n^2} \mathbb{V}\left[\sum_{i=1}^n \epsilon_i \right]
\end{aligned}$$

となります．ポートフォリオのリスクも第 1 項のシステマティックリスクと第 2 項の非システマティックリスクとに分解されます．

ここで，自明の仮定である $\beta_i < \infty$ を考慮すると，$\bar{\beta}_n = (1/n) \sum_{i=1}^n \beta_i$ が存在し有限の値になります．また，$\lim_{n \to \infty} \bar{\beta}_n$ は有限の値に収束するとします．さらに，$\mathbb{V}[\epsilon_i]$ の最大値を定数 $\epsilon^M = \max_i \mathbb{V}[\epsilon_i]$ で表わすと，非システマティックリスクについて

$$\frac{1}{n^2} \mathbb{V}\left[\sum_{i=1}^n \epsilon_i \right] \leq \frac{\epsilon^M}{n}$$

が成立します．よって，分散化を究極まで進めた姿を $n \to \infty$ で代替すると，

$$\lim_{n \to \infty} \mathbb{V}[R_P] \leq \lim_{n \to \infty} \left(\bar{\beta}_n^2 \sigma_M^2 + \frac{\epsilon^M}{n} \right) = \bar{\beta}_\infty^2 \sigma_M^2$$

となり，分散投資を究極まで進めると，システマティックリスクは残るものの，非システマティックリスクはなくなることがわかりました．

結局，システマティックリスクとは分散投資によっても消去できないリスクと解釈できます．逆に，非システマティックリスクとは分散投資により消去可能なリスクであり，分散投資家にとっては非システマティックリスクはリスクではありません．

c. 証券特性線

市場モデルを表わす式 (5.52) は，市場ポートフォリオの収益率 R_M を説明変数（独立変数）とし，個別証券 i の収益率 R_i を被説明変数（従属変数）とする回帰方程式と見ることができます．この回帰方程式

$$R_i = \beta_i R_M + \alpha_i, \qquad i = 1, 2, \ldots, n \tag{5.56}$$

は**証券特性線**と呼ばれています．証券特性線の回帰係数 α_i, β_i は最小二乗法で求めるのがもっとも簡便な方法であり，

$$\beta_i = \frac{\mathrm{Cov}[R_i, R_M]}{\sigma_M^2} = \frac{\rho_{iM}\sigma_i}{\sigma_M}, \qquad \alpha_i = \mu_i - \beta_i \mu_M \tag{5.57}$$

のように得られます．

市場ポートフォリオの収益率および証券 i の収益率に関する時系列データの組を $(R_M(j), R_i(j))$ $(j = 1, 2, \ldots)$ とします．横軸に $R_M(j)$，縦軸に $R_i(j)$ をとり，これらを模式的にプロットしたのが図 5.11 です．直線が証券特性線であり，誤差の 2 乗和を最小にするように描かれています．

さて，式 (5.55) に式 (5.57) を代入すると，

$$1 = \rho_{iM}^2 + \frac{\sigma_{\epsilon i}^2}{\sigma_i^2} \tag{5.58}$$

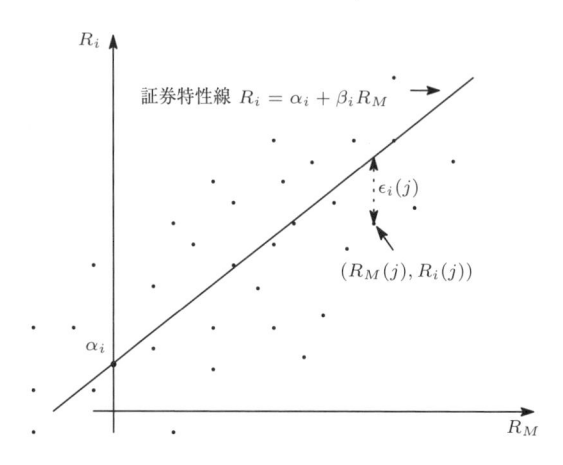

図 **5.11** 証券特性線

が得られます．ρ_{iM}^2 は統計の用語で**決定係数**と呼ばれ，モデル式の説明力の強さを表わしています．具体的には，被説明変数の分散 σ_i^2 のうち何割がシステマティックリスクで表わされたかを示します．個別株式に関する決定係数は通常数%程度であり，一般に，市場モデルの個別株式に対する説明力は高くありません．しかし，分散されたポートフォリオを保有する場合には，次の理由でこれはあまり問題にはなりません．

式 (5.55) はもともとシステマティックリスクと非システマティックリスクの和を表わす式でした．その意味では，式 (5.58) における決定係数は総リスクに占めるシステマティックリスクの割合を表わし，$\sigma_{\epsilon_i}^2/\sigma_i^2$ は同じく非システマティックリスクの割合を表わしています．ここで，非システマティックリスクは分散の度合いが進めばゼロに近づくので，十分に分散されたポートフォリオでは，決定係数を 1 に近づけることが可能だからです．

d. CAPM と市場モデルの関係

市場モデルは線形式なので，超過リターンを用いて

$$R_i - r = \beta_i(R_M - r) + \alpha_i + \epsilon_i \tag{5.59}$$

のように記述することができます．この式の両辺に期待値をとると，CAPM における証券市場線 (5.51) の右辺に α_i を加えた式が得られます．偶然ではありませんが，理論的にはまったくつながりがありません．このような類似性は，ポートフォリオ理論に関する歴史が関係しています．

実は，ポートフォリオ理論の展開は，ポートフォリオ選択問題（Markowitz, 1952；Tobin, 1958)，市場モデル (Sharpe, 1963)，CAPM (Sharpe, 1964) の順に示されました．Sharpe は Markowitz のポートフォリオ選択問題における計算の煩雑さを解消するために市場モデルを提案し，投資の分散化は市場ポートフォリオを基準に行なえばよいことを主張しました．その後，CAPM を発表し，均衡においては，市場ポートフォリオこそがすべての投資家にとって真に合理的なリスク証券の組合せであることを示しました．

ファクターモデルと CAPM を混同しないようにするためには，以下の点に注意しなくてはなりません．CAPM では，投資家の同質性に関する仮定の下で，均衡における合理的なポートフォリオのリスクとリターンの関係（資本市場線）および均衡において個別株式のリターンとベータの関係（証券市場線）が導出されました．したがって，CAPM はあくまでも均衡下での結論になります．一方，投資家の同質性に関する仮定をおかず，また均衡の概念もない市場モデルでは，CAPM の結論に近いモデル式 (5.52) からスタートします．したがって，モデル式 (5.52) そのものが大きな仮定であり，式 (5.52) を認めるかどうかは，その後に得られる成果と実証分析に依存します．それゆえに，本項で示したシステマティックリスクと非システマティックリスクの分解および分散投資の効果は，本来はモデル式 (5.52) に依存しています．

ただし，このような投資家の実感に合う結果が得られるということは，モデル式 (5.52) の正当性を少なからず補完していると考えてよいでしょう．また，市場モデ

はCAPMと違い，投資家の合理性や同質性を仮定していないことが原因で自由度が高いモデルになっています．このため，インデックスファンドの模倣などにも応用でき，現在でも盛んに用いられています．CAPMは経済学におけるひとつの理論，ファクターモデルは優れた投資技法のひとつと考えましょう．

5.4.2 インデックス運用

市場ポートフォリオはもっとも分散化されたポートフォリオです．しかし，市場に存在するすべての銘柄を買うには大きな資金が必要となり，また取引コストも無視できません．市場モデルを用いれば，少ない銘柄でTOPIXや日経平均などのインデックスと同じ動きをするポートフォリオを構成することができます．このようなポートフォリオをインデックス連動ポートフォリオ（あるいは**インデックスファンド**）と呼び，その投資スタイルをインデックス運用と呼びます[*10]．インデックス連動ポートフォリオを構成する方法はいくつかありますが，ここではその中でも簡単な方法を紹介します．

少ないs銘柄でインデックスファンドを構成することにします．そのポートフォリオにおける各資産の投資比率を$x_i\,(i=1,\ldots,s)$とすると，ポートフォリオの収益率は

$$R_P = \sum_{i=1}^{s} x_i(\beta_i R_M + \alpha_i + \epsilon_i) \tag{5.60}$$

となり，総リスクは

$$\mathbb{V}[R_P] = \left(\sum_{i=1}^{s} x_i \beta_i\right)^2 \sigma_M^2 + \sum_{i=1}^{s} x_i^2 \sigma_{\epsilon_i}^2 \tag{5.61}$$

と表現できます．インデックスファンドも証券のひとつであると考え，式(5.55)と対比させると，総リスク(5.61)の第1項はシステマティックリスク，第2項は非システマティックリスクを表わすことがわかります．

このポートフォリオに市場ポートフォリオと同じような動きをさせるために，次のような最適化問題を考えます．

$$\text{目的関数} \quad \min_{x_1,\ldots,x_s} \sum_{i=1}^{s} x_i^2 \sigma_{\epsilon_i}^2 \tag{5.62}$$

$$\text{制約式} \quad \begin{cases} \sum_{i=1}^{s} x_i \beta_i = 1 \\ \sum_{i=1}^{s} x_i = 1 \end{cases} \tag{5.63}$$

目的関数は非システマティックリスクを最小化することを表わし，第1制約式はイン

[*10] 前述したように，CAPMが成立しない市場では，市場ポートフォリオ以上のパフォーマンスを追求することが可能です．積極的に超過リターンを求める運用スタイルを**アクティブ運用**，市場インデックスに連動したリターンを求める運用を**パッシブ運用**と呼びます．

デックスファンドと市場ポートフォリオとの回帰係数を 1 とすること，すなわちシステマティックリスクを 1 とすることを表わします．また，第 2 制約式は投資額の額 1 への基準化を意味します．

例 5.4 (インデックスファンドの構築) 株式 A, B, C および市場ポートフォリオ M の収益率を表わす確率変数を R_i $(i = A, B, C)$ および R_M とします．いま，ある期間の収益率に関して R_i を被説明変数，R_M を説明変数として回帰分析

$$R_i = \beta_i R_M + \alpha_i + \epsilon_i$$

を行なったところ，$\alpha_A = 0.00, \alpha_B = 0.01, \alpha_C = 0.02$，また $\beta_A = 0.25, \beta_B = -0.25, \beta_C = 0.5$ となりました．続いて，リスクとリターンについて調べたところ $\sigma_A = 0.1, \sigma_B = 0.1, \sigma_C = 0.2$，また $\sigma_M = 0.2, \mu_M = 0.06$ でした．

1) 各株式の決定係数は式 (5.57) より

$$\rho_{iM}^2 = \frac{\beta_i^2 \sigma_M^2}{\sigma_i^2}, \qquad i = A, B, C$$

となるので，それぞれ $(0.25, 0.25, 0.25)$ となります．また，誤差分散は式 (5.58) より

$$\sigma_{\epsilon_i}^2 = \sigma_i^2 (1 - \rho_{iM}^2), \qquad i = A, B, C$$

とできるので，それぞれ $(0.75, 0.75, 3) \times 10^{-2}$ になります．

2) 投資資金を 1 円として，株式 A, B, C を用いて市場ポートフォリオ M を追随するインデックスファンドを構築します．証券 i への投資額を x_i $(i = A, B, C)$ とすると，最適化問題 (5.62), (5.63) は

$$\text{目的関数} \quad \min_{x_A, x_B, x_C} \left[\frac{3}{4} x_A^2 + \frac{3}{4} x_B^2 + 3 x_C^2 \right] \tag{5.64}$$

$$\text{制約式} \quad \begin{cases} \dfrac{1}{4} x_A - \dfrac{1}{4} x_B + \dfrac{1}{2} x_C = 1 \\ x_A + x_B + x_C = 1 \end{cases} \tag{5.65}$$

となります．この問題は，例 5.3（最小分散ポートフォリオ）と同様にして解くことができ，$x_A = 19/13, x_B = -15/13, x_C = 9/13$ を得ます．

例 5.4 で得られたインデックスファンドは，株式 B について構成比率が負となりました（$x_B = -15/13$）．空売りは費用がかかるので，インデックスファンドのリターンを下げてしまいます．実務的には，非負制約 $(x_A, x_B, x_C) \geq (0, 0, 0)$ の下で最適化問題 (5.64), (5.65) を解く必要があります．その他にも，回帰を行なう際には，どのような頻度のデータをどのような期間で用いればよいか，得られた回帰係数および投資比率は回帰データの期間や頻度を変えたときにも安定的か，もし構築したインデックスファンドのリターンがマーケットのリターンより低い場合はどうするかなど，多くの実務的な問題があります．また，株価の過去データには，合併や倒産の影響，配当落ちなど，運用を考えた場合には不適当な場合もあり調整が必要です．

章末問題

Q 5.1 (ポートフォリオ効果) 新日本製鐵および吉本興業の 2009 年 3 月から 7 月の月末終値は

	3 月	4 月	5 月	6 月	7 月
新日本製鐵 （A 株）	263	330	364	370	379
吉本興業 （B 株）	902	912	910	959	1,156

でした．新日本製鐵株式に割合 w，吉本興業株式に割合 $1-w$ を投資する株式ポートフォリオ P について考えます．

1) 5.1.1 項にならい，表の空欄を埋めなさい（有効数字 4 桁）．

	1	2	3	4	5	
R_A	25.48	10.30		2.432	—	%
R_B	1.109	−0.2193	5.385	20.54	—	%
$(R_A - \mu_A)^2$	240.7	0.1122	69.17	56.75	—	$\%^2$
$(R_B - \mu_B)^2$	31.30		1.740	191.4	—	$\%^2$
$(R_A - \mu_A)(R_B - \mu_B)$	−86.81	−2.319	10.97		—	$\%^2$

2) 両社株式のリスクとリターンおよび相関係数を求めなさい（有効数字 4 桁）．
3) $w = 0, 0.4, 0.5, 0.6, 0.7, 1$ の場合について，株式ポートフォリオのリスク（横軸）とリターン（縦軸）の関係を方眼紙に描き，それらが双曲線を描くことを前提に滑らかに結びなさい．

Q 5.2 (定理 5.3 の証明) 無リスク資産の存在を前提として，接点ポートフォリオのリターン μ_T を要求する，特別な最小分散ポートフォリオを考えます．リターン μ_T を要求する分散最小化問題 (5.16)–(5.17) はラグランジュ乗数法を用いると，制約のない最小化問題

$$\min_{w_0, w_A, w_B, \lambda_1, \lambda_2} \Big\{ \sigma_A^2 w_A^2 + 2\sigma_{AB} w_A w_B + \sigma_B^2 w_B^2 \tag{5.66}$$
$$+ \lambda_1 (rw_0 + \mu_A w_A + \mu_B w_B - \mu_T) + \lambda_1 (w_0 + w_A + w_B - 1) \Big\}$$

として定式化できます．

1) 最小化問題 (5.66) の 1 階の条件が

$$2\sigma_A^2 w_A + 2\sigma_{AB} w_B + \lambda_1 \mu_A + \lambda_2 = 0 \tag{5.67}$$
$$2\sigma_B^2 w_B + 2\sigma_{AB} w_A + \lambda_1 \mu_B + \lambda_2 = 0 \tag{5.68}$$
$$r\lambda_1 + \lambda_2 = 0 \tag{5.69}$$
$$rw_0 + \mu_A w_A + \mu_B w_B = \mu_T \tag{5.70}$$
$$w_0 + w_A + w_B = 1 \tag{5.71}$$

で与えられることを確認しなさい．
2) 補題 5.4 を用いて式 (5.67)–(5.69) から式

$$2\sigma_{AT} + \lambda_1(\mu_A - r) = 0 \tag{5.72}$$

$$2\sigma_{BT} + \lambda_1(\mu_B - r) = 0 \tag{5.73}$$

を導きなさい．

3) 定理 5.2 (1) および式 (5.70), (5.71) を用いて，式 (5.72), (5.73) から式

$$2\sigma_T^2 + \lambda_1(\mu_T - r) = 0 \tag{5.74}$$

を導きなさい（ヒント：$(5.72) \times w_A + (5.73) \times w_B$）．

4) 式 (5.72)–(5.74) から式 (5.43) を導出しなさい．

Q 5.3 (株式 2 銘柄＋リスクフリー資産)　株式 A, B および無リスク資産からなるポートフォリオについて考えます．$\mu_A = 10\%, \mu_B = 5\%, \sigma_A = 0.3, \sigma_B = 0.1, \rho = -0.5$ のとき，要求リターン $\mu = 10\%$ を満たす最小分散ポートフォリオを求めなさい．ただし，$r = 4\%$ とします．また，接点ポートフォリオにおける株式 A と株式 B の比率を求め，接点ポートフォリオのリスクとリターンを求めなさい．

Q 5.4 (株式 2 銘柄，大域的最小分散ポートフォリオ)　例 5.2 における大域的最小分散ポートフォリオを求めなさい．

Q 5.5 (株式 3 銘柄)　リスクとリターンの関係について，$\mu_A = 8\%, \mu_B = 6\%, \mu_C = 4\%, \sigma_A = 0.2, \sigma_B = 0.1, \sigma_C = 0.05, \rho_{AB} = 1/2, \rho_{BC} = -1/2, \rho_{AC} = 0$ のとき，要求リターン $\mu = 10\%$ を満たす最小分散ポートフォリオを求めなさい．

Q 5.6 (CAPM)　TOPIX を市場ポートフォリオと考え，CAPM が成立すると仮定します．いま，TOPIX の収益率 R_M と株式 A の収益率 R_A について調べると，$\mu_A = 8\%, \sigma_A = 15\%$，さらに $\mu_M = 5\%, \sigma_M = 20\%, \sigma_{AM} = 0.015$ でした．また無リスク金利を $r = 4\%$ とします．

1) TOPIX と株式 A の収益率に関する相関係数を求めなさい．
2) 株式 A のベータを求めなさい．
3) TOPIX に関するリスクの市場価格はいくらか．
4) 均衡における株式 A のリターン μ_A はいくらか．
5) 株式 A のリスクとリターンを点 $A\ (\sigma_A, \mu_A)$ で表わすことにします．資本市場線と点 A の関係図を描きなさい．点 A が資本市場線上にあるか，または資本市場線よりも上にあるか下にあるかを確認して，そのようになる理由を答えなさい．
6) 5) で書いた図に実行可能ポートフォリオを模式的に書き加えなさい．
7) 証券市場線と株式 A の関係を描きなさい．

Q 5.7 (CAPM とプロジェクト評価)　2009 年 3 月〜7 月の日本マクドの株価および TOPIX の値は次のとおりです．

	3月	4月	5月	6月	7月
日本マクド	1,684	1,698	1,871	1,789	1,722
TOPIX	773.66	837.79	897.91	929.76	950.26

1) 日本マクド株のリスクとリターンおよび TOPIX との共分散を計算し，ベータを求めなさい．
2) CAPM の成立を前提として日本マクドの株式コストを求めなさい．無リスク金利を 0.039% とします．
3) 2009 年 3 月発表の財務諸表を見ると資本合計 139,270（百万円），負債合計 60,748（百万円）でした．負債コストは 3% と仮定します．加重平均資本コストを求めなさい．
4) 新たに 10 店舗を開くことにしました．費用は 1 店舗あたり 1 億円で，各店舗から毎年平均すると 700 万円の利益が出ます．店舗は閉鎖せず永久に営業すると仮定します．新たな 10 店舗について，3) で求めた資本コストを用いて新店舗への投資に関する正味現在価値を求めなさい．（ヒント：将来キャッシュフローについては，配当割引モデルを応用して計算しなさい）
5) 設問 4) において，将来の利益が 1 店舗あたり毎年 600 万円のとき，正味現在価値を求めなさい．

Q 5.8 (インデックスファンドの構築) 株式 $i = A, B, C$ および市場ポートフォリオ M の収益率を表わす確率変数を $R_i (i = A, B, C)$ および R_M とします．いまある期間の収益率に関して R_M を被説明変数，R_i を説明変数として線形回帰 $R_M = \beta_i R_i + \alpha_i + \epsilon_i$ を行なったところ，$\alpha_A = -0.02, \alpha_B = -0.01, \alpha_C = 0.04$，また $\beta_A = 0.10, \beta_B = 0.5, \beta_C = 2$ となりました．また，収益率の平均値と分散について調べたところ $\sigma_A = 0.05, \sigma_B = 0.1, \sigma_C = 0.25$，また $\sigma_M = 0.1, \mu_M = 0.06$ でした．問 5.4 にならいインデックスファンドを構築しなさい．

6 金融派生証券

ここまでは主に債券と株式について説明してきましたが，市場（取引所および店頭）では各種の**金融派生証券**がリスクヘッジのため，あるいは投機的に取引されています．金融派生証券は**デリバティブ**とも呼ばれ，近年のファイナンス実務では欠かせない金融商品となっています．本章ではデリバティブの基本的な性質を説明し，それらが実務でどのように利用されているかを紹介します．なお，代表的なデリバティブである先物契約は江戸時代に大阪の堂島で始まったとされており，デリバティブの価格付で利用される数学理論も日本が得意とする分野です．

6.1 デリバティブとは

デリバティブとは，**原資産**と呼ばれる，すでに存在している証券や指数などの値に応じて価値の変わる証券です．ある変数 y の値が別の変数 x の値に応じて決まるとき，変数 y は x の**関数**であるといいますが，デリバティブの損益は原資産の値の関数であり，この損益パターンを表わす関数を**ペイオフ関数**と呼びます．デリバティブを考える際には，原資産が何でペイオフ関数がどのようなものかを考えなくてはなりません．

代表的なデリバティブに先渡契約と先物契約，スワップおよびオプションがあり，次節以降で説明するように，これらはペイオフ関数の違いで特徴付けられます．また，原資産としては株価指数や金利，為替だけでなく，信用事由や天候なども原資産になり得ます．たとえば，債券価格や為替レートを原資産とするデリバティブが，金利リスクや為替リスクをヘッジするために頻繁に取引されています．とくに，固定金利と変動金利を交換する金利スワップや，自国通貨と外国通貨を交換する通貨スワップがデリバティブ市場の大半を占めるといわれています．また，リーマンショックで有名になった CDS（Credit Default Swap）というデリバティブは，デフォルトという信用事由が原資産になっています．具体的なデリバティブ商品については次節以降で説明します．

デリバティブの重要な役割のひとつであるリスクヘッジについて，天候デリバティブの例を使って説明しましょう．**リスクヘッジ**とは，起こり得るリスクを回避したり，その大きさを低減させることです．

例 6.1 (天候デリバティブ) あるイベントを企画した A 社は，当日の天候により損益パターンが変わるというリスクに晒されています．たとえば，晴れたら 1 億円の黒字，雨なら 1 億円の赤字，曇りならば損益 0 ということです．A 社にとって 1 億円の赤字は倒産の危機に直結するので，何としても当日は晴れてもらわなければなりません．そこで損害保険会社との間で天候デリバティブ契約を結ぶことにしました[1]．この契約は，雨が降れば 1 億円補填してもらう代わりに，保険料として 2,000 万円支払うというものです．こうすれば A 社の損益パターンは，晴れたら 8,000 万円の黒字，雨と曇りならば 2,000 万円の赤字となり，利益が圧縮される代わりに，倒産に直結する 1 億円の赤字は避けられます．

この例のように，A 社は天候デリバティブを購入することで倒産のリスクを軽減することができました．私たちが生命保険や損害保険に加入するのと同じ発想です．わが国では，農業やレジャー，電化製品，飲食関係など，収益が天候に左右される産業は幅広く，わが国の天候デリバティブ市場はわずか 2 年で数百億円規模に成長しました．他にも台風や地震に関わるデリバティブや不動産関連のデリバティブ商品なども特定のリスクを回避するために頻繁に取引されています．

また，新興国の急速な工業化などのため，エネルギーや環境などに関連する資源も商品（マネー）として取り扱われるようになりました．エネルギー関連のデリバティブは現実に取引されていますし，今後，注目されるであろう市場は**排出権取引**だといわれています．実際，コスモ石油はパース（オーストラリア）にある APT 社との間で二酸化炭素の排出量の枠を購入するオプション契約を，京都議定書が批准される前に結びました．

6.2 先渡契約と先物契約

現実の市場では各種のデリバティブが取引され，また新たに開発された新商品も店頭市場で活発に取引されていますが，本節では，代表的なデリバティブである先渡契約と先物契約について説明します．先物契約は日本人にとって馴染み深いデリバティブで，その原型は江戸時代に大阪の米相場で始まったとされており，当時の米価格の大きな変動を防ぐ役割を果たしたといわれています．

6.2.1 先渡契約

先渡契約とは，あらかじめ定められた期日に，特定の証券を定められた価格で売買する契約のことです．定められた期日のことを**受渡時点**または**満期**，特定の証券を**原資産**，定められた価格のことを**先渡価格**といいます．契約時点においては（手数料以外の）コストは発生しません．原資産の実際の取引は受渡時点で行なわれ，契約時点では義務をともなう約束を交わしただけです．

---

[1] デリバティブと損害保険では性質が異なります．これらの差については専門書を参照してください．

第 1 章で見たように証券価格には変動リスクがありますが，先渡契約を結べば現時点で満期に支払う価格を先渡価格に固定できるという意味で，先渡契約には将来の価格変動リスクをヘッジできるという利点があります．次の例で見てみましょう．

例 6.2 (為替予約) ある輸入業者は，仕入れた商品の支払い 100 ドルを 1ヵ月後に控えています．この商品の販売価格は 9,000 円で，現在の為替相場は 1 ドル 83 円であり，為替がこのままなら 700 円の利益になります．しかし，今後の為替動向は円安といわれており，1ヵ月後に 90 円以上になっていれば，赤字になります．そこで，この輸入業者は銀行と，

- 受渡時点：1ヵ月後
- 原資産：円/ドル為替レート
- 先渡価格：85 円
- 契約数量：100 単位

という為替の先渡契約（**為替予約**）を結ぶことにしました．この為替予約のおかげで，1ヵ月後の為替相場がいくらであろうと 1 ドルを 85 円で買えるため，支払いは 8,500 円に固定されます．つまり，現時点で 1ヵ月後の利益 500 円を確定させることができたわけです．

為替予約は先渡契約の一般的な例ですが，輸入業者の他に銀行が登場してきました．このように，先渡契約には契約の相手が必要で，例 6.2 では輸入業者が買い手（**ロングポジション**），銀行が売り手（**ショートポジション**）になります．

先渡契約 1 単位の満期におけるペイオフを調べてみましょう．例 6.2 では，輸入業者は 1ヵ月後に 1 ドル 90 円以上で赤字になりましたが，これは仕入れた商品の売買の話で，先渡契約だけに限定したペイオフを考えます．すなわち，先渡契約の有無による差額をペイオフとして考えます．一般化して，次の例で見てみましょう．

例 6.3 (先渡契約のペイオフ) 株式 S を先渡価格 K 円で購入する先渡契約を結んだとします．受渡時点を T，そのときの株価を S_T とすると，先渡契約 1 単位のロングポジションのペイオフ X は

$$X = S_T - K \tag{6.1}$$

となります．先渡契約のロングポジションでは，S_T 円のものを K 円で購入できるため，満期の株価が高くなればなるほど，ロングポジションは得をします．逆にショートポジションの場合は，満期で株式を渡さなければならないために S_T 円の支払いが発生しますが，先渡契約から得られるのは K 円だけなので，ペイオフは

$$-X = K - S_T \tag{6.2}$$

となります．図 6.1 でそれぞれのペイオフを比較してみましょう．ロングポジションのペイオフは切片 $-K$ から傾き 45°の直線になり，ショートポジションのペイオフは

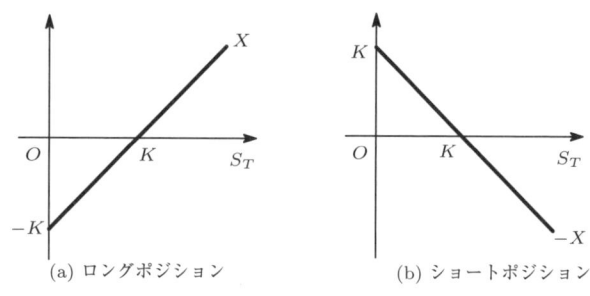

図 6.1 先渡契約の満期ペイオフ

切片 K から傾き $-45°$ の直線になります．すなわち，ロングポジションとショートポジションのペイオフは相殺されることがわかります．

問 6.1 ある企業は株式 S を満期 T において先渡価格 K 円で購入する先渡契約を 2 単位結び，同時に満期 T，額面 K 円の割引国債を 1 単位購入しました．このポートフォリオの満期 T におけるペイオフを求めなさい．

6.2.2 先 物 契 約

先渡契約では当事者同士が直接契約し，証券の受渡しや代金の支払いをしました．このような取引形態を**相対取引**といいます．一方，当事者同士が直接やりとりせず，取引所を通じて契約や決済をするのが**取引所取引**です．

先物契約とは，あらかじめ定められた期日に，特定の証券を定められた価格で売買する取引所取引のことです．先渡契約と同様に，定められた期日を受渡時点あるいは満期，特定の証券を原資産といい，先物契約の場合に定められた価格のことを**先物価格**といいます．先物契約は取引所取引なので，売買は証券会社をとおして行なわれます．先渡契約と同様，先物の売買に際しては手数料以外のコストは発生しません．なお，原資産そのものを現時点で売買することを，先物取引に対して，**直物取引**といいます．同様に，現時点の市場価格（取引価格）を直物価格と呼ぶことがあります．

先物契約と先渡契約には取引形態の違い以外にも，表 6.1 のように多くの違いがあります．代表的なものをいくつか見てみましょう．

表 6.1 先渡契約と先物契約の違い

相違点	先渡契約	先物契約
取引形態	相対取引	取引所取引
決済方法	現物決済	差金決済
委託証拠金	不要	必要
信用リスク	高い	低い
流動性	低い	高い

6.2 先渡契約と先物契約

a. 差金決済

1つ目の大きな違いは決済方法です．先渡契約では，満期に実際に原資産がロングポジションへ届けられ，先渡価格がショートポジションに支払われます．一方，先物契約ではペイオフだけをやりとりします．すなわち，先物価格を F_0 とすると，ロングポジションは $S_T - F_0$，ショートポジションは $F_0 - S_T$ という差額で決済し，原資産のやりとりはありません．このような決済方法を**差金決済**といいます．

b. 値洗い

先渡契約は相対取引なので，取引相手が原資産を受け渡せない（あるいは代金を支払えない）という信用リスクがあります．一方，先物契約では取引所が清算システムを持っているのでそのような信用リスクはありませんが，先物契約の契約者はポジションにかかわらず，**委託証拠金**を取引所に預けなければなりません．通常は毎日，差金決済を行ない，決済損の累積額が委託証拠金を超えたら，証拠金を追加するか清算するかを選ばなければなりません．この清算システムを**値洗い**といいます．次の例で見てみましょう．

例 6.4（値洗い） 例 6.2 の為替予約の代わりに為替先物を考えましょう．現時点 $t=0$ で，受渡日 $T=1$ カ月後，1 ドル 85 円の先物契約を数量 $N=100$ のロングポジションで結んだとし，この場合の委託証拠金を 500 円とします．この円/ドル為替先物は，1 カ月後の満期まで取引所で毎日取引されます．すなわち，取引所で契約される先物価格が毎日変化していくということです．ただし，受渡日が固定されているので，日が経つにつれ満期が短くなっていくことに注意してください．先物価格の t 日の終値を F_t と書くことにして，これが表 6.2 のように変化したとします．値洗いは，当日の先物価格と前日の先物価格の差 $F_t - F_{t-1}$ が対象となり，さらに契約数量 N だけ倍されます．もし清算がなければ，時点 T までの通算額は

$$\sum_{t=1}^{T}(F_t - F_{t-1})N = \big((F_1 - F_0) + (F_2 - F_1) + \cdots + (F_T - F_{T-1})\big)N$$

$$= (F_T - F_0)N \tag{6.3}$$

となり，これは先渡契約のペイオフと同じです．満期 T では（満期と受渡日が同じなので）$F_T = S_T$ となっているからです．例 6.2 では現時点 $t=0$ における先物価格は $F_0 = 85$ でした．しかし，先物契約には値洗いがあり，表 6.2 の 3 行目を見ると，委託証拠金 500 円の場合には $t=3$ で証拠金を追加するか清算しなければなりません．委託証拠金は，これ以上の損は出さないという損切の役割を果たします．

表 6.2 為替先物の値洗い

t	0	1	2	3	4	5	$\cdots$
先物価格 F_t	85	86	82	79	81	78	$\cdots$
値洗い損益金 $(F_t - F_{t-1})N$	—	100	−400	−300	200	−300	$\cdots$
損益金通算額 $(F_t - F_0)N$	—	100	−300	−600	−400	−700	$\cdots$

先物契約における清算は以下のように行なわれます．$t=0$ で結んだ先物契約は義務であり，破棄することはできません．そこで，$t=3$ で同じ満期の為替先物を同じ数量だけショートポジションで契約します．このショートポジションの満期ペイオフは $(79-S_T)\times 100$，もとのロングポジションの満期ペイオフは $(S_T-85)\times 100$ でしたから，合計は

$$(S_T-85)\times 100 + (79-S_T)\times 100 = -600 \qquad (6.4)$$

となり，$t=3$ の損益金通算額と一致します．

問 6.2 例 6.4 と同じ設定で，委託証拠金が 650 円だったとします．この場合の清算時点と，清算の手続きを説明しなさい．

以上のように，先物契約は先渡契約に比べて複雑であることがわかります．また，先物価格の決定は，金利が確率的に変動する場合には，非常に難しい問題になります．興味がある読者は，金融工学の専門書を参照してください．

6.3 スワップ契約

スワップ契約とは 2 つの経済主体が将来のキャッシュフローを交換する契約のことで，代表的なスワップに金利スワップと通貨スワップがあります．これらのスワップ契約は金融機関にとって特に重要で，デリバティブ取引全体の大半をこれらのスワップ契約が占めているといわれています．なお，前節で説明した先渡契約は原資産と固定の先渡価格を 1 回だけ交換するスワップ契約と見なすことができます．したがって，スワップ契約は同じ固定支払いを持つ連続した先渡契約（先渡契約のポートフォリオ）と考えられます．

本節では，金利スワップ，通貨スワップおよび CDS について説明します．

6.3.1 金利スワップ

第 2 章で説明したように，金利スワップのもっとも標準的なタイプは，あらかじめ決められた元本に対して，半年ごとに固定金利による利息と変動金利による利息を交換するものです．変動金利サイドの指標金利としては通常 LIBOR レートが用いられ，両サイドの支払総額の現在価値が等しくなるように設定された固定金利を**スワップレート**と呼びます．

LIBOR（ロンドン銀行間取引金利）とは，国際金融市場の中心であるロンドン金融市場において，銀行間直接取引で資金の貸し手から提示される金利のことです[*2]．米ドル，ユーロ，円などの通貨別，および 3ヵ月，6ヵ月，1 年などの期間別に表示され，短期金利の指標として国際金融市場で広く利用されています．金利スワップレートは

[*2] 東京市場で同様に取引される金利を TIBOR（Tokyo InterBank Offered Rate）と呼びます．

変動金利サイドと固定金利サイドの経済的価値が等しくなるように計算されます．具体的な導出方法は次章で説明します．

6.3.2 通貨スワップ

通貨スワップとは，異なる通貨間の金利と元本を交換する契約です．金利スワップと違い，金利だけでなく元本そのものも交換されるため，想定元本という概念がありません．

世界最初の通貨スワップは，1981年8月にIBMと世界銀行の間で，米ドルとスイスフランを使って約定された取引であったといわれています．当時は，スイスフランが米ドルに対して下落しており，IBMはスイスフラン建ての社債を米ドル建てに替えたいというニーズがありました．一方，世界銀行は低金利のスイスフランで多額の資金を調達したいが，スイスフランの取引量は少なく，多額の調達は金利の上昇を招く恐れがあり，スイスフランでの調達はできない状況にありました．この両者のニーズが合致して，異種通貨間での元本と金利の交換が成立し，お互いが資金調達コストの低減を実現できました．

わが国における通貨スワップの実際の活用例としては，企業が米ドル建て社債を発行し，利払いと元本の償還について通貨スワップ契約を締結することによって，将来の支払額を円ベースで確定させるといった取引があります．この取引によって，企業は為替リスクを抱えることなく，資金が豊富な米ドル建てでの資金調達が可能になります．次の例で見てみましょう．

例 6.5 (通貨スワップ) ある日本企業は，米ドル建て社債で1億ドルを調達する計画を立てています．この社債のクーポン支払いは半年ごとに100万ドルで満期は2年です．もちろん，調達した1億ドルは円に両替する必要があり，逆に，利払いや償還の際には手元資金の円をドルに両替する必要があるため，為替リスクがついて回ります．そこで，元本1億ドル，金利100万ドルに対して，通貨スワップレート85（円/ドル）の通貨スワップ契約を銀行と締結することにしました．社債の発行日を $t=0$，償還日を $t=2$ とすると，この通貨スワップにおける企業，債権者，銀行間のキャッシュフローは図6.2のようになります．図より，ドルのキャッシュフローは銀行と債権者で相殺されています．したがって，為替リスクなしで調達した米ドルを円に替え，利払いと償還も円建てで行なえることがわかります．

ここで，例6.5の通貨スワップと例6.2の為替予約を比べてみましょう．通貨スワップの場合，現時点で原資産が円/ドル為替レート，先渡価格が85円の以下の先渡契約を結んでいることと同じになります．
- 受渡時点 $t=0$，契約数量1億単位のショートポジション
- 受渡時点 $t=0.5, 1, 1.5, 2$，契約数量100万単位のロングポジション
- 受渡時点 $t=2$，契約数量1億単位のロングポジション

すなわち，通貨スワップは為替予約のポートフォリオになっています．

◆ Coffee Break

通貨スワップと為替スワップ

異なる通貨を交換する決済方法が外国為替です．通貨と為替には深い関連性がありますが，為替スワップという契約も存在します．為替スワップは通貨スワップと混同しやすいのですが，異なる契約なので注意が必要です．通貨スワップは例 6.5 のように通貨を交換する契約ですが，為替スワップは直物為替と先物為替を交換する契約です．たとえば，円/ドル為替レートに対して直物為替 85 円を 1 億単位買うと同時に，満期 2 年の先物為替 85 円を 1 億単位売るという組合せが為替スワップです．この契約によって，現時点で 1 億ドルを 85 億円に交換し，2 年後に 85 億円を 1 億ドルに交換することになります．これは，例 6.5 の社債元本に対する通貨スワップと同じ効果があります．

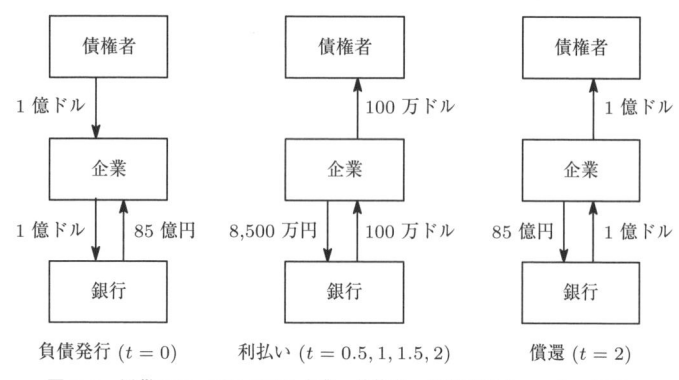

図 6.2 通貨スワップにおける企業，債権者，銀行間のキャッシュフロー

問 6.3 例 6.5 で，実際の為替が

t	0	0.5	1	1.5	2
円/ドル為替レート	85 円	83 円	86 円	87 円	86 円

のように変動したとき，以下の問いに答えなさい．
(1) この通貨スワップにおける企業のキャッシュフロー図を描きなさい．
(2) この通貨スワップ契約がある場合とない場合の企業にとっての差額を計算しなさい．

6.3.3 CDS

ここまでは，株価や為替，通貨など実在する商品を原資産とするデリバティブを紹介してきました．CDS は，デフォルトという信用事由を原資産とする**クレジットデリバティブ**の一種で，その中で取引量がもっとも多いもののひとつです．典型的な CDS

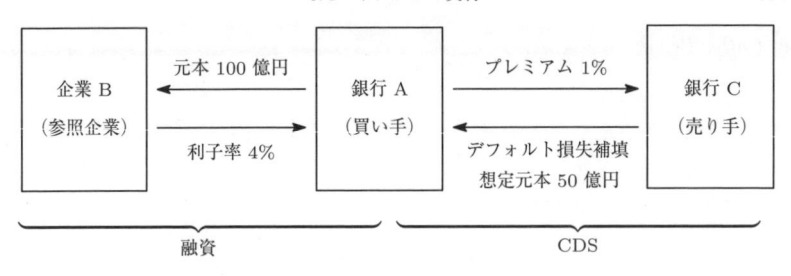

```
         企業 B  ←── 元本 100 億円 ──  銀行 A   ── プレミアム 1% →  銀行 C
       (参照企業) ── 利子率 4% →    (買い手) ← デフォルト損失補填 ─ (売り手)
                                           想定元本 50 億円
         └──────── 融資 ────────┘      └──────── CDS ────────┘
```

図 **6.3** CDS 契約の流れ

の例を図を使って説明しましょう．

例 6.6 (CDS) 銀行 A が企業 B に元本 100 億円を利子率 4%，満期 2 年で融資することになりました．しかし，企業 B が倒産した場合，この貸出債権の利息はおろか元本の一部または全部が返ってこない可能性があります．そこで銀行 A は，このリスクを回避するために，同時に銀行 C と想定元本 50 億円，プレミアム 1%，満期 2 年の CDS 契約を締結することにしました．この契約によって，企業 B が倒産した場合でも，貸出債権の半分の 50 億円については銀行 C が損失補填することになります．つまり，企業 B の信用リスクの一部が銀行 A から銀行 C に移転されたことになります．図 6.3 では，左側が銀行 A と企業 B の融資，右側が銀行 A と銀行 C の CDS 契約になっています．CDS 契約では，銀行 C を売り手，銀行 A を買い手，企業 B を**参照企業**といい，固定のプレミアムと信用リスクの交換になっています．

損失補填の方法には，現金決済と現物決済の 2 つがあります．現金決済では，売り手が買い手に損失額を現金で支払います．現物決済では，デフォルトした債権を買い手が売り手に譲渡し，売り手は想定元本相当額の現金を支払います．現金決済では債権の損失額などの評価が必要である一方，現物決済ではこのような手続きが必要ないため主流になっています．

問 6.4 例 6.6 で，損失額に注意して現金決済と現物決済を説明しなさい．

6.4 オプション契約

オプションとは，あらかじめ定められた期日ないし期間内に，特定の証券を定められた価格で売買できる「権利」のことです．先渡契約と同様に，あらかじめ定められた期日のことを満期，特定の証券のことを原資産といいますが，オプションの場合には定められた価格のことを**行使価格**（あるいは権利行使価格）と呼びます．ここで重要なポイントは権利ということです．先渡契約では契約の履行は義務でしたが，オプションは権利なので，自分が不利な状況にあれば，権利を放棄することで損失を回避できるという利点があります．ただし，先渡や先物と異なり，オプションを契約する

◆ *Coffee Break*

リーマンショック

図 6.3 からもわかるように，CDS 契約では参照企業との債務関係を必要とせずに想定元本を設定できます．このため，参照企業が倒産しそうなときに CDS を買い，倒産しそうにないときに CDS を売るといった投機目的の取引も可能となります．実際の債務関係以上に投機目的の取引が増加すると，想定元本が実際の債権の元本以上になり，現物決済ができなくなるという問題が発生します．この問題は，2008 年のリーマンショックで現実のものとなりました．リーマンブラザーズは，米国第 4 位の規模をもつ名門投資銀行のひとつでしたが，サブプライムローン問題での損失処理を原因に負債総額が約 64 兆円にのぼり，2008 年 9 月 15 日に連邦倒産法第 11 章を申請し倒産しました．ところが，このときのリーマンの格付は最上位の AAA だったため，リーマンを参照企業とする CDS が投機目的で大量に売られていました．想定元本の合計は実際の債権の元本をはるかに超えたため現物決済できず，国際スワップデリバティブ協会（ISDA）の入札によってようやく売り手の損失が確定されたのです．問題は，リーマン倒産の影響がこれだけに止まらなかったことです．CDS の売り手が巨額の損失補填に耐えきれずに倒産し，その影響でリーマンの実際の債権者が損失補填されずに倒産する，さらにはリーマンの債権者を参照企業とする CDS にも飛び火する，といった具合です．関連する CDS を誰が保有しているのかに関して，金融機関を含む多くの企業が疑心暗鬼になり，デフォルトする前に CDS の投げ売りが始まりました．こうして実体経済のほうまでも急速に冷え込んでいったのです．

ためには**オプションプレミアム**（または単にプレミアム）と呼ばれるコストを支払う必要があります．

本節では，オプションの基本的性質について説明します．

6.4.1 オプションの種類とペイオフ

オプション（権利の売買）には買う権利と売る権利があり，それぞれ**コールオプション**，**プットオプション**といいます．まず，先渡契約（例 6.3）のロングポジションとコールオプションの差異を次の例で見てみましょう．

例 6.7 (先渡契約とオプション) ある株式 S を先渡価格 K 円で購入する先渡契約（ロングポジション）を結びます．この場合の満期におけるペイオフは式 (6.1) でした．次に，同じ株式を「行使価格 K 円で購入する」というコールオプション（買う権利）を買ったとします．満期におけるペイオフ C_T は，自分に不利な状況では権利行使しない（買う必要がない）ので，

$$C_T = \begin{cases} S_T - K, & S_T > K \text{ のとき} \\ 0, & S_T \leq K \text{ のとき} \end{cases}$$
$$= \max\{S_T - K, 0\} \tag{6.5}$$

となります．図 6.4 でそれぞれのペイオフを比較してみてください．先渡契約のペイオフは切片 $-K$ から傾き $45°$ の直線になりますが，コールオプションのペイオフは行使価格 K で折れ曲がり，非線形になっています．この非線形性のおかげでオプションは損失を回避できますが，数学的な扱いを難しくしている要因にもなっています．

問 6.5 例 6.7 とは異なり，株式 S を満期 T において行使価格 K で売る権利のプットオプションを買った場合のペイオフ P_T は

$$P_T = \max\{K - S_T, 0\}$$

で与えられることを示しなさい．また，このプットオプションのペイオフと先渡価格 K の売り（ショート）契約のペイオフを同じグラフ上に描いて，これらのペイオフを比較しなさい．

オプション購入者が（その時点で権利行使したら）利益の出ている状態を**インザマネー**，利益のない状態を**アウトオブザマネー**といいます．コールの場合には $S_t > K$ の状態がインザマネーで，プットの場合には $S_t < K$ の状態がインザマネーになります．また，原資産価格が行使価格に等しい状態 $(S_t = K)$ を**アットザマネー**と呼びますが，もちろん厳密なアットザマネーはめったにないので，アットザマネー付近（あるいは**ニアザマネー**）などという使われ方をします．満期以前の時点 t でアウトオブザマネーであったとしても，そこで権利行使する必要はなく，その後インザマネーの状態になる可能性があることに注意してください．したがって，満期以前の時点でアウトオブザマネーのオプションにも価値はあります．

オプションにも，先渡契約や先物契約と同じように，買い手と売り手が存在します．権利を行使する（権利を買う）側が買い手，その相手側が売り手です．例 6.7 では，先

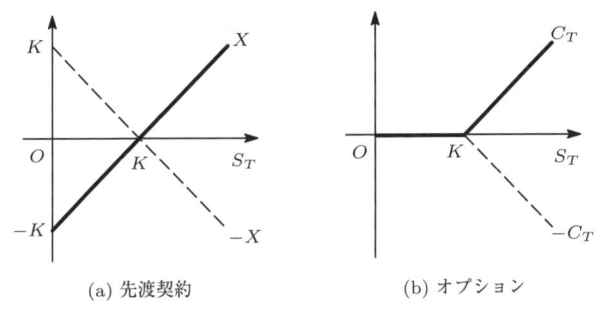

(a) 先渡契約　　　(b) オプション

図 **6.4**　先渡契約とコールオプションの満期ペイオフ

◆ *Coffee Break*

哲学者ターレスのオプション取引

ギリシャ七賢人の一人である古代ギリシャの哲学者ターレスは，ある年，翌年のオリーブが豊作となることを予見し，オリーブの絞り機を借りる権利をあらかじめ買っておいたそうです．その翌年，ターレスの予見どおりオリーブは豊作となり，オリーブ搾り機の需要は拡大し借入料は上昇しました．そこで，ターレスはオリーブ絞り機を約束どおりの値段で借り入れ，自分が借り入れた値段より高い値段で人々に貸し出すことで大きな利益を手に入れたといわれています．これはまさにオプション取引そのもので，この逸話のため，ターレスがオプション取引の始祖といわれています．ちなみに，ターレスは中学の数学の教科書に出てくる「ターレスの定理：直径に対する円周角は直角である」のほうが有名でしょう．なお，ターレスが案内役となってオプションの起源やオプション取引の基礎知識を紹介する CD-ROM「ターレス先生のオプションゼミナール～パソコンで学ぶ株券オプション取引～」が東証から配布されているので，興味のある読者は東証に問い合わせてみてください．

渡契約もコールオプションもロングポジションでした．ショートポジションのペイオフは，それぞれ式 (6.2) および

$$-C_T = -\max\{S_T - K, 0\} = \min\{K - S_T, 0\} \tag{6.6}$$

となります．図 6.4(b) からわかるように，オプションでもロングポジションとショートポジションは互いのペイオフを相殺しますが，オプションの場合にはロングポジションが常に得をし，ショートポジションは常に損をしています．これでは契約が成立するはずがないので，オプションの買い手は，買い手と売り手の現在価値が等しくなるように，契約時点に契約料を支払う必要があります．

この契約料を**オプションプレミアム**といい，契約時点 $t = 0$ におけるコールオプションの価格という意味で C_0（プットオプションの場合には P_0）と表わすことにします．先渡契約や先物契約では，契約時点ではキャッシュフローが発生しなかったことに注意してください．この「プレミアムがいくらになるのか」という問題がファイナンス理論のハイライトのひとつです．プレミアムの導出については次章で学びます．

ところで，オプションプレミアムは原資産価格に比べるとずっと安く，また図 6.4 を見るとオプションの買い手には損失が発生しないように見えます．このことが，オプション取引を投機目的に駆り立てる「悪魔」となります．次の例を使って，このことを見ていきましょう．

例 6.8 (オプションの悪魔) 現在の為替レートを 1 ドル ＝ 110 円とし，投機目的のために，1 億 1,000 万円投資して直物ドルを 100 万ドル購入したとします．もし将来時点 T に為替レートが 120 円になっていれば，100 万ドルを 1 億 2,000 万円で売却し

6.4 オプション契約

差引 1,000 万円の利益が得られます.一方,時点 T に 1 ドル = 110 円で 100 万ドル買う権利(コールオプション)を 1 ドルあたり 10 円で購入したとします.時点 T の為替レートが 120 円になっていれば権利を行使し 1 ドルあたり 10 円の利益が得られますが,1 億 1,000 万円の資金があれば 1,100 万単位のオプションを購入することが可能で,この場合には 1 億 1,000 万円の利益が得られることになります.これをオプションの**レバレッジ**(てこ)効果と呼びます.レバレッジ効果とは少ない元手で大きな利益が得られることをいいます.

しかし,この甘い言葉に騙されてはいけません.為替相場が円高になることもあるからです.もし,為替レートが 1 ドル = 100 円になっていれば,原資産を使った投機の場合には時点 T で 1,000 万円の評価損になるわけですが,原資産(ドル通貨)を保有しているので円安になるのを待つことも可能です.一方,コールオプションに投機した場合には,為替レートが 1 ドル = 100 円になっていれば権利を放棄せざるを得ないので,投資した 1 億 1,000 万円は全額損失になります.これが,オプション取引で大きな損失を被る典型的なパターンです.

以上で,オプションにはコールとプット,ロングとショートの 4 つの組合せがあることがわかりました.4 つのオプションの満期におけるペイオフを式にまとめると,以下のようになります.

$$\begin{cases} \text{コールロング} & C_T = \max\{S_T - K, 0\} \\ \text{コールショート} & -C_T = \min\{K - S_T, 0\} \\ \text{プットロング} & P_T = \max\{K - S_T, 0\} \\ \text{プットショート} & -P_T = \min\{S_T - K, 0\} \end{cases} \quad (6.7)$$

ロングポジションは自分の都合のよいように権利を行使できるので,ペイオフが max になっています.これに対して,ショートポジションは権利がなく,ロングポジションの行使に対してなすがままなので,ペイオフが min になっていることに注意しましょう.

最後に,契約時点のプレミアムを考慮した満期ペイオフを考えます.たとえば,コールショートならば契約時点でプレミアム C_0 を受け取っているので,満期 T では時間価値が付いています.これをリスクのない確実な国債でオプション満期まで運用したとすれば,国債利回りを r として満期 T には $C_0 e^{rT}$ となります.このプレミアムを考慮して上式を書き直すと以下のようになります.

$$\begin{cases} \text{コールロング} & \max\{S_T - K, 0\} - C_0 e^{rT} \\ \text{コールショート} & \min\{K - S_T, 0\} + C_0 e^{rT} \\ \text{プットロング} & \max\{K - S_T, 0\} - P_0 e^{rT} \\ \text{プットショート} & \min\{S_T - K, 0\} + P_0 e^{rT} \end{cases} \quad (6.8)$$

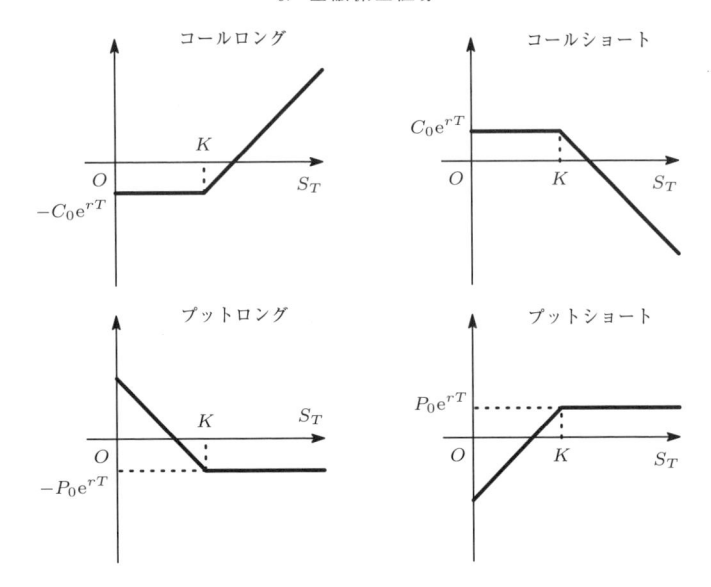

図 6.5　オプションペイオフのまとめ

プレミアムの符号に注意してください．オプションの買い手（ロング）は契約時点でプレミアムを支払い，売り手（ショート）はプレミアムを受け取ります．図 6.5 は式 (6.8) をグラフにまとめたものです．

本節では，オプションは原資産を売買する権利で，オプションには次の 2 種類があることを説明しました．

- 原資産を**購入**する権利のことを**コールオプション**
- 原資産を**売却**する権利のことを**プットオプション**

さらに，オプションには権利行使の可能性に関して次の 2 種類があります．

- **満期のみ**に権利が発生するオプションを**ヨーロピアンオプション**
- 期間内の**いつでも**権利行使できるオプションを**アメリカンオプション**

ここまでは特に断らずにヨーロピアンオプションのみを考えていたことに注意してください．現実の市場で取引されているオプションのほとんどはアメリカンタイプですが，アメリカンオプションの分析は難しく本書の範囲を超えるので，本書ではヨーロピアンオプションのみを考え，特に断らずに単にオプションと書くことにします．

6.4.2　さまざまな取引戦略

オプションの利点は先渡契約と異なり損失を回避できることですが，その効果は原資産や他のオプションと組み合わせることでより発揮されます．その組合せは多岐に渡り，代表的な取引戦略として以下の 3 つがあります．

◆ *Coffee Break*

プレミアムの悪魔

オプション取引は売り手にとっても「麻薬」となる場合があります．バブル崩壊後の金融危機当時，債務超過に陥る危険性の高まった某銀行は現金を調達する手段としてオプションを大量に売り，この危機を回避しようとしました．当時のデリバティブ会計ではオプション契約はオフバランス（バランスシートに記載する必要がない）で，契約時点で受け取った現金のみがオンバランスになりました．このため，バランスシート自体は健全に見えることから，急場の凌ぎとしてこの方法を採用したのです．しかし，満期になればインザマネーのオプションは行使され，銀行は支払いの義務を負います．もし何もしないで大量のオプション契約を放っておいたとすれば，満期における支払い金額は膨大なものになってしまいます．実は，この「無作為」がオプション取引で巨額の損失を抱えることになる典型的な原因です．次章で見るように，デリバティブの売り手には適切なリスク管理が必要となる理由です．

a. ヘッジ
b. スプレッド
c. コンビネーション

それぞれの取引戦略について，図を使って直観的に説明していきます．なお，以下の議論を理解するためには図 6.5 の内容がわかっている必要があります．

a. ヘッジ

ヘッジとは，オプションとその原資産を組み合わせたポジションのことです．図 6.6 の 1 対 1 ヘッジの例を見てみましょう．これは原資産である株式 1 単位のロングポジションとコールオプション 1 単位のショートポジションの組合せです．このペイオフは，プットオプションのショートポジションと同じ形をしています．この結果から，コー

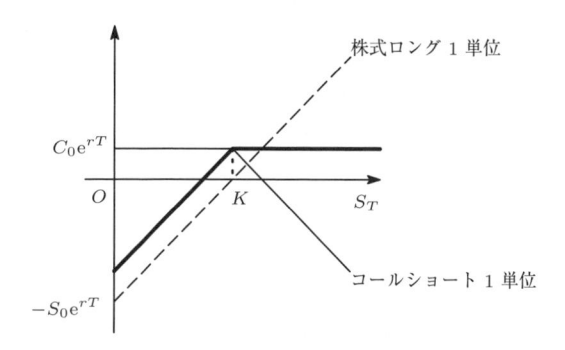

図 **6.6** 1 対 1 ヘッジ

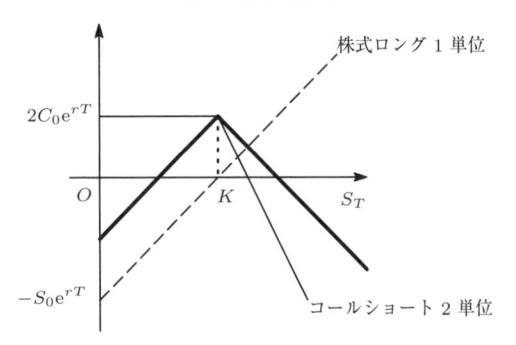

図 6.7　1 対 2 ヘッジ

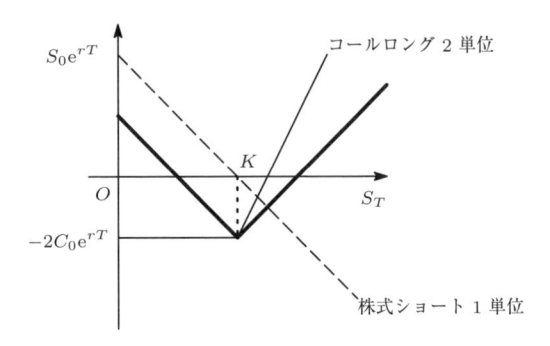

図 6.8　1 対 2 逆ヘッジ

ルオプションとプットオプションの関係がわかりますが，詳細は次章で説明します．

次に，図 6.7 の 1 対 2 ヘッジを見てみましょう．株式 1 単位のロングポジションに，コールオプション 2 単位のショートポジションを組み合わせます．図からわかるように，原資産が大きく変動しないと予想される場合の取引戦略です．

逆に，原資産が大きく上昇あるいは下落すると予想した場合の代表的な取引戦略が，図 6.8 の 1 対 2 逆ヘッジです．株式 1 単位のショートポジションに，コールオプション 2 単位のロングポジションを組み合わせて，1 対 2 ヘッジと逆のポジションをとります．アットザマネー付近では損失ですが，左端と右端の両方に利益が生まれます．

問 6.6　プットオプションを使った 1 対 1 ヘッジ，1 対 2 ヘッジ，1 対 2 逆ヘッジのペイオフを描きなさい．

b. スプレッド

スプレッドとは，異なる行使価格あるいは異なる満期のコール同士（あるいはプット同士）を組み合わせたポジションのことです．行使価格が異なる場合を**バーチカル**

6.4 オプション契約

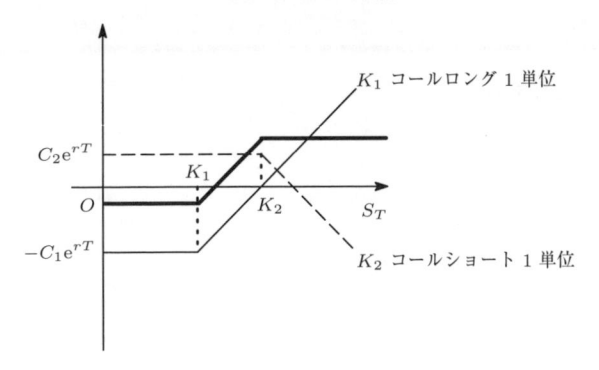

図 6.9 強気のバーチカルスプレッド

スプレッド，満期が異なる場合を**ホリゾンタルスプレッド**といいます．

図 6.9 のバーチカルスプレッドを見てみましょう．低い行使価格 K_1 のコールロング 1 単位と，高い行使価格 K_2 のコールショート 1 単位の組合せです．直感的に，コールオプションのプレミアムは満期ペイオフが大きいほど高くなると予想されますが，行使価格の低いほうがコールオプションの満期ペイオフが大きくプレミアムが高くなるので，このスプレッドは契約時点では差し引き負のキャッシュフローになり現金支出があります．その代わり，満期株価が高くなれば利益が生まれるので，株価上昇に賭けたブル（強気の）スプレッドと呼ばれます．

反対に，低い行使価格 K_1 のコールショート 1 単位と，高い行使価格 K_2 のコールロング 1 単位を組み合わせた図 6.10 を見てみましょう．契約時点では現金収入がありますが，満期株価が高くなれば損失が生まれます．この場合は，株価が下落することに賭けたベア（弱気の）スプレッドと呼ばれます．

さらに，強気と弱気のスプレッドを組み合わせた**バタフライスプレッド**という組合

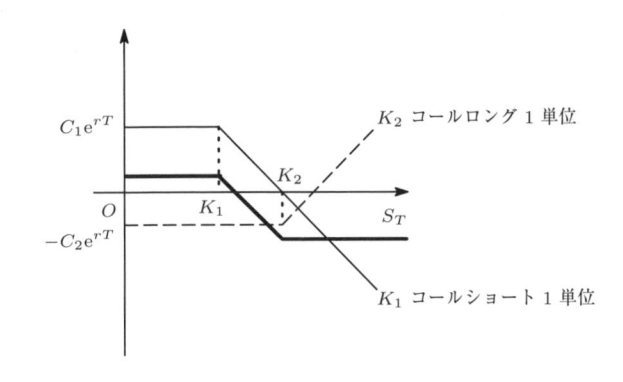

図 6.10 弱気のバーチカルスプレッド

◆ *Coffee Break*

強気の雄牛と弱気の熊
　金融業界では，強気なスプレッドをブルスプレッド，弱気なスプレッドをベアスプレッドと呼びます．日本人にはどちらも恐そうに見えますが，米国では雄牛（ブル）は強気で熊（ベア）は弱気なのでしょうか？　一説には，熊は攻撃するとき手を振り下ろすので相場の下落基調を，牛は角を突き上げて突進するから上昇基調を表現しているのだといわれています．

せもあります．バタフライスプレッドは3種類の行使価格 $K_1 < K_2 < K_3$ のコールオプションを使います．$K_1 < K_2$ の強気のスプレッド，$K_2 < K_3$ の弱気のスプレッドを組み合わせます．すなわち，K_1 のコールロング1単位，K_2 のコールショート2単位，K_3 のコールロング1単位です．バタフライスプレッドのペイオフは K_2 付近で利益が発生し，それ以外ではプレミアム支払い分だけ損失になります．コールオプションの1対2ヘッジと比べて，大きな損失を回避できていることがわかります．問6.7で確認してください．

問 6.7　コールオプションのバタフライ（バーチカル）スプレッドのペイオフを描きなさい．

c. コンビネーション

コンビネーションとは，同じ原資産のコールオプションとプットオプションを組み合わせたポジションのことです．特に，行使価格も満期も同じ組合せを**ストラドル**といいます．図6.11のストラドルを見てみましょう．コールロング1単位とプットロング1単位の組合せです．このペイオフの形が下三角形なので，ボトムストラドルといいます．コールオプションの1対2逆ヘッジと同じペイオフになります．ボトムスト

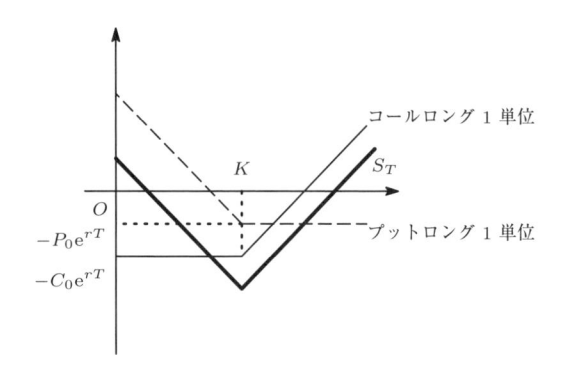

図 **6.11**　ボトムストラドル

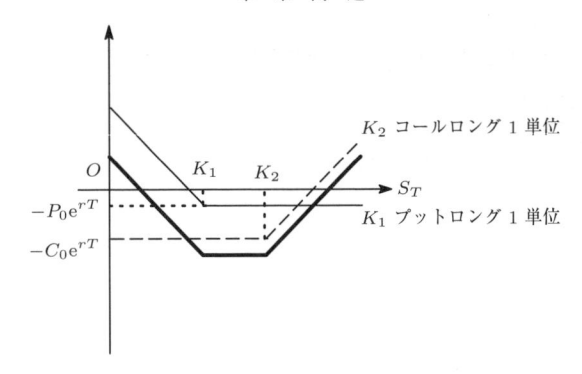

図 6.12 ボトム（バーチカル）コンビネーション

ラドルと反対のポジションを組み合わせると，トップストラドルになります．すなわち，コールショート 1 単位とプットショート 1 単位の組合せです．こちらは，コールオプションの 1 対 2 ヘッジと同じペイオフになります．

次に，図 6.12 を見てみましょう．低い行使価格 K_1 のプットロング 1 単位と，高い行使価格 K_2 のコールロング 1 単位の組合せです．行使価格がずれているため，下三角形の頂点が削られていることがわかります．このポジションは，ボトム（バーチカル）コンビネーションと呼ばれています．逆に，低い行使価格 K_1 のプットショート 1 単位と，高い行使価格 K_2 のコールショート 1 単位を組み合わせると，トップ（バーチカル）コンビネーションになります．

問 6.8 トップストラドルとトップ（バーチカル）コンビネーションのペイオフを描きなさい．

章末問題

Q 6.1 ある企業は株式 S を満期 T において先渡価格 K 円で売却する先渡契約を 2 単位結び，同時に株式 S を 2 単位購入しました．このポートフォリオの満期 T におけるペイオフおよび割引現在価値を求めなさい．ただし，期間 T の割引関数を $d(T)$ とします．

Q 6.2 問 6.3 において，満期 2 年の割引債の利回り 2% を考慮して答えなさい．

Q 6.3 例 6.6 のキャッシュフロー図を銀行 A の立場から，融資，CDS, 合算について描きなさい．

Q 6.4 プットオプションを使った強気，弱気，バタフライのバーチカルスプレッドは，どのようなポジションで作られるかを説明しなさい．

Q 6.5 6.4.2 項と別の組合せから，トップ（バーチカル）コンビネーションとボトム（バーチカル）コンビネーションを作りなさい．

7 金融商品の価格付け

　本章では，不確実なキャッシュフローを持つ金融商品の価格付け理論を学びます．このような商品の代表例は前章で学んだ金融派生証券（デリバティブ）ですが，本章で学ぶ理論はオプションやスワップなどのデリバティブ以外にも適用可能です．

　まず最初に価格付け理論の根幹をなす無裁定理論について学びます．この理論は従来の経済学における「価格は需要と供給によって定まる」という考え方と異なるので，本章の内容を理解するためには，ファイナンス理論における価格決定の考え方である無裁定理論をしっかり理解しておくことが重要です．その後，離散モデルである二項モデルを使って金融商品の価格付け理論の本質を学びます．二項モデルは単純な数理モデルですが，ファイナンス理論における複製ポートフォリオ，リスク中立化法などの重要な内容を理解するのに有用です．最後に，本書の到達目標のひとつである **Black–Scholes の公式** を紹介します．Black–Scholes の公式は本来，偏微分方程式など高度な数学を利用して導出されますが，本章では二項モデルの極限として，比較的簡便な方法で導出します．

7.1 無 裁 定 理 論

　金融商品とは，将来のキャッシュフローのパターンを約束する商品です．たとえば，先渡契約の買いとは受渡時点 T において原資産価格 S_T と先渡価格 K の差額 $S_T - K$ を受け渡す商品で，コールオプションとは原資産価格 S_T と行使価格 K の差のプラス部分 $\max\{S_T - K, 0\}$ を取得する商品です．将来時点 T における原資産価格 S_T は不確実ですから，これらのキャッシュフローも不確実（確率変数）になります．

　本節では，将来時点に発生する不確実なキャッシュフローの現在価値を，ファイナンス理論ではどのようにして計算するのかについて説明します．以降，本章では，割引国債は市場で適正に値付けされていると仮定し，これを価格のベンチマーク（基準）として利用します．

7.1.1　無裁定価格

将来時点 T_1 にキャッシュフロー X を発生する金融商品（X と呼びます）を考えます. 先渡契約の買いであれば $X = S_{T_1} - K$ であり, コールオプションであれば $X = \max\{S_{T_1} - K, 0\}$ となります. この金融商品の価格を $\pi(X)$ と書くことにします. 同様に, 将来時点 T_2 にキャッシュフロー Y を発生する金融商品 Y の価格を $\pi(Y)$ と書きます.

次に, 将来時点 T_1 にキャッシュフロー X, 時点 T_2 にキャッシュフロー Y を発生する金融商品 Z を考えます. この金融商品の価格 $\pi(Z) = \pi(X+Y)$ はセット商品の価格で, $\pi(X)$ や $\pi(Y)$ は単品商品の価格と捉えられます. 金融商品以外の一般的な商品では, セット価格は単品価格の合計よりも割安になりますが, 金融商品ではどうなるかを以下の例を使って考えましょう. この問題設定には商品の需要や供給といった変数は出てきませんから, 需給のバランスで価格が決まるという従来の考え方は適用できません.

例 7.1 (金融商品 Z の価格)　A さんと B さんは金融商品への投資を考えています. 現時点で, A さんは金融商品 X と Y を 1 単位ずつ購入し, B さんは金融商品 Z を 1 単位購入しました. このとき, A さんも B さんも将来時点 T_1 でキャッシュフロー X, 時点 T_2 でキャッシュフロー Y を受け取ることができます. A さんが支払った金額は $\pi(X) + \pi(Y)$ であり, B さんが支払った金額は $\pi(X+Y)$ です. これを見た利に聡い C さんはどうするでしょうか？　ただし, 問題を簡単にするために, 手数料などは考えません.

この問題に答えるために, まず

$$\pi(X) + \pi(Y) > \pi(X+Y) \tag{7.1}$$

だったとします. つまり, 将来時点で同じキャッシュフローを受け取るにもかかわらず, A さんの支払った金額が B さんよりも高かったということです. この場合, 利に聡い C さんは商品 Z を n 単位購入し, 同時に商品 X と Y を n 単位ずつ売却します. 現時点での C さんの収支は

$$n \times \{\pi(X) + \pi(Y) - \pi(X+Y)\}$$

となり, これはプラスです. 時点 T_1 では, C さんは商品 X を売っていたのでキャッシュフロー X を支払う義務がありますが, これは購入してあった Z からのキャッシュフロー X で賄うことができます. 同様に, 時点 T_2 では, 商品 Y を売っていたのでキャッシュフロー Y を支払う義務がありますが, これも Z からのキャッシュフロー Y で賄えます. したがって, 将来時点においては C さんの収支はゼロになりますが, 現時点で利益が出ているので, C さんはリスクなしに利益を上げることができました. 逆の場合

$$\pi(X) + \pi(Y) < \pi(X+Y) \tag{7.2}$$

にも同様の議論から，利に聡い C さんはリスクなしに利益を上げることができます．

問 7.1 商品の価格が (7.2) であったとき，リスクなしに利益を上げるためにはどうすればよいか答えなさい．

以上から，いずれの場合でも C さんは利益を出すことができ，売買単位 n を大きくすることで，この利益は無限に大きくなります．このような投資機会を**裁定機会**と呼びますが，裁定機会が永遠に存在することはありません．利に聡い人たちが裁定機会を見つければ，上述のようにうまくポジションを作ることで必ず利益を上げられます．多くの人が，割高なものを売却し割安なものを購入すれば，割高なものの価格は下がり割安なものの価格は上がるでしょう．こうして，適正な価格に収斂していくはずです．上の例 7.1 では，適正な価格は

$$\pi(X+Y) = \pi(X) + \pi(Y)$$

であり，これ以外の価格が付いていた場合には裁定機会が存在することになります．ファイナンス理論では，これを**一物一価の法則**といいます．この価格は裁定機会のないように付けられたので，これを**無裁定価格**と呼びます．

問 7.2 a を定数とし，将来時点 T にキャッシュフロー aX を発生する金融商品の無裁定価格は $a\pi(X)$ であることを示しなさい．

以上の議論では，2 つの重要な概念が使われていました．確認のため，ここで定義としてまとめておきます．

定義 7.1 (裁定機会) コスト 0 でリスクなしに利益の上げられる投資機会を**裁定機会**という．

定義 7.2 (複製ポートフォリオ) 金融商品 Z のキャッシュフローとまったく同じキャッシュフローを同じ時点で発生するポートフォリオが存在するとき，このポートフォリオは金融商品 Z を**複製する**という．

上の例では，商品 Z の複製ポートフォリオは，商品 X と Y を 1 単位ずつ保有するポートフォリオでした．また，商品 Z の価格がその複製ポートフォリオの価格と異なれば，裁定機会が生じることを学びました．したがって，以下の結果が得られました．

定理 7.1 (無裁定価格) 金融商品の無裁定価格はその複製ポートフォリオの価格に一致する．

より一般的に，a と b を定数とし，将来時点 T_1 にキャッシュフロー aX，時点 T_2 にキャッシュフロー bY を発生する金融商品 W の価格を $\pi(aX+bY)$ とします．以上の議論から，この商品の無裁定価格は

$$\pi(aX+bY) = a\pi(X) + b\pi(Y) \tag{7.3}$$

で与えられます．式 (7.3) を価格 π の**線形性**と呼びます．

定理 7.2 (価格の線形性)　金融商品の無裁定価格 π は線形性を満たす．

第 2 章では，金融商品のキャッシュフローは各時点のキャッシュフローのポートフォリオに分解できることを学びました．時点 T_i でリスクのあるキャッシュフロー C_i を発生する金融商品の価格は，価格の線形性（定理 7.2）から

$$v = \sum_{i=1}^{n} \pi(C_i)$$

で与えられることがわかります．したがって，金融商品の価格付けではひとつのキャッシュフローだけに注目してよいことになります．

以上で金融商品の価格付けの準備が整いました．以下本章では，前章で説明したデリバティブの価格を求めていきます．

7.1.2　先渡価格

証券の先渡契約とは，その証券を満期時点において，契約時点で決められた先渡価格で売買する契約です．金銭の授受は満期までのどの段階でもなく，満期日のみで行なわれます．ここでは証券の先渡価格を，複製ポートフォリオを構築することで導きます．

原資産を配当のない株式とします．時点 t における株価を S_t，先渡価格を F_t とします．

先渡契約は「満期 T において固定価格 F_t と変動価格 S_T を交換する契約」と考えることができます．先渡契約の買いでは固定 F_t を支払って変動 S_T を受け取り，売りでは変動 S_T を支払って固定 F_t を受け取ります．したがって，買いポジションにおけるコストは F_t で，この現在価値は $F_t v(t,T)$ になります．ただし，時点 t における満期 T の割引国債の価格を $v(t,T)$，額面を 1 円とします．第 2 章でも学んだように，利回りには種類があるので，それに応じて割引国債の価格も表現が変化します．たとえば，

$$1 \text{ 年複利利回り：} \quad v(t,T) = \frac{1}{(1+r)^{T-t}} \tag{7.4}$$

$$\text{連続利回り：} \quad v(t,T) = \mathrm{e}^{-(T-t)} \tag{7.5}$$

などです．

一方，売りポジションにおけるコストは S_T ですが，これは確率変数なので，現在価値を計算するためには何らかの工夫が必要になります．ここでは，売りポジションにおいて以下の取引を考えましょう．

① 現時点 t で原資産 S_t を購入する．

② 満期 T では，保有していた原資産 S_T を支払う．

明らかに，満期 T で先渡契約の支払い義務を遂行することができ，この取引を時点 t で始めるために必要なコストは S_t でした．先渡契約では，両サイドの現在価値が等しくなるように先渡価格が設定されるので，

$$S_t = F_t v(t, T)$$

が成立し，したがって

$$F_t = \frac{S_t}{v(t, T)} \tag{7.6}$$

が得られます．以上の議論は割引債価格に何の仮定もおいていないことに注意してください．

問 7.3 以下の2つのポートフォリオを考えることで先渡価格を求めなさい．
[P1] 先渡契約と満期 T の割引国債 F_t 単位の買い
[P2] 原資産 1 単位の買い

7.1.3 スワップレート

スワップ契約とは2つの経済主体が将来のキャッシュフローを交換する契約のことで，先渡契約のポートフォリオと考えることができることを前章で学びました．本項では，先渡価格と同様の方法で，複製ポートフォリオを構築することでスワップレートを導きます．

例 7.2 (金利スワップ) 現時点を 0 とし，1 年後からスタートする金利スワップを考えます．簡単化のために想定元本は 100 円とし，利払いは 2 年後と 3 年後に行なわれるとします．スワップレートを S とすると，固定サイドでは，固定金利による利子 $100S$ 円を利払時点で支払うことになり，支払総額の現在価値は

$$V_{\text{FIX}} = 100S v(0, 2) + 100S v(0, 3)$$

となります．ただし $v(0, n)$ は満期 n の割引国債の価格です．

一方，変動サイドの指標金利としては LIBOR レートが用いられます．期間 (n, m) における LIBOR レートを $L(n, m)$ とすれば，変動サイドの最初の利払いは，契約がスタートした時点で決まる変動金利 $L(1, 2)$ による利子 $100L(1, 2)$ 円を2年後に支払うことになります．次の利払いは，2年後に決まる変動金利 $L(2, 3)$ による利子 $100L(2, 3)$ 円を3年後に支払います．したがって，支払い総額は $100L(1, 2) + 100L(2, 3)$ 円ですが，LIBOR レートは不確実なので，変動サイドの現在価値を計算するためには工夫が必要になります．

このために，以下の取引を考えましょう．
① 現時点 0 で満期 1 年の割引国債を 100 単位購入し，同時に満期 3 年の割引国債を 100 単位売却する．
② 1 年後に受け取った 100 円をその時点の LIBOR レート $L(1, 2)$ で運用する．

③ 2年後に得た利息 $100L(1,2)$ を利払いにあて，元本 100 円をこの時点の LIBOR レート $L(2,3)$ で運用する．

④ 3年後に得た利息 $100L(2,3)$ を利払いにあて，100 円を割引国債の償還にあてる．

明らかに，この取引により変動サイドの利子はすべて支払われ，この取引は 3 年後の満期時点で清算されます．したがって，変動金利を支払うために必要なコストは，現時点で必要なコスト

$$V_{\mathrm{FL}} = 100v(0,1) - 100v(0,3)$$

だけであり，これが変動サイドの利払いの現在価値になります．

スワップレート S は両サイドの価値が等しくなるように設定されるので，

$$S = \frac{v(0,1) - v(0,3)}{v(0,2) + v(0,3)}$$

が求めるスワップレートになります．

問 7.4 例 7.2 において，利払いは契約スタート後から半年間隔で 4 年間行なわれるとします．この金利スワップ契約のスワップレートを求めなさい．

7.1.4 プットコールパリティ

図 6.6 の 1 対 1 ヘッジでふれた，コールオプションとプットオプションの関係を調べてみましょう．プットオプションの満期ペイオフは

$$P_T = \max\{K - S_T, 0\} = K - S_T + \max\{S_T - K, 0\} \tag{7.7}$$

と変形できます．右辺は確定金額 K，満期の株価 S_T，コールオプションの満期ペイオフ $\max\{S_T - K, 0\}$ で構成されています．すなわち，プットオプションは，無リスク資産，原資産である株式，同じ原資産のコールオプションのポートフォリオで複製できることがわかります．

そこで，表 7.1 のポートフォリオを考えます．満期のペイオフを実現するためには，現時点で株式を 1 単位売却，コールオプションを 1 単位購入，割引国債を $Kv(0,T)$ 円購入します．そうすると，株価は満期には S_T になり，コールオプションのペイオフは $\max\{S_T - K, 0\}$，国債は利回りがついて K 円になるので，このポートフォリオはプットオプションを複製することがわかりました．

無裁定条件から，このポートフォリオの価格は現時点でのプットオプションのプレミアムに一致しなければなりません．したがって，コールオプションとプットオプションのプレミアムには

$$-P_0 = S_0 - C_0 - Kv(0,T)$$

という関係があり，これを書き直して以下の**プットコールパリティ**と呼ばれる関係式が導かれます．

◆ **Coffee Break**

裁定取引

裁定取引とは，金利差や価格差を利用して利鞘を稼ぐ取引のことです．直物と先物には関係式 (7.6) が成立し，オプションと現物にはプットコールパリティ(7.8) が成立するので，市場での取引価格がこれらの関係式から逸脱した場合には，理論上は裁定機会となります．新聞紙上などで「先物につられて現物が上昇した」などの報道が見られるように，現実の市場でも裁定取引は頻繁に行なわれています．もちろん，現実には取引コストなどが存在するため，関係式 (7.6) が常に成立するように価格が変動するわけではありませんが，こういったパリティ式を頭の中に入れておくと，将来の価格変動に関してある程度の予測は立てられます．

表 7.1 プットオプションの満期ペイオフの複製ポートフォリオ

	キャッシュフロー		
		満期	
ポートフォリオの構成	現時点	$S_T \leq K$	$S_T > K$
1. 株式の空売り	S_0	$-S_T$	$-S_T$
2. コールオプションの買い	$-C_0$	0	$S_T - K$
3. 割引国債の買い	$-Kv(0,T)$	K	K
合計	$S_0 - C_0 - Kv(0,T)$	$K - S_T$	0

$$P_0 = C_0 - S_0 + Kv(0,T) \tag{7.8}$$

プットコールパリティにより，コールオプションかプットオプションのどちらか一方のプレミアムがわかれば，他方のプレミアムがわかることになります．

7.1.5 複製ポートフォリオとリスクヘッジ

複製ポートフォリオはデリバティブの価格付けだけでなく，**リスクヘッジ**の観点からも重要です．たとえば，ある金融機関が行使価格 K 円のコールオプションを売り持ち（ショート）しているとします．売却時点でこの金融機関にはプレミアム C 円が入りますが，リスクヘッジをしないで放っておくと，満期 T で $\max\{S_T - K, 0\}$ 円を支払わなければなりません．運悪く原資産価格 S_T が高騰した場合には，差額 $S_T - K$ が膨大なものになってしまう可能性があります．オプションプレミアム C は，これに比べるとずっと安いことを思い出してください．金融機関がデリバティブ取引で失敗するほとんどのケースは，デリバティブのリスクをコントロールしないで放っておいたパターンだといわれています．

では，どのようにしたらショートポジションのリスクをヘッジできるでしょうか？答えは簡単です．このコールオプションを複製するポートフォリオを買い持ち（ロング）すればよいのです．複製ポートフォリオとコールオプションは同じ時点で同じキャッシュフローを生成し，しかも逆のポジションなので，行使時点におけるコールオプ

ションと複製ポートフォリオのキャッシュフローは互いに打ち消しあい，リスクはゼロになります．このリスクコントロールの方法を**デルタヘッジ**といいます．名前の由来は次節以降で明らかになります．

7.2 二項モデル

本節では，二項モデルを使って，金融商品の価格付け理論の本質を学びます．二項モデルは単純なモデルですが，複製ポートフォリオ，リスクの市場価格，リスク中立確率など，重要な内容を理解するのに非常に有用です．1期間モデルでこれらを説明した後，Black–Scholes の公式への橋渡しとなる多期間二項モデルを紹介します．

まず，例 4.3 の二項モデルを 3 期間に拡張してみましょう．上昇確率を p，下落確率を $1-p$，上昇ファクターを u，下落ファクターを d とします．

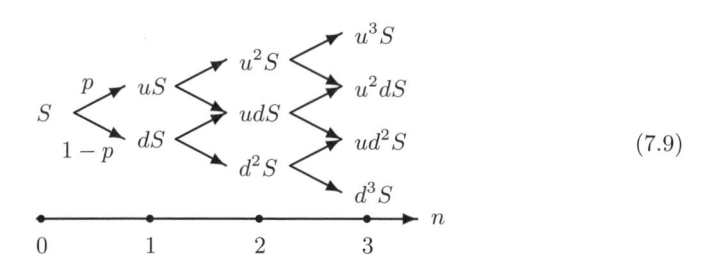

$$\begin{array}{c}
S \begin{array}{c} \nearrow^p uS \nearrow u^2S \nearrow u^3S \\ \searrow_{1-p} dS \searrow udS \searrow u^2dS \\ \searrow d^2S \searrow ud^2S \\ \searrow d^3S \end{array} \\
\begin{array}{cccc} \bullet & \bullet & \bullet & \bullet \\ 0 & 1 & 2 & 3 \end{array} \to n
\end{array} \tag{7.9}$$

モデル (7.9) における時点 t の株価 S_t の期待値を計算すると，

$$\mathbb{E}[S_1] = puS + (1-p)dS$$
$$\mathbb{E}[S_2] = p^2u^2S + 2p(1-p)udS + (1-p)^2d^2S$$
$$\mathbb{E}[S_3] = p^3u^3S + 3p^2(1-p)u^2dS + 3p(1-p)^2ud^2S + (1-p)^3d^3S$$

となります．一方，分散は

$$\begin{aligned}
\mathbb{V}[S_1] &= \mathbb{E}[S_1^2] - (\mathbb{E}[S_1])^2 \\
&= p(uS)^2 + (1-p)(dS)^2 - (puS + (1-p)dS)^2 \\
&= p(1-p)(u-d)^2 S^2
\end{aligned}$$

などとなります．

問 7.5 二項モデル (7.9) における分散 $\mathbb{V}[S_2]$ を計算しなさい．

一般に，時点 n の株価の期待値 $\mathbb{E}[S_n]$ は次のようにして求められます．n 期間後に k 回上昇したときの株価は，

$$u^k d^{n-k} S, \qquad k = 0, 1, 2, \ldots, n$$

であり，その実現確率は二項分布（A.2節）から

$$\frac{n!}{k!(n-k)!}p^k(1-p)^{n-k}$$

で与えられるので，

$$\mathbb{E}[S_n] = \sum_{k=0}^{n} \frac{n!}{k!(n-k)!}p^k(1-p)^{n-k}u^k d^{n-k}S \tag{7.10}$$

となります．さらに，二項定理

$$(x+y)^n = \sum_{k=0}^{n} \frac{n!}{k!(n-k)!}x^k y^{n-k}$$

を使えば，この期待値は

$$\mathbb{E}[S_n] = (pu + (1-p)d)^n S$$

と表わすことができます．

以下では，コールオプションを例として，二項モデルを使ってオプションプレミアムの導出方法を説明します．もちろん，鍵となる考え方は複製と無裁定という2つの概念です．

7.2.1 コールオプションのプレミアム

二項モデル (7.9) において

$$p = 0.5, \quad S = 40, \quad u = 1.5, \quad d = 0.5$$

とし，行使価格 $K = 40$，満期 $T = 1$ のコールオプションを考えます．このコールオプションの満期ペイオフは，$uS = 60$ と $dS = 20$ から，

$$C_1 = \begin{cases} \max\{60 - 40, 0\} = 20, & \text{株価が上昇したとき} \\ \max\{20 - 40, 0\} = 0, & \text{株価が下落したとき} \end{cases}$$

となります．さらに，市場には無リスク資産（割引国債）が存在し，その利回りを $r = 0.25$ とします．これら3つの証券の価格変動をまとめると，以下のようになります．

$$S = 40 \begin{smallmatrix} 0.5 \nearrow 60 \\ \\ 0.5 \searrow 20 \end{smallmatrix} \qquad 1 \longrightarrow 1 + r = 1.25 \qquad C_0 = ??? \begin{smallmatrix} 0.5 \nearrow 20 \\ \\ 0.5 \searrow 0 \end{smallmatrix} \tag{7.11}$$

例 7.3 (複製ポートフォリオ) モデル (7.11) において未知なのは，コールオプションの現在価格 C_0 だけですが，前節と同様に無裁定理論を使ってコールオプションの

プレミアム C_0 を計算します．このために，コールオプションの満期ペイオフ C_1 を複製するポートフォリオを株式と国債で作ってみましょう．もちろん，それらの比率は満期ペイオフが C_1 と等しくなる（複製する）ように決めます．株式と国債の保有数を Δ, B とすると，複製ポートフォリオの価格変動は

$$S\Delta + B = 40\Delta + B \underset{0.5}{\overset{0.5}{\diagdown}} \begin{matrix} 60\Delta + 1.25B = 20 \\ 20\Delta + 1.25B = 0 \end{matrix}$$

となります．上式最後の等号が「複製する」ことを表わしています．連立方程式

$$\begin{cases} 60\Delta + 1.25B = 20 \\ 20\Delta + 1.25B = 0 \end{cases}$$

を解くと，

$$\Delta = 0.5, \qquad B = -8$$

が得られます．これは株式を 0.5 単位買い，国債を 8 単位売却するという意味です．無裁定条件から，ポートフォリオの現在価値 $S\Delta + B$ はコールオプションのプレミアム C_0 と一致するので，プレミアムは

$$C_0 = S\Delta + B = 40 \times 0.5 - 8 = 12$$

となることがわかります．

1 期間二項モデルにおけるコールオプションのプレミアムを一般の場合で求めてみましょう．例 7.3 と同様に，コールオプションの満期ペイオフを複製するように株式を Δ 単位，国債を B 単位保有するとすれば，

$$\begin{cases} uS\Delta + (1+r)B = uS - K \\ dS\Delta + (1+r)B = 0 \end{cases}$$

となります．ただし，$dS < K < uS$ とします．この連立方程式を解くと

$$\Delta = \frac{1}{S}\frac{uS - K}{u - d}, \qquad B = -\frac{d}{1+r}\frac{uS - K}{u - d} \tag{7.12}$$

が得られるので，コールオプションの価格は無裁定条件から，

$$C_0 = S\Delta + B = \frac{uS - K}{u - d} - \frac{d}{1+r}\frac{uS - K}{u - d} = \frac{1 + r - d}{u - d}\frac{uS - K}{1 + r} \tag{7.13}$$

と求まります．

問 7.6 1 期間二項モデルにおけるプットオプションのプレミアムを，複製ポートフォリオとプットコールパリティの両方から求めなさい．

7.2.2 リスクの市場価格

例 7.3 のコールオプションの収益率を求めてみます．1 期後のペイオフは確率変数なので，収益率も確率変数になります．上昇したときと下落したときの収益率 μ_u, μ_d はそれぞれ

$$C_0 = 12 \begin{array}{c} 0.5 \nearrow \mu_u = (20-12)/12 = 2/3 \\ 0.5 \searrow \mu_d = (0-12)/12 = -1 \end{array} \tag{7.14}$$

と計算でき，期待収益率は

$$\mu_C = 0.5 \times \frac{2}{3} + 0.5 \times (-1) = -\frac{1}{6} \tag{7.15}$$

となります．一方，原資産である株式の期待収益率は

$$\mu_S = 0.5 \times \frac{60-40}{40} + 0.5 \times \frac{20-40}{40} = 0$$

となります．

このとき，株式とコールオプションのどちらを購入するのが得でしょうか？ ここで，4.5 節の Sharpe レシオを思い出しましょう．異なるリスクとリターンを持つ証券への投資は，単位リスクあたりの超過収益率で評価しました．ただし，デリバティブの価格付けでは Sharpe レシオのことを**リスクの市場価格**といい，

$$\lambda = \frac{\mu - r}{\sigma} \tag{7.16}$$

と定義します．それぞれの証券のボラティリティを求めると，

$$\sigma_C = \sqrt{0.5 \times \left(\frac{2}{3}\right)^2 + 0.5 \times (-1)^2 - \left(-\frac{1}{6}\right)^2} = \frac{5}{6}$$

$$\sigma_S = \sqrt{0.5 \times 0.5^2 + 0.5 \times (-0.5)^2 - 0^2} = 0.5$$

となり，リスクの市場価格は

$$\lambda_C = \frac{-1/6 - 0.25}{5/6} = -0.5, \quad \lambda_S = \frac{0 - 0.25}{0.5} = -0.5$$

のように一致します．

実は，一般に，原資産とその上に書かれたデリバティブのリスクの市場価格は一致します[*1]．この法則はデリバティブの価格付け理論におけるもっとも重要な結果のひとつで，第 5 章で学んだ市場の均衡価格の特別な場合と考えることができます．

問 7.7 例 7.3 における行使価格 $K=40$ のプットオプションのリスクの市場価格を計算しなさい．

[*1] $\lambda_C = \lambda_S$ の関係からも，コールオプションのプレミアム C_0 を求めることができます．

ところで，式 (7.15) のように，期待収益率が負の証券を購入する投資家が存在するでしょうか？ 仮に正の収益率であっても，国債よりも低ければどうでしょうか？ 5.1 節で見たように，リスクに応じたリターンがなければ，その証券は単独では購入されません．では，コールオプションのプレミアムが高すぎるのでしょうか？ 例 7.3 では，プレミアム $C_0 = 12$ は裁定機会がないように決定されました．すなわち，オプションの価格には，投資家の効用は反映されていません．言い換えれば，裁定機会が存在しないためにはプレミアムは $C_0 = 12$ でなければならないのですが，この価格でオプションを購入したいと思うかどうかは投資家の効用次第ということです．

7.2.3 リスク中立確率

コールオプションのプレミアム公式 (7.13) を見てみると，プレミアムの導出に無関係な変数があることに気付きます．株価の上昇確率 p が式に出てきません．公式 (7.13) を変形して，

$$C_0 = \frac{\frac{1+r-d}{u-d}(uS - K) + \left(1 - \frac{1+r-d}{u-d}\right) \times 0}{1+r} \tag{7.17}$$

としてみましょう．式 (7.17) は，p ではなく，$p^* = \frac{1+r-d}{u-d}$ を上昇確率とした場合の，コールオプションの満期ペイオフ C_1 の期待割引価値と解釈できます．

では，p^* は実際に確率になっているでしょうか？ 確率であるためには，

$$0 \leq \frac{1+r-d}{u-d} \leq 1$$

を満たす必要がありますが，等号は不確実性が消えてしまうので排除します．$u > d$ と左側の不等式から $1 + r > d$ となり，右側の不等式から $1 + r < u$ となります．まとめると，

$$d < 1 + r < u$$

であれば，

$$p^* = \frac{1+r-d}{u-d}, \qquad 1 - p^* = \frac{u-(1+r)}{u-d} \tag{7.18}$$

をそれぞれ上昇確率，下落確率と見なすことができます．この確率を**リスク中立確率**といい，実際の上昇確率 p と区別します．リスク中立確率と呼ぶ理由については後述します．

リスク中立確率を使ってコールオプションのプレミアムを式 (7.17) のように計算する，すなわち

$$C_0 = \frac{\mathbb{E}^*[C_1]}{1+r} \tag{7.19}$$

として期待値計算でプレミアムを求める方法を**リスク中立化法**といいます．ここで $\mathbb{E}^*$ はリスク中立確率 p^* を使って期待値を計算することを示しています．

例 7.4 (リスク中立化法) 例 7.3 で確かめてみましょう．リスク中立確率は

$$p^* = \frac{1+r-d}{u-d} = \frac{1.25-0.5}{1.5-0.5} = 0.75, \qquad 1-p^* = 0.25 \tag{7.20}$$

と求められ，この場合の証券の価格変動をまとめると，

$$S = 40 \begin{array}{c} \nearrow 0.75 \; 60 \\ \searrow 0.25 \; 20 \end{array} \qquad 1 \longrightarrow 1+r=1.25 \qquad C_0 =??? \begin{array}{c} \nearrow 0.75 \; 20 \\ \searrow 0.25 \; 0 \end{array}$$

となります．リスク中立化法 (7.19) でプレミアムを計算すると，

$$C_0 = \frac{\mathbb{E}^*[C_1]}{1+r} = \frac{0.75 \times 20 + 0.25 \times 0}{1.25} = 12 \tag{7.21}$$

となり，複製ポートフォリオから求めたプレミアムと一致します．

問 7.8 例 7.3 におけるプットオプションのプレミアムをリスク中立化法を使って求めなさい．

リスク中立確率を使うと，コールオプションの期待収益率は国債利回りと等しくなります．具体的には，式 (7.21) から，

$$\frac{\mathbb{E}^*[C_1] - C_0}{C_0} = \frac{0.75 \times 20 - 12}{12} = 0.25$$

となります．一方，原資産である株式の期待収益率は，例 7.3 で計算すると，

$$\frac{\mathbb{E}^*[S_1] - S}{S} = \frac{0.75 \times 60 + 0.25 \times 20 - 40}{40} = 0.25$$

となり，株式の期待収益率も国債利回りと等しくなります．この結果は一般に成立し，このことから，「リスク中立確率はすべての証券の期待収益率を無リスク資産の利回りに一致させる」ことがわかります．

逆に，株式の期待収益率が国債利回りに等しくなるという関係から，リスク中立確率を求めることもできます．すなわち，

$$\frac{\mathbb{E}^*[S_1] - S}{S} = \frac{p^* uS + (1-p^*)dS - S}{S} = r$$

という関係式からリスク中立確率を求めると

$$p^* = \frac{1+r-d}{u-d}$$

となり，これは式 (7.18) と一致します．

問 7.9 一般の 1 期間二項モデルにおいて，リスク中立確率を使って，原資産とコールオプション，プットオプションの期待収益率を計算し，これらが一致することを確認しなさい．

一般に，デリバティブの価格はリスク中立確率による期待割引利得で与えられ，リスク中立確率の下ではすべての証券の期待収益率は無リスク資産の利回りに一致します．このため，オプション市場の参加者は「リスク中立的である」と解釈することもでき，このことがデリバティブ評価の確率を「リスク中立確率」と呼ぶ理由になっています．もちろん，市場参加者が実際にリスク中立的であるということではありません．すでに見たように，デリバティブの価格には投資家の効用は反映されないからです．

7.2.4 CRR の公式

リスク中立化法で，2 期間のコールオプションのプレミアムを求めてみましょう．コールオプションの価格変動は，

$$C_0 \begin{array}{c} p \nearrow \\ \\ 1-p \searrow \end{array} \begin{array}{c} C_u \\ \\ C_d \end{array} \begin{array}{c} \nearrow \\ \searrow \\ \nearrow \\ \searrow \end{array} \begin{array}{l} C_{uu} = \max\{u^2 S - K, 0\} \\ \\ C_{ud} = \max\{udS - K, 0\} \\ \\ C_{dd} = \max\{d^2 S - K, 0\} \end{array} \tag{7.22}$$

となります．1 期間のときと同様に，価格がわかるのは満期ペイオフだけなので，現在価格 C_0 に加えて，1 期後の価格 C_u, C_d もわかりませんが，まずは 1 期間モデルと同様に，

$$C_0 = \frac{\mathbb{E}^*[C_1]}{1+r} = \frac{p^* C_u + (1-p^*) C_d}{1+r} \tag{7.23}$$

と書けます．次に，C_u から始まる二項モデルに注目すると，これも 1 期間モデルと同様に

$$C_u = \frac{p^* C_{uu} + (1-p^*) C_{ud}}{1+r}$$

と書けることに気が付きます．C_d も同様に，

$$C_d = \frac{p^* C_{ud} + (1-p^*) C_{dd}}{1+r}$$

となるので，これらを式 (7.23) に代入すると，

$$\begin{aligned} C_0 &= \frac{p^* \frac{p^* C_{uu} + (1-p^*) C_{ud}}{1+r} + (1-p^*) \frac{p^* C_{ud} + (1-p^*) C_{dd}}{1+r}}{1+r} \\ &= \frac{(p^*)^2 C_{uu} + 2 p^* (1-p^*) C_{ud} + (1-p^*)^2 C_{dd}}{(1+r)^2} \end{aligned}$$

が得られます．最後の式の分子は期待値 $\mathbb{E}^*[C_2]$ で表わされることに注意すれば，2 期間モデルにおけるオプションプレミアムは

$$C_0 = \frac{\mathbb{E}^*[C_2]}{(1+r)^2} \tag{7.24}$$

と表現されます．ここで $\mathbb{E}^*$ はリスク中立確率 p^* に関する期待値です．

では，3 期間以上の多期間モデルではどうなるでしょうか？ 式 (7.23) および (7.24) は満期ペイオフのリスク中立確率に関する割引期待値と読めるので，一般化すると

$$C_0 = \frac{\mathbb{E}^*[C_n]}{(1+r)^n} \tag{7.25}$$

となります．

満期 n までに株価が k 回上昇した場合のペイオフは $\max\{u^k d^{n-k} S - K, 0\}$ なので，式 (7.10) と (7.25) から，プレミアムは

$$C_0 = \frac{1}{(1+r)^n} \sum_{k=0}^n \frac{n!}{k!(n-k)!} (p^*)^k (1-p^*)^{n-k} \max\{u^k d^{n-k} S - K, 0\} \tag{7.26}$$

と求まります．

公式 (7.26) で記号 max を外すことを考えましょう．オプションのペイオフが正になるのはインザマネーの場合だけなので，満期でインザマネーとなる最小の株価上昇回数を a とします．言い換えれば，この a よりも大きな k については

$$\max\{u^k d^{n-k} S - K, 0\} = u^k d^{n-k} S - K, \qquad k = a, a+1, \ldots, n$$

となり，扱いにくい max の記号を外すことができます．このとき，式 (7.26) は

$$C_0 = \frac{1}{(1+r)^n} \sum_{k=a}^n \frac{n!}{k!(n-k)!} (p^*)^k (1-p^*)^{n-k} (u^k d^{n-k} S - K)$$

と書き直すことができて，さらに

$$\begin{aligned}
C_0 &= S \sum_{k=a}^n \frac{n!}{k!(n-k)!} (p^*)^k (1-p^*)^{n-k} u^k d^{n-k} \frac{1}{(1+r)^n} \\
&\quad - K(1+r)^{-n} \sum_{k=a}^n \frac{n!}{k!(n-k)!} (p^*)^k (1-p^*)^{n-k} \\
&= S \sum_{k=a}^n \frac{n!}{k!(n-k)!} \left(\frac{p^* u}{1+r}\right)^k \left(\frac{(1-p^*)d}{1+r}\right)^{n-k} \\
&\quad - \frac{K}{(1+r)^n} \sum_{k=a}^n \frac{n!}{k!(n-k)!} (p^*)^k (1-p^*)^{n-k}
\end{aligned} \tag{7.27}$$

と変形できます．ここで，

$$q^* = \frac{p^* u}{1+r} = \frac{1+r-d}{u-d} \frac{u}{1+r}, \qquad 1 - q^* = \frac{(1-p^*)d}{1+r}$$

とすると，$0 < q^* < 1$ より q^* は新しい確率と解釈できます．したがって，式 (7.27) の最初の和の中身は，二項分布 $B(n, q^*)$ の確率関数となり，二項分布の補分布関数

(A.2.4 項)
$$\phi(a;n,p) = \sum_{k=a}^{n} \frac{n!}{k!(n-k)!} p^k (1-p)^{n-k}$$
を使うと，多期間二項モデルにおけるコールオプションのプレミアム公式は

$$C_0 = S\phi(a;n,q^*) - \frac{K}{(1+r)^n}\phi(a;n,p^*) \tag{7.28}$$

となります．ただし，a は

$$u^a d^{n-a} S > K \quad \Leftrightarrow \quad \left(\frac{u}{d}\right)^a > \frac{K}{d^n S} \quad \Leftrightarrow \quad a\log\frac{u}{d} > \log\frac{K}{d^n S}$$

より

$$a > \frac{\log(K/d^n S)}{\log(u/d)} = \frac{\log(K/S) - n\log d}{\log(u/d)} \tag{7.29}$$

を満たす最小の正整数です．もしも $a > n$ であれば，満期まで株価が上昇し続けても行使価格より高くなることがないので，$C_0 = 0$ となります．公式 (7.28) は導出した研究者 Cox, Ross, Rubinstein の頭文字をとって，**CRR の公式**と呼ばれています．

問 7.10 例 7.3 のコールオプションで，満期を $n = 5$ とした場合のプレミアムを求めなさい．

7.2.5 ダイナミックヘッジ

前節で述べたように，デリバティブの売り手にとってリスクヘッジはきわめて重要です．このためには，デリバティブを複製するポートフォリオを買い持ちする必要がありますが，オプションの場合の複製ポートフォリオ (7.12) は原資産価格 S に依存して変わるので，原資産価格の変化に応じて複製ポートフォリオを動的に（ダイナミックに）作り変える必要があります．このことを 2 期間モデルで確認しましょう．

例 7.5 (2 期間の複製ポートフォリオ) 例 7.3 の二項モデルを 2 期間に拡張します．各期間のオプションプレミアムは，リスク中立化法を使って求めます．複製ポートフォリオ (Δ, B) は，各ノードから始まる 1 期間二項モデルだけに注目して，連立方程式を解くことで求められます．たとえば，1 期後に株価が上昇したノード C_u から始まる二項モデルにヘッジ公式 (7.12) を適用すると

$$\Delta = \frac{1}{uS}\frac{u^2 S - K}{u - d} = 0.8\dot{3}, \qquad B = -\frac{d}{1+r}\frac{u^2 S - K}{u - d} = -20$$

となります．同様に，下落したノード C_d から始まる二項モデルを考えると，株価 udS と $d^2 S$ はどちらもインザマネーではないので，コールオプションの価値は 0，したがってヘッジポジションも 0 になります．計算結果 (S, C, Δ, B) をまとめると以下のようになります．

$$
\begin{array}{c}
(S,C,\Delta,B) \\
(40,18,0.75,-12)
\end{array}
\begin{array}{c}
\nearrow \\
\searrow
\end{array}
\begin{array}{c}
(S_1,C_1,\Delta_1,B_1) \\
(60,30,0.8\dot{3},-20) \\
(20,0,0,0)
\end{array}
\begin{array}{c}
\nearrow \\
\rightarrow \\
\searrow
\end{array}
\begin{array}{c}
(S_2,C_2) \\
(90,50) \\
(30,0) \\
(10,0)
\end{array}
\qquad (7.30)
$$

 重要なことは,各時点で原資産価格に応じてヘッジポートフォリオを組み替える(**リバランス**する)必要があるということです.最初の時点だけヘッジするポートフォリオを持ち続けるという戦略(**バイアンドホールド**といいます)は機能しません.先渡契約の複製ポートフォリオはバイアンドホールドでしたが,オプションのペイオフは非線形なので,バイアンドホールドでは完全ヘッジを実現できないのです.表 7.2 で確認できます.

 一方,表 7.3 はリバランスした場合のキャッシュフローです.式 (7.30) から,株価が上昇したとき株式の保有数が増加して国債の借入れも増加しています.リバランスは株式を $0.8\dot{3} - 0.75$ 単位購入,国債を $20 - 12$ 単位借入れとなりますが,株式の買い増し費用は,新規国債借入で賄えています.一方,株価が下落したときは,逆に株式の保有数も国債の借入れもゼロに減少していますが,株式の売却益で国債を全額返済しています.つまり,リバランス自体に損益は発生しないということです.

 6.4.2 項で見たように,株式とオプションの組合せをヘッジといいます.例 7.5 のように,株式の保有数をデルタ (Δ) に合わせるヘッジを**デルタヘッジ**といいます.さらに,期間ごとにデルタヘッジをリバランスしていく戦略のことを**ダイナミックヘッジ**といいます.実際のトレーダーは,ダイナミックヘッジを活用してオプションのリスクをゼロにするという戦略をとりますが,現実の市場ではさまざまな問題から完全

表 **7.2** 複製ポートフォリオとコールショート (2 期間)

ポートフォリオの構成	現時点	キャッシュフロー 満期		
		uu	ud	dd
1. 株式の買い $S\Delta$	-40×0.75	90×0.75	30×0.75	10×0.75
2. 国債の借入 B	12	-12×1.25^2	-12×1.25^2	-12×1.25^2
3. コールショート $-C$	18	-50	0	0
合計	0	-1.25	3.75	-11.25

表 **7.3** 複製ポートフォリオのリバランス

ポートフォリオの構成	現時点	キャッシュフロー 1 期間後	
		u	d
1. 株式の買い $S\Delta$	-40×0.75	$60 \times (0.75 - 0.8\dot{3})$	$20 \times (0.75 - 0)$
2. 国債の借入 B	12	$20 - 12 \times 1.25$	$0 - 12 \times 1.25$
合計	0	0	0

にリスクをゼロにできるわけではありません．詳細は 7.3.2 項で説明します．

問 7.11 例 7.5 で，3 期間のダイナミックヘッジを説明しなさい．

7.3 Black–Scholes の公式

本節では，本書の到達目標のひとつである Black–Scholes の公式を紹介します．F. Black と M. Scholes がヨーロピアンコールオプションの公式を導出した論文を発表したのは 1973 年のことで，その功績が認められ，ノーベル経済学賞を受賞したのが 1997 年のことです[*2]．

Black–Scholes 公式の導出にも，二項モデルと同様に 3 つの方法がありますが，本節では，数学的にもっとも簡便な方法である，CRR 公式の極限として求める方法を説明します．他の方法で導出するためには，確率微分方程式や偏微分方程式などの高度な数学が必要となります．

まず，Black–Scholes モデルの仮定について説明しておきます．
- 仮定 5.4 の完全市場を考える．
- 1 つの危険資産（株式）と 1 つの安全資産（国債）だけが存在する．
- 株式に配当はない．
- 国債の利回り（リスクフリーレート）r は期間をとおして一定である．

さらに，株式の対数収益率は以下の正規分布に従うとします．

$$\log(S_t/S_0) = \left(\mu - \frac{1}{2}\sigma^2\right)t + \sigma W_t, \qquad S_0 = S \tag{7.31}$$

ここで μ は期待収益率，σ はボラティリティ，W_t は平均 0，分散 t の正規分布に従う確率変数です[*3]．すなわち，

$$\log(S_t/S_0) \sim N(\nu t, \sigma^2 t), \qquad \nu = \mu - \frac{1}{2}\sigma^2 \tag{7.32}$$

となります．

以上の仮定の下で，満期 T，行使価格 K のヨーロピアンコールオプションのプレミアムは，以下の Black–Scholes の公式で与えられます．

$$C_0 = S\Phi(a_1) - Ke^{-rT}\Phi(a_2) \tag{7.33}$$

ただし，Φ は標準正規分布の分布関数（A.2.5 項）で，

$$a_1 = \frac{\log(S/K) + (r + \sigma^2/2)T}{\sigma\sqrt{T}}, \qquad a_2 = a_1 - \sigma\sqrt{T} \tag{7.34}$$

[*2] 実際には，F. Black は受賞 2 年前に他界しており，受賞者は M. Scholes と公式に厳密な証明を与えた R.C. Merton でした．
[*3] 正確には，W_t は標準ブラウン運動，S_t は幾何ブラウン運動と呼ばれる確率過程です．これらの詳細な説明については本書の範囲を超えるので，専門書を参照してください．

とします.

Black–Scholes の公式は CRR の公式 (7.28) と非常によく似ています. まず, 二項モデルの複製ポートフォリオを思い出すと, 株式と国債の保有数をそれぞれ Δ, B として, プレミアムは

$$C_0 = S\Delta + B$$

で与えられたので, これと公式 (7.33) を比較すると

$$\Delta = \Phi(a_1), \qquad B = -Ke^{-rT}\Phi(a_2) \tag{7.35}$$

となり, 株式と国債の保有数が正規分布の分布関数 Φ を使って表わされていることがわかります.

公式 (7.33) の導出の前に, コールオプションのプレミアムの性質を調べましょう. プレミアムを決定する変数は (S, K, T, σ, r) の 5 つです. このことを強調するために, オプションプレミアムをこれら 5 変数の関数として

$$C = C(S, K, T, \sigma, r)$$

と書くことにします. 満期 T は現時点から見ればオプション契約の残存期間と考えられます.

まず, 各変数の極限 (0 と ∞) の影響を調べましょう.

1) 株価 S
    - $S \to 0$ のとき, $C \to 0$
    - $S \to \infty$ のとき, $C \to \infty$
2) 残存時間 T
    - $T \to 0$ のとき
        - $S \leq K$ のとき, $C \to 0$
        - $S > K$ のとき, $C \to S - K$
    - $T \to \infty$ のとき, $C \to S$
3) 行使価格 K
    - $K \to 0$ のとき, $C \to S$
    - $K \to \infty$ のとき, $C \to 0$
4) ボラティリティ σ
    - $\sigma \to 0$ のとき
        - $S \leq Ke^{-rT}$ のとき, $C \to 0$
        - $S > Ke^{-rT}$ のとき, $C \to S - Ke^{-rT}$
    - $\sigma \to \infty$ のとき, $C \to S$
5) リスクフリーレート r
    - $r \to 0$ のとき, $C = C(S, K, T, \sigma, 0)$
    - $r \to \infty$ のとき, $C \to S$

7.3 Black–Scholes の公式

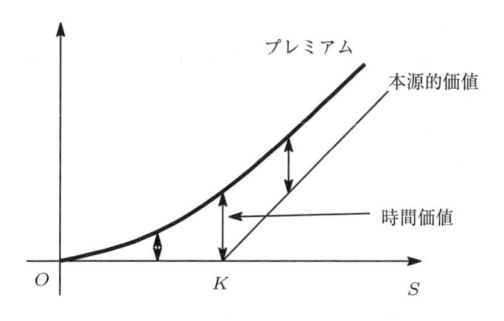

図 **7.1** オプションプレミアムの分解

　行使価格の影響は，6.4.2 項のバーチカルスプレッドで説明した直感を支持しています．残存期間の影響に注目すると，時間が満期に近づく（満期が短い）につれて，プレミアムが小さくなることがわかります．つまり，プレミアムは満期ペイオフと，**時間価値**に分解することができます．この場合，満期ペイオフを**本源的価値**といいます．図 7.1 は，この分解のイメージを表わしています．アットザマネー付近で，オプションの時間価値がもっとも大きくなることに注意してください．

7.3.1 二項モデルの極限

　二項モデルの極限が Black–Scholes モデルに収束することを示す前に，数値例でこのことを確認しておきましょう．

例 7.6 (Black–Scholes モデルの数値例)　例 7.3 の 1 期間二項モデルと比較するためにはボラティリティを一致させる必要があります．

$$\sigma^2 = p(u-1)^2 + (1-p)(d-1)^2 = (0.5)^2$$

なので $\sigma = 0.5$ です．他のパラメータは同じ $(S=40, K=40, T=1, r=0.25)$ とします．Black–Scholes の公式は普通の電卓では計算できないので，計算ソフトを使うと，$C_0 = 12.28$ と求まります．例 7.3 では $C_0 = 12$ だったので，Black–Scholes の公式は CRR の公式と近い結果を算出することがわかります．

　では，Black–Scholes モデルが二項モデルの極限として導けることを説明します．まず，時間を連続化するために

$$n\Delta t = T \tag{7.36}$$

とおきます．ここで，コールオプションの満期 T に対して，二項モデルでは n 期間で各期間の時間幅を Δt としました．満期 T を一定に保ったまま，$n \to \infty (\Delta t \to 0)$ という極限を考えます．これが時間の連続化です．

　次に，株価の連続化のために

$$u = e^{\sigma\sqrt{\Delta t}}, \qquad d = e^{-\sigma\sqrt{\Delta t}} \tag{7.37}$$

とおきます．こうすれば，$\Delta t \to 0$ のとき上昇ファクターも下落ファクターも 1 に近付き，株価変動にジャンプはなく連続的に変動することになります．

最後に，上昇確率 p を

$$p = \frac{1 + \nu\sqrt{\Delta t}/\sigma}{2}, \qquad \nu = \mu - \frac{1}{2}\sigma^2 \tag{7.38}$$

とおきます．$\Delta t \to 0$ のとき p は 0.5 に近付きますが，以下の計算を簡単にするためにこのようにおいただけで特別の意味はありません．

さて，二項モデルの株価の対数収益率は

$$\log \frac{S_n}{S_0} = \log \frac{u^k d^{n-k} S}{S} = k \log \frac{u}{d} + n \log d$$

でした．変数 k は株価の上昇回数を表わす二項分布に従う確率変数なので，対数収益率は二項分布に従います．平均と分散を計算すると，二項分布の性質から

$$\mu_B = \mathbb{E}\left[\log \frac{S_n}{S_0}\right] = \mathbb{E}[k]\log \frac{u}{d} + n\log d = np\log \frac{u}{d} + n\log d \tag{7.39}$$

$$\sigma_B^2 = \mathbb{V}\left[\log \frac{S_n}{S_0}\right] = \mathbb{V}[k]\left(\log \frac{u}{d}\right)^2 = np(1-p)\left(\log \frac{u}{d}\right)^2 \tag{7.40}$$

が得られます．

これらの式に式 (7.36)–(7.38) を代入し極限 $n \to \infty$ ($\Delta t \to 0$) をとると，やや複雑な計算から

$$\mu_B = \frac{T}{\Delta t}\frac{1+\nu\sqrt{\Delta t}/\sigma}{2}\log\frac{e^{\sigma\sqrt{\Delta t}}}{e^{-\sigma\sqrt{\Delta t}}} + \frac{T}{\Delta t}\log e^{-\sigma\sqrt{\Delta t}} = \nu T \tag{7.41}$$

および

$$\sigma_B^2 = \frac{T}{\Delta t}\frac{1+\nu\sqrt{\Delta t}/\sigma}{2}\frac{1-\nu\sqrt{\Delta t}/\sigma}{2}\left(\log \frac{e^{\sigma\sqrt{\Delta t}}}{e^{-\sigma\sqrt{\Delta t}}}\right)^2$$

$$= (\sigma^2 - \nu^2 \Delta t)T \xrightarrow{\Delta t \to 0} \sigma^2 T \tag{7.42}$$

となります．さらに，中心極限定理（A.2.5 項の定理 A.6）から，$n \to \infty$ のとき二項分布は同じ平均と分散をもつ正規分布に収束するので，時間と株価を連続化したとき，Black–Scholes モデルにおける株価の対数収益率は平均 νT，分散 $\sigma^2 T$ の正規分布に従うことが確認されました．もちろん，この結果は式 (7.32) に一致します．

後は，CRR の公式が Black–Scholes の公式に収束することを確かめればよいことになります．すなわち，

$$(1+r)^{-n} \to e^{-rT} \tag{7.43}$$

$$\phi(a;n,q^*) \to \Phi(a_1) \tag{7.44}$$

$$\phi(a;n,p^*) \to \Phi(a_2) \tag{7.45}$$

を示します.まず,式 (7.43) ですが,左辺と右辺で r の意味が異なるので,右辺に合わせます.右辺の r は国債の年率利回りを表わしており,左辺では1期間の長さが Δt なので,

$$(1+r\Delta t)^{-n} = \left(1 + \frac{rT}{n}\right)^{-n}$$

と修正します.$rT/n = 1/N$ とすると,$n \to \infty$ のとき $N \to \infty$ なので,A.1.2 項の例 A.3 から

$$\left(1 + \frac{1}{N}\right)^{-rTN} = \left(\left(1 + \frac{1}{N}\right)^N\right)^{-rT} \xrightarrow{n \to \infty} e^{-rT}$$

となります.

次に,式 (7.45) を示します.CRR 公式における p^* はリスク中立確率なので,

$$p^* = \frac{1 + \nu^*\sqrt{\Delta t}/\sigma}{2}, \qquad \nu^* = r - \frac{1}{2}\sigma^2 \tag{7.46}$$

とおきます.リスク中立確率の下では,株価の期待収益率は国債の利回り(Black–Scholes モデルでは連続利回り)に一致することを思い出しましょう.

二項分布の補分布関数を標準化すると,

$$\phi(a;n,p^*) = P(k \geq a) = P\left(\frac{k - np^*}{\sqrt{np^*(1-p^*)}} \geq \frac{a - np^*}{\sqrt{np^*(1-p^*)}}\right)$$

となり,式 (7.29), (7.39)–(7.42) および (7.34) から,

$$\frac{a - np^*}{\sqrt{np^*(1-p^*)}} = \frac{\log(K/S) - n\log d - np^*\log(u/d)}{\sqrt{np^*(1-p^*)}\log(u/d)}$$

$$= \frac{\log(K/S) - \mu_B}{\sigma_B} \xrightarrow{\Delta t \to 0} \frac{\log(K/S) - \nu T}{\sigma\sqrt{T}} = -a_2$$

が得られます.中心極限定理より,標準化した二項分布は標準正規分布に収束するので,

$$\phi(a;n,p^*) \to 1 - \Phi(-a_2) = \Phi(a_2)$$

となります.式 (7.44) も同様に示すことができるので(章末問題 Q 7.8),CRR の公式は Black–Scholes の公式に収束することが確かめられました.

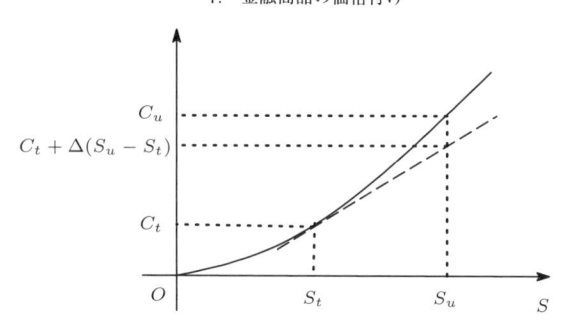

図 7.2　デルタヘッジの誤差

7.3.2　リスク指標

7.2.5 項で二項モデルのダイナミックヘッジを紹介しましたが，二項モデルでは満期から順番に連立方程式を解いてデルタを計算しました．Black–Scholes モデルの利点のひとつはデルタなどが公式から解析的に計算できるという点です．さらに，ダイナミックヘッジに活用する他のリスク指標も同様に計算できます．本項では，オプション理論における代表的なリスク指標を説明します．

a. デルタ

Black–Scholes 公式の解釈から，デルタは式 (7.35) であることがわかりました．実は，公式 (7.33) を原資産 S で偏微分すると（計算は複雑なので省略します）

$$\frac{\partial C}{\partial S} = \Phi(a_1) = \Delta$$

となり，デルタは株価の変化に対するプレミアムの変化と解釈できます．二項モデルの例 7.5 では，デルタヘッジの対象が明確に 1 期間後でしたが，連続時点の Black–Scholes モデルでは「次の瞬間」が対象です．もちろん，現実には「次の瞬間」に対応できないので，どうしても時間的にロスが生じてしまい，その結果ヘッジにも誤差が生じます．その様子を，図 7.2 で見てみましょう．

現時点が t で，次にリバランスする時点が u とします．時点 u には，オプションプレミアムは C_u に変化していますが，t 時点のデルタヘッジで対応できるプレミアムは $C_t + \Delta(S_u - S_t)$ までなので，誤差が生じていることがわかります．これは，オプションプレミアムが原資産に対して直線ではなく曲線になっていることが原因です．したがって，デルタの変化率が大きいときは，リバランスの頻度に気を付ける必要があります．

b. ガンマ

デルタの原資産に対する変化率である**ガンマ**を調べると（計算は複雑なので省略します）

$$\Gamma = \frac{\partial \Delta}{\partial S} = \frac{\partial^2 C}{\partial S^2} = \frac{\Phi'(a_1)}{S\sigma\sqrt{T}}$$

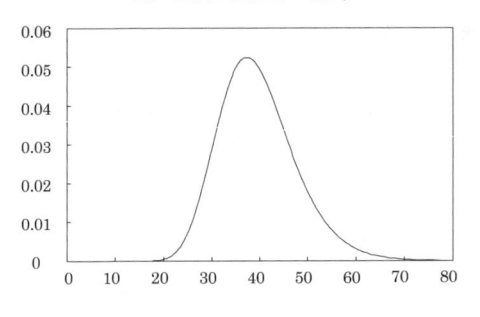

図 **7.3** ガンマと株価の関係

となります．ガンマと株価の関係を数値計算をもとに調べましょう．ここでは一般的な数値 ($\sigma = 0.2, r = 0.01$) を使います．図 7.3 から，アットザマネー付近ではガンマが非常に大きい値をとることがわかります．つまり，アットザマネーの付近ではリバランスを頻繁に行なう必要があります．

c. セ ー タ

残存時間に対するプレミアムの変化率

$$\Theta = \frac{\partial C}{\partial T} = -\frac{S\sigma}{2\sqrt{T}}\Phi'(a_1) - re^{-rT}K\Phi(a_2)$$

を**セータ**と呼びます．オプションプレミアムは残存時間が長いほど時間価値が大きいので $\Theta > 0$ となります．

図 7.4 に残存時間に対するセータの計算結果を示します．パラメータの数値はガンマの計算と同じものを使いました．ここから，満期から少し手前のとき（アットザマネーのときは満期直前まで）セータが大きく，したがってガンマも大きいので，リバランスの頻度に注意が必要です．

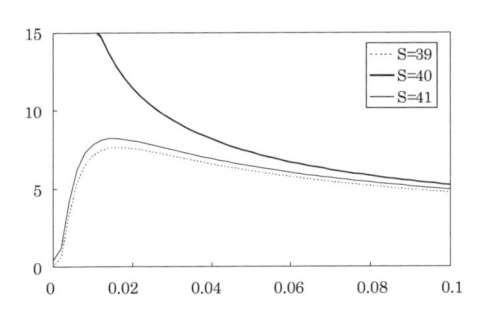

図 **7.4** セータと残存期間の関係

d. その他の指標

ここまでで，ガンマやセータに注意しながらダイナミックヘッジの頻度を調整することで，オプションのリスクを管理できることがわかりましたが，実際には，その他のリスク指標であるベガ ($\mathcal{V}$) やロー (ρ)

$$\mathcal{V} = \frac{\partial C}{\partial \sigma}, \qquad \rho = \frac{\partial C}{\partial r}$$

なども重要です．Black–Scholes モデルでは，ボラティリティ σ やリスクフリーレート r は一定と仮定していますが，実際の市場ではこれらも変動しているからです．

さらに，もっと根本的な問題は，ポジションの変更には取引コストが発生するし，空売り規制があったり，任意の単位で取引することもできないということです．現実には，ファイナンス理論を駆使しても，リスクを完全に消去することはできないのです．このような限界を踏まえて，ファイナンス理論を実務に応用することが非常に重要です．

章末問題

Q 7.1 問 7.3 と同様のポートフォリオを考えることで，コールオプションに関する不等式

$$S_t \geq C_t \geq S_t - Kv(t,T)$$

を導きなさい．

Q 7.2 エクイティスワップとは，固定金利による利子と株式 S_t を交換するスワップです．現時点を 0 とし，1 年後からスタートするエクイティスワップを考えます．想定元本を 100 円，利払いは 2 年後と 3 年後に行なわれるとした場合のスワップレートを求めなさい．

Q 7.3 CRR の公式 (7.28) とプットコールパリティ(7.8) から，プットオプションのプレミアムを求めなさい．

Q 7.4 例 7.5 で，プットオプションの場合の 3 期間のダイナミックヘッジを説明しなさい．

Q 7.5 Black–Scholes モデルにおいて，$S = K = 100, T = 0.3, \sigma = 0.3, r = 0.01$ とします．コールオプションのプレミアムを求めなさい．また，$S = 80, 120$ の場合のプレミアムを求め，アットザマネーの時間価値がもっとも大きいことを確かめなさい．

Q 7.6 Black–Scholes の公式 (7.33) とプットコールパリティ(7.8) から，Black–Scholes モデルにおけるプットオプションのプレミアムを求めなさい．

Q 7.7 Black–Scholes の公式 (7.33) において，S, T, K, σ, r の極限の結果をすべて証明しなさい．

Q 7.8 式 (7.44) を証明しなさい．

8 ファイナンス理論の応用

本章では,これまで学んできたファイナンス理論の応用として,企業の成長戦略として注目されているM&A,企業の投資戦略を分析するリアルオプション,金融危機の原因となった信用リスクの問題,企業の最適資本構成という4つの問題を取り上げます.

8.1 M&Aへの応用

本節では,企業の成長戦略として注目されるM&Aへのファイナンス理論の応用を紹介します.最初にM&Aの分類や方法を紹介し,次にBlack–Scholesの公式を利用して,近年注目されている株式公開買付を分析します.

8.1.1 M&Aとは

M&AとはMergers and Acquisitionsの略で,それぞれ
- Mergers:**合併**(複数の企業が1つに統合する)
- Acquisitions:**買収**(株式や資産を取得して会社の経営権を獲得する)

という意味があります.日本語では企業買収と訳されることが多いですが,合併と買収という2つの意味を持っていることに注意しましょう.

複数の企業が合併すると,もとの企業は消滅してしまいます.また買収には巨額の資金が必要となります.M&Aは,仕掛けられた側にとっては一大事ですが,仕掛ける側にとっても難しい判断が要求されます.

それでも企業がM&Aを実行するのは,M&Aにはさまざまな利点があるからです.代表的なものには以下のものがあります.

シナジー効果:経営資源の効率化や相乗効果で,合計以上の価値向上が
見込める[1].
成長戦略:　　企業規模の成長が見込める.
多角化戦略:　異業種へ進出でき,事業リスクの分散が見込める.

---

[1] シナジー効果には,企業価値がもとの企業の合計以上に向上する**正のシナジー効果**だけでなく,合計未満になってしまう**負のシナジー効果**もあります.

◆ **Coffee Break**

メガバンク
　日本の3メガバンクである，三菱東京 UFJ フィナンシャル・グループ（FG），みずほ FG，三井住友 FG も M&A で誕生した会社ですが，実は多くの銀行が M&A を繰り返して，現在の3メガバンク体制になっています．3メガバンクはそれぞれ，三菱東京 UFJ 銀行，みずほ銀行，三井住友銀行を中核とした銀行，信託銀行，証券会社などのグループ会社の**持株会社**です．持株会社とは事業を営まず，子会社あるいはグループ全体の戦略の発動と経営管理・リスクマネジメントなどを行ないます．持株会社は**株式移転**という手法によって設立されます．子会社となる会社が新会社を設立し，その新会社に株式譲渡によって買収され，その新会社は持株会社になるという仕組みです．

　超過利益：　　株価が割安な企業を買収して資産を売却すれば，利益が見込める[*2]．

8.1.2　M&A の分類

　まず，会社の存続という観点から分類すると，合併は**吸収合併**と**新設合併**に分かれます．吸収合併とは，一方の会社を存続会社とし他方の会社（被合併会社）が存続会社に合併されて消滅する形態で，新設合併とは，複数の会社が解散して新会社を設立する形態です．

　買収には，**株式取得**と**事業譲渡**の2つの方法があります．株式取得とは，その会社の株式を支配的に取得することによって，経営権を掌握する方法です．取得方法には，既存の株主から取得する**株式譲渡**と新たに発行された新株を受け取る**第三者割当**の2つがあります．株式取得が会社全体を取得するのに対して，事業譲渡は特定の事業だけを取得するので，目的に限定した効率のよい買収が可能です．

　次に，当事者となる企業の事業内容という観点から分類すると，水平型 M&A，垂直型 M&A，混合型 M&A の3つのタイプがあります．水平型 M&A とは，同一業種の中で同じ段階の企業を統合する M&A で，垂直型 M&A とは，同一業種の中で異なる段階の企業を統合する M&A です[*3]．水平型 M&A には，規模拡大の効果があります．垂直型 M&A では，物流や情報の効率化などによるシナジー効果が得られやすいとされています．混合型 M&A とは，他業種の企業を統合する M&A で，多角化戦略の実行手段として用いられます．

　[*2]　いわゆる裁定機会による利益です．投資銀行やヘッジファンドなどが裁定機会を見つけ出し，巨額の超過利益を得ることがあります．
　[*3]　金融業でいえば，銀行と証券会社の統合が垂直型 M&A にあたりますが，銀証分離規制によって禁じられているため実現はできません．

8.1.3 M&Aの方法

次に，M&Aを実行するための方法について見ていきましょう．合併の場合は当事者間の交渉によりますが，買収の場合には，株式の取得方法によって性質が異なります．

a. 相対取引

経営権を取得するためには，50%超の株式取得が必要です．もっとも効率がよいのは，既存の大株主から直接取得することです．大株主の代表的な例は，創業家や親会社などです．

b. 市場買付け

大株主が存在しない場合には，市場で取得することになります．ただし，市場で株式を大量に購入すると，株価が上昇します．これによって，買収コストが想定よりも高くなるリスクがあります．

c. 公開買付け

上場企業の企業買収の手法に，**株式公開買付け**（TakeOver Bid; TOB）があります．TOBとは，ある株式会社の株式などの買付けを，期間・株数・価格を公告し，不特定多数の株主から株式市場外で株式などを買い集める制度のことです．TOBには通常の株式取得と比べて利点が多いとされています．通常の場合，取得できる株数に限界がありますが，TOBでは公告すれば，より幅広い株主から株式を集められます．さらに，TOBでは買付価格を公告するので，買収コストを確定できます．

d. レバレッジドバイアウト

買収の際に，買収対象企業の資産などを担保に借り入れた資金で株式を取得する手法を，**レバレッジドバイアウト**（Leveraged BuyOut; LBO）といいます．LBOには，買収者にとっては少ない手元資金で買収できるという利点がありますが，被買収企業は買収後に借金を引き継ぐことになり，自己資本比率が低くなってしまうという欠点があります．

8.1.4 Black–Scholes 公式の応用

本項では，TOBをファイナンス理論の視点で分析してみます．買収の対象となる企業の株価を S，買付価格を K とすると，買収によって得られる1株あたり利益は $S-K$ となります．しかし，株主側の視点に立つと，株価が買付価格よりも高ければTOBに応じると損をするので，満期（買付期間終了時）T の株主の利益は

$$\max\{K - S_T, 0\} \tag{8.1}$$

となり，プットオプションロングのペイオフに一致します．つまり，買収企業は公告時点でプットオプションをショートしていると捉えることができます．しかし，実際にプットオプションを株主に売却してプレミアムを得るわけではないので，公告時点のキャッシュフローはゼロですが，満期で

$$-P_T = \min\{S_T - K, 0\} \tag{8.2}$$

のキャッシュフロー(負かゼロ)が発生し,TOB による買収の利益がなくなってしまいます.

その理由は,買収の価値を株価だけで測定したからです.前述のとおり,M&A には単純な株価の合計だけでは測定できない**シナジー効果**があり,これが M&A を実行する主な理由です.そこで,買収に必要な株式数を N,シナジー効果を V とすると,買収によって得られる利益は $V - NP_T$ と修正できます.TOB を決断するのは公告時点なので,この買収利益の公告時点での価値

$$TOB = e^{-rT}\mathbb{E}^*[V - NP_T] \tag{8.3}$$

を考えてみましょう.プットオプションのプレミアムは第 7 章で求めたので,

$$TOB = e^{-rT}\mathbb{E}^*[V] - NP_0 \tag{8.4}$$
$$= e^{-rT}\mathbb{E}^*[V] + NS\Phi(-a_1) - NKe^{-rT}\Phi(-a_2) \tag{8.5}$$

と変形できます.では,シナジー効果の部分はどうでしょうか?

TOB が成立して買収が完了しなければ,シナジー効果は得られません.つまり,TOB が成立する確率が必要になります.$\Phi(-a_2)$ はプットオプションが行使される確率を表わしており,この場合は TOB が成立する確率です.したがって,公告時点での TOB の価値は

$$TOB = Ve^{-rT}\Phi(-a_2) + NS\Phi(-a_1) - NKe^{-rT}\Phi(-a_2) \tag{8.6}$$

となります.次の例で,企業買収における TOB 戦略を調べてみます.

例 8.1 (TOB とシナジー効果) A 社は成長戦略の柱として,B 社の買収を検討しています.リサーチの結果,現在の株価は 50 万円,ボラティリティは 30%,シナジー効果は 1,000 億円,リスクフリーレートは 1% と報告されました.買収に必要な株式数は 100 万株で,これを TOB で取得するとします.TOB 価値 (8.6) を使って買付期間と価格を分析してみます.

まずは,買付期間を一般的な 30 日,買付価格 K を現在の株価 50 万円にしてみましょう.パラメータは年率なので 1 年の取引日数 240 日を使って $T = 30/240 = 0.125$ として式 (8.6) に代入します.結果は $TOB = 307.57$ となり期待利益が正なので,この期間と価格で TOB を実施してもよいことになります.では,他の期間と価格では TOB 価値がどのように変化するでしょうか? TOB の買付期間は 20–60 日と決まっているので,各日数の TOB 価値を調べると,表 8.1 のようになります.

表 8.1 から,買付価格によって,買付期間の影響が異なることがわかります.$K = 60$ のときは,買付価格が高いので TOB 自体の成立確率は 1 に近いのですが,コストがかかり過ぎて価値が負になっています.一方 $K = 40$ のときは,価値は正ですが,TOB が成立する確率はほとんどありません.つまり,最適な買付価格を決定する必要があるということです.

8.1 M&Aへの応用

表 8.1 買付期間と買付価格による TOB 価値，成立確率の変化

買付価格 \ 買付期間		20	30	40	50	60
$K = 40$	TOB	4.90	16.62	30.81	44.59	56.87
	$\Phi(-a_2)$	0.005	0.020	0.038	0.057	0.076
$K = 50$	TOB	342.46	307.57	278.33	252.68	229.60
	$\Phi(-a_2)$	0.513	0.516	0.519	0.521	0.523
$K = 60$	TOB	-15.14	-43.32	-74.57	-105.38	-134.69
	$\Phi(-a_2)$	0.984	0.961	0.938	0.917	0.899

他のパラメータを固定して TOB を最大にする買付価格 K^* を求めると表 8.2 のようになります．買付期間 30 日のときは $K^* = 52.05, TOB = 332.70$ となります．買収コストと成立確率のトレードオフから，1 株あたり約 2 万円の買収プレミアムを上乗せすることで，TOB 価値が最大になりました．実際の TOB では，通常 50%程度のプレミアムが上乗せされるといわれています．

その他のパラメータの影響も表 8.2 で調べてみましょう．ただし，N の影響は S あるいは V に吸収されるため省略します．表から，ボラティリティが低い安定した企業，株価の安い企業，シナジー効果の大きい企業への TOB は成功確率も高く価値も高いことがわかります．また，リスクフリーレートは，買付期間が短いため影響が非常に小さくなっています．このように，Black–Scholes の公式を応用して，TOB の意思決定を分析することができます．

表 8.2 最適買付価格，TOB 価値，成立確率の変化

σ	0.1	0.3	0.5	0.7	0.9
K^*	52.42	52.05	48.5	43.77	38.93
TOB	661.66	332.70	189.00	124.07	93.35
$\Phi(-a_2)$	0.906	0.663	0.464	0.338	0.264
r	0.01	0.03	0.05	0.07	0.09
K^*	52.05	52.16	52.28	52.40	52.52
TOB	332.70	331.05	329.40	327.76	326.13
$\Phi(-a_2)$	0.663	0.662	0.661	0.660	0.659
S	30	40	50	60	70
K^*	32.69	42.52	52.05	61.30	70.32
TOB	496.64	405.81	332.70	273.24	224.61
$\Phi(-a_2)$	0.803	0.732	0.663	0.596	0.534
V	600	800	1,000	1,200	1,400
K^*	49.21	50.86	52.05	52.96	53.69
TOB	103.81	208.13	332.70	471.03	619.17
$\Phi(-a_2)$	0.456	0.580	0.663	0.720	0.762

8.2 リアルオプション

本節では,企業の投資戦略を分析するための手法であるリアルオプションを紹介します.3.1節で説明したように,企業の投資意思決定は内部収益率法や正味現在価値法などで判断されますが,これらの理論は「待つ」というオプション性が含まれていない前提で構築されています.**リアルオプション**とは,投資機会をオプションとして捉え,状況がよいときだけ投資し,悪ければ投資しないという戦略の基準とその価値を提供する分析手法で,金融工学の技術(特にオプション理論)が応用されています.

リアルオプションが威力を発揮する投資意思決定の代表例は,新規プロジェクトへの投資です.この場合,投資プロジェクトはコールオプションとなります.以下の例で見てみましょう.

例 8.2 (新製品開発プロジェクト) ある企業が新製品を開発し,マーケティングなどの市場調査を終えて,市場への投入を検討しています.市場調査の結果,以下のことがわかりました.
- 新製品の投入には,広告宣伝費などの投資費用が 100 億円必要.
- 現在の潜在需要から,投入後の予想総利益は 120 億円.
- 1ヵ月後には潜在需要が膨らみ利益は 1.5 倍になるが,他社から類似製品が販売される可能性が 50% あり,その場合,利益は半減.

このとき,この企業は新製品を即座に市場に投入すべきでしょうか? それとも,1ヵ月待ってから判断すべきでしょうか? 正味現在価値法に従えば,

$$\text{NPV} = 120 - 100 = 20 > 0 \tag{8.7}$$

より,新製品を即座に投入すべきであるということになります.

例 8.2 の分析では,1ヵ月後の不確実性を考慮できていません.不確実性を考慮するには,どうすればよいでしょうか?

例 8.2 をリアルオプションを使って分析してみましょう.プロジェクト価値を V とすると,V は $u = 1.5, d = 0.5, p = 0.5$ の 1 期間二項モデル

$$V \begin{array}{c} \overset{0.5}{\nearrow} 1.5V \\ \underset{0.5}{\searrow} 0.5V \end{array} \tag{8.8}$$

に従っています.ただし,1 期間後にプロジェクト価値が上がった場合は投入する価値があるが,下がった場合は投入する価値がないとします.すなわち $1.5V - 100 > 0$ かつ $0.5V - 100 \leq 0$,したがって $66.7 < V \leq 200$ とします.

$t = 0$ で即座にプロジェクトを開始する価値は

$$\text{NPV} = V - 100 \tag{8.9}$$

です．$t=1$ まで待ってから投入を判断する場合，価値が上がっていれば投入しますが，下がっていれば投入しないので，そのペイオフは

$$F_1 = \max\{V_1 - 100, 0\} \tag{8.10}$$

となり，新規プロジェクトはコールオプションと捉えることができます．では，このコールオプションの価値は，7.2 節のようにリスク中立化法で計算すればよいのでしょうか？　答えは違います．

リスク中立確率が使えるのは，原資産を売買できるときだけでした．プロジェクト価値は株式のようには売買できないので，この場合はリスク中立化法は使えません．確率も p のままで，割引率はリスクフリーレートではなく，リスク調整済み割引率 ρ を使います．したがって，コールオプションの価値は

$$F_0 = \frac{\mathbb{E}[F_1]}{1+\rho} \tag{8.11}$$

となります．リスク調整済み割引率を $\rho = 0.25$ とすると，1 期間待ってから投入を判断するときのオプション価値は

$$F_0 = \frac{0.5 \times (1.5V - 100)}{1.25} = 0.6V - 40 \tag{8.12}$$

と求まります．

ここで，$t=0$ で即座にプロジェクトを開始する価値 NPV と，1 期間待ってから投入を判断するときの価値 F_0 を比較してみると，

$$\text{NPV} - F_0 = 0.4V - 60 \tag{8.13}$$

となります．つまり，V の水準によって正にも負にもなるので，即座に開始したほうがよいときもあれば，1 期間待ったほうがよいときもあるということです．この場合は，$V = 150$ が分岐点となります．正味現在価値法によれば NPV > 0，すなわち $V > 100$ のとき即座にプロジェクトを開始すべきですが，リアルオプションでは $V > 150$ でないと即座に投入しないという結果になります．グラフに表わすと図 8.1 のように，NPV の破線と F_0 の実線の交点になります．

以上をまとめると，このプロジェクトの戦略は，

$$F = \begin{cases} 0, & V \leq 66.7 \text{ のとき，投資しない} \\ F_0, & 66.7 < V \leq 150 \text{ のとき，1 期間待って価値が上がったら投資} \\ \text{NPV}, & V > 150 \text{ のとき，即座に投資} \end{cases} \tag{8.14}$$

となり，グラフに表わすと図 8.1 の右図の太線のようになります．

ここで例 8.2 に戻ると，$V = 120$ なので，即座に投資せずに 1 ヵ月待って価値が上

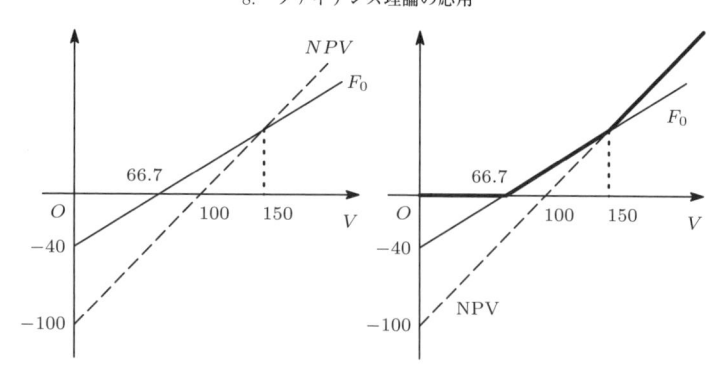

図 **8.1** 正味現在価値法とリアルオプションの関係

がったら投資するというのが最適な戦略となります．リアルオプションを使わずに正味現在価値法に頼っていたら，「待つ」というオプション性を考慮できずに正しい判断が下せないところでした．

このように，リアルオプションでは企業の意思決定に際して，金融オプションに類似した求め方で戦略を導くことができます．プロジェクト価値や収益変動の予測，リスク調整済み割引率の設定など，金融オプションに比べて課題もありますが，多くの可能性を秘めた応用分野です．

8.3 信用リスクの計測

本節では，金融危機において注目された信用リスクへのファイナンス理論の応用を紹介します．信用リスクとは債権を履行できなくなるリスクのことで，3.2 節の資金調達の理論とも密接な関係があります．社債によって資金を調達している企業にはデフォルトの可能性があるため，信用リスクの計測は投資家にとって非常に重要な問題です．

R.C. Merton は，Black–Scholes モデルを信用リスクの計測に応用しました．この Merton モデルは，信用リスクモデルの原点であり，現在のさまざまなモデルの基本となっています．

Merton モデルでは，Black–Scholes モデルを使うため，以下のように仮定します．
- 仮定 5.4 の完全市場を考える．
- 企業は株式と債券で資金を調達する．
- 株式には配当はない．
- リスクフリーレート r は期間をとおして一定である．

このうち 2 番目の仮定のみ，Black–Scholes モデルと異なることに注意しましょう．Black–Scholes モデルでは考えられていなかった企業の債券（社債）が登場します．こ

の債券の額面を B, 満期を T, クーポンの支払いはない（割引債）とします.

企業が保有する資産価値は Black-Scholes モデルと同様に，対数収益率が正規分布に従うとします.

$$\log(A_t/A_0) = \left(r - \frac{1}{2}\sigma^2\right)t + \sigma W_t^*, \qquad A_0 = A \tag{8.15}$$

また，企業が調達した株式価値を S_t, 債券価値を D_t とします. 企業は満期において，資産価値を使って債券の額面を返済しなければなりません. しかし，資産価値が確率変動するため，満期において資産価値が額面を下回っている可能性があり，その場合には額面を返済できずにデフォルトとなります（3.1 節の図 3.3 を参照）. デフォルトの場合，資産価値すべてが債権者に回収されるため，債券の満期ペイオフは

$$D_T = \min\{A_T, B\} \tag{8.16}$$

となります.

式 (8.16) を変形すると，

$$D_T = B + \min\{A_T - B, 0\} = B - \max\{B - A_T, 0\} \tag{8.17}$$

となり，債券価値は A_t を原資産，B を行使価格とするプットオプションのショートポジションになっていることがわかります.

一方，株主には残余利益を受け取る権利しかないので，株式の満期ペイオフは

$$S_T = \max\{A_T - B, 0\} \tag{8.18}$$

となり，これはコールオプションのロングポジションです. したがって，現時点 $t = 0$ における株式価値は，Black-Scholes の公式から，

$$S_0 = A\Phi(a_1) - Be^{-rT}\Phi(a_2) \tag{8.19}$$

と求まり，債券価値はプットコールパリティから，

$$D_0 = A\Phi(-a_1) + Be^{-rT}\Phi(a_2) \tag{8.20}$$

と求まります. 企業価値 V は株式価値と債券価値の合計なので

$$V_0 = S_0 + D_0 = A\Phi(a_1) + A\Phi(-a_1) = A \tag{8.21}$$

となり，資産価値そのものになっています. この結果は，企業価値は資金調達の方法に影響を受けないという MM 定理そのものです.

これで企業が発行する債券の価値が求まったので，次に信用リスクの計測に移りましょう. 信用リスクを計測する指標には，格付やデフォルト確率，**クレジットスプレッド**などがあります. Merton モデルからはデフォルト確率とクレジットスプレッドが求められます.

満期においてデフォルトした場合,株主の残余利益はなく,コールオプションが行使されないということになります.その確率は,

$$1 - \Phi(a_2) = \Phi(-a_2) \tag{8.22}$$

であり,これはプットオプションが行使される確率でもあります.

次に,クレジットスプレッドとは,対象債券の利回りと国債の利回りの差のことです.社債の利回りを R とすると,

$$D_0 = Be^{-RT} \tag{8.23}$$

なので,式 (8.20) と (8.23) から,

$$R - r = \frac{-1}{T} \log \left(\frac{A}{B} e^{rT} \Phi(-a_1) + \Phi(a_2) \right) \tag{8.24}$$

が得られます.

例 8.3 (クレジットスプレッド) Merton モデルの数値例として,$\sigma = 0.1, 0.3, 0.5$,$r = 0.05$,$A = 100$,$B = 80$ を使います.横軸を満期 T としたクレジットスプレッドの期間構造は図 8.2 のようになります.資産価値のボラティリティが高い,すなわち経営リスクが高い企業ほど,クレジットスプレッドが高いことがわかります.この結果は,不安定な企業は高い利子率を要求されるという現実と一致しています.この数値例では $A > B$ なので,現在が満期 $(T = 0)$ のとき確実に額面を返済できデフォルトしないので,クレジットスプレッドはゼロになります.$\sigma = 0.1$ のときは資産価値の変動が小さく,どの満期でも $A_T < B$ となる確率が小さいため,クレジットスプレッドはほぼゼロとなっています.

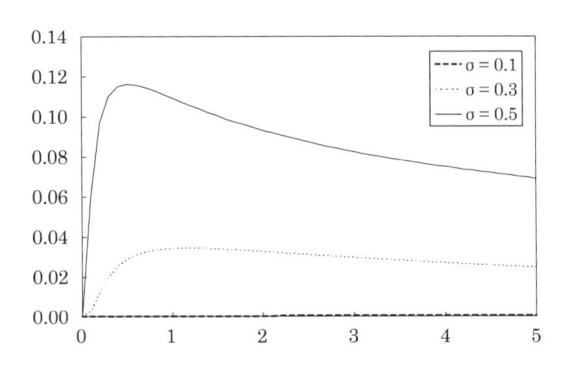

図 8.2 クレジットスプレッドの期間構造

8.4 最適資本構成の問題

最後に，第 3 章で学んだ資金調達の理論において，企業価値保存の法則（MM 定理）が成立しない場合を考えましょう．Coffee Break（p.56 参照）でも指摘したように，法人税と倒産コストを考慮すると，資本構成によって企業価値が増減することになります．したがって，現実の経営者は資金調達において，負債をどのくらい調達するのが企業価値を最大化できるのかという**最適資本構成の問題**に直面しています．以下では，法人税，倒産コストの順番に調べた後，Leland モデルを使って最適資本構成について説明します．

8.4.1 法人税の導入

企業が法人税を支払うとき，負債発行にともなう利払いは費用と見なせます．つまり負債を発行すると，課税対象となる利益を減らすことができます．これを**負債の節税効果**と呼びます．

本項では，第 3 章の定義 3.2，仮定 3.1–3.2 および仮定 8.1 の下で負債の節税効果が企業価値に与える影響を分析します．

仮定 8.1 (法人税) 証券市場は仮定 3.3 (1), (3)–(6) および次の仮定を満たすとする．

2′) 企業は時刻 1 に法人税を支払う．ただし，税率を λ とし，利益を事業資産の売買益 $(X - x)$ とする．また，利払い c は利益額を限度として利益から控除できる．

まずは，負債を発行していない企業 U の株式の利得関数を定めます．仮定 8.1 (2′) から法人税の支払額は

$$T_1^U(X) = \lambda \max\{X - x, 0\} \tag{8.25}$$

のように表わすことができます．利益がマイナスのときは法人税を支払わないことに注意しましょう．株主は法人税を支払う義務があるので，株式の利得は

$$\widehat{S}_1^U = X - T_1^U(X) \tag{8.26}$$

となります．^ は法人税を考慮する場合を表わします．

次に，負債を発行している企業 L について利得関数を定めます．法人税額は，負債の額面を b，クーポン率を R とすると利払い額 $c = b \times R$ の分だけ利益が減るので

$$T_1^L(X) = \lambda \max\{X - x - c, 0\} \tag{8.27}$$

となります．ここで節税効果の利得

$$TB_1(X) = T_1^U(X) - T_1^L(X)$$
$$= \begin{cases} \lambda c, & X \geq x + c \\ \lambda(X - x), & x \leq X < x + c \\ 0, & X < x \end{cases} \tag{8.28}$$

を定義すると，株主の利得は，残余請求権 $S_1^L(X) = \max\{X - P, 0\}$ に節税効果のある納税義務を加えて

$$\widehat{S}_1^L(X) = S_1^L(X) - T_1^U(X) + TB_1(X) \tag{8.29}$$

とできます．負債総額の仮定 3.2 より有限責任原則 $\widehat{S}_1^L(X) \geq 0$ が守られていることを確認できます．また負債の利得は，担保請求権だけなので

$$\widehat{D}_1^L(X) = D_1^L(X) = \min\{P, X\} \tag{8.30}$$

となります．

例 8.4 (法人税と MM 定理) 法人税を考慮した証券市場（仮定 3.1, 3.2, 3.4, 8.1）における，企業価値保存の法則について調べましょう．

企業 L の発行する株式および負債をそれぞれ 1 単位ずつ保有するポートフォリオの利得を考えると，式 (8.29) および (8.30) から

$$\widehat{S}_1^L(X) + \widehat{D}_1^L(X) = S_1^L(X) - T_1^U(X) + TB_1(X) + D_1^L(X)$$
$$= X - T_1^U(X) + TB_1(X)$$

となります．ここで，式 (8.26) と比較すると

$$\widehat{S}_1^L(X) + \widehat{D}_1^L(X) = \widehat{S}_1^U(X) + TB_1(X) \tag{8.31}$$

が得られ，節税効果 (8.28) は必ず正の利得をもたらすので，負債の発行は常に企業価値を上昇させ，企業価値保存の法則が成立しないことがわかりました．

定理 8.1 (負債発行量と節税効果) 法人税を考慮した証券市場（仮定 3.1, 3.2, 3.4, 8.1）では，負債総額 P が大きくなるほど節税効果が高くなる．

証明：利払い c のときの節税効果を $TB_1(X, c)$ とします．このとき $\Delta > 0$ として，負債総額を $c + \Delta$ に増やした場合について考えると

$$TB_1(X, c + \Delta) - TB_1(X, c)$$
$$= \begin{cases} \lambda \Delta > 0, & X \geq x + c + \Delta \\ \lambda(X - x - c) > 0, & x + c \leq X < x + c + \Delta \\ 0, & X < x + c \end{cases}$$

が成立します．ここで節税効果を証券であると考えると，利得 $TB_1(X, c+\Delta)$ は利得 $TB_1(X, c)$ を必ず上回るので，無裁定の仮定から

$$TB_0(X, c+\Delta) \geq TB_0(X, c)$$

が成立します．仮定 3.2 から負債総額と利払いは比例関係にあるので，節税効果は利払い c（すなわち負債総額）が大きいほど高いといえます． □

負債の発行には節税効果があり，企業価値を上昇させることがわかりました．この増加分，すなわち節税効果の時刻 0 における価値を**節税効果利益**と呼びます．企業にとって重要なことは節税効果利益がどの程度の大きさかということでしょう．数値例を用いて計算してみましょう．

例 8.5 (節税効果利益の計算例) 法人税を考慮した証券市場における 2 つの企業 U, L を考え，課税に関する想定を除いて例 3.10 の記述を踏襲します．企業 U の企業価値（株式価値），企業 L に関する負債と株式の価値，さらには節税効果利益と企業価値を求めましょう．ただし，税率を $\lambda = 50\%$ とします．

企業 U の株式の利得 (8.26) のうち，残余請求権の価値は例 3.10 から

$$S_0^U = 100 \tag{8.32}$$

となります．また，企業 L の株式の利得 (8.29) および負債の利得 (8.30) のうち，残余請求権と担保請求権の価値も例 3.10 と同様に，それぞれ

$$S_0^L = 21.44, \qquad D_0^L = 78.56 \tag{8.33}$$

となります．よって，企業 U の支払税額 $T_1^U(X)$ および負債の節税効果 $TB_1(X)$ の時刻 0 における価値がわかればすべての証券の価値を算出することができます．以下では，支払税および節税効果も証券であると考えて価値を算出します．

いま，事業資産は式 (3.18) のように変化するので，支払税額の利得 (8.25) を二項モデルを用いて表わすと

<u>企業 U の支払税額</u>

$$T_0^U = ??? \begin{array}{c} \nearrow \; T_1^U = 10 \\ \searrow \; T_1^U = 0 \end{array} \tag{8.34}$$

になります．例 3.10 と同様にして，価格 100 円の事業資産を w 単位保有し，価格 95 円の無リスク資産を z 単位だけ保有する複製ポートフォリオ (3.21) を考えます．税の利得 T_1^U と複製ポートフォリオの利得 θ^1 を一致させることで，連立方程式

$$\begin{cases} 120w + 100z = 10 \\ 70w + 100z = 0 \end{cases} \tag{8.35}$$

が成立します．これを解くと $w = 0.2, z = -0.14$ となり，支払い税金の価値は

$$\theta_0 = T_0^U = 100w + 95z = 6.7 \tag{8.36}$$

となります．したがって，企業 U の企業価値（= 株式価値）は式 (8.26), (8.32) より

$$\widehat{V}_0^U = \widehat{S}_0^U = 100 - 6.7 = 93.3 \tag{8.37}$$

のように求まります．

次に税効果利益を求めます．支払利子は額面 80 円のうち 10% で 8 円なので，式 (8.28) から税効果利益について

税効果利益

$$TB_0 = ??? \begin{array}{c} \nearrow TB_1 = 4 \\ \searrow TB_1 = 0 \end{array} \tag{8.38}$$

を得ます．この利得を複製するポートフォリオの利得を式 (3.21) とすると，連立方程式

$$\begin{cases} 120w + 100z = 4 \\ 70w + 100z = 0 \end{cases} \tag{8.39}$$

が得られるので，その解 $w = 0.08, z = -0.056$ より

$$TB_0 = 2.68 \tag{8.40}$$

を得ます．よって，株式の価値は，式 (8.29) および (8.33) より

$$\widehat{S}_0^L = 21.44 - 6.7 + 2.68 = 17.42$$

となります．負債の価値は，利得 (8.30) および (8.33) から

$$\widehat{D}_0^L = D_0^L = 78.56$$

となり，結局

$$\widehat{V}_0^L = \widehat{S}_0^L + \widehat{D}_0^L = 17.42 + 78.56 = 95.98 \tag{8.41}$$

を得ます．負債を発行する企業の価値は，式 (8.37) と式 (8.41) を比較してわかるとおり，税効果利益の分（2.68 円）だけ上昇しています．

8.4.2 倒産コストの導入

本項では，事業資産の価値が負債総額を下回ってしまい（すなわち $X < P$），倒産が発生した場合について再検討します．倒産が発生すると，債権者は負債総額の一部 $(P - X)$ を回収できません．しかし，実際にはもっと多くの損失を被ります．企業が実際に倒産すると，法的手続きに必要な経費の他にも，ブランド価値の損失，資産の投げ売りにともなう損失などが発生するためです．これらを総称して**倒産コスト**と呼びます．これまでは，倒産コストをゼロと仮定していました．本項では倒産コストが企業価値に及ぼす影響を分析します．

仮定 8.2 (倒産コスト)　証券市場は仮定 8.1 (1), (2′), (3), (4), (6) および次の仮定を満たすとする.

5′) 倒産が発生すると, 倒産コストとして残余資産 X のうち αX が計上される. ただし $0 < \alpha < 1$ とする.

企業の発行する証券の利得を整理しておきます. まず, 仮定 8.2 より倒産コストの利得は

$$BC_1(X) = \begin{cases} 0, & X \geq P \\ \alpha X, & X < P \end{cases} \tag{8.42}$$

と表わすことができます.

次に, 負債を発行していない企業 U の株式を考えます. 企業が負債を用いない場合, 倒産コストは発生しないので, 利得は残余請求権と法人税支払からなり

$$\widetilde{S}_1^U = S_1^U(X) - T_1^U(X) = \widehat{S}_1^U \tag{8.43}$$

となります. ～は法人税と倒産コストを考慮する場合を表わします.

最後に, 負債を発行している企業 L の株式および負債の利得について定めます. 株主は, 企業が倒産していない場合, 残余請求権を行使し, 節税効果を加味した法人税を支払います. 倒産が発生した場合には, 有限責任原則から利得はゼロとなります. ゆえに

$$\widetilde{S}_1^L = S_1^L(X) - T_1^U(X) + TB_1(X) = \widehat{S}_1^L(X) \tag{8.44}$$

となります. 一方, 債権者については, 企業が倒産していない場合は負債総額が返還されますが, 企業が倒産した場合には, そのときの事業資産の一部を用いて倒産コストを支払う必要があります. 倒産後の企業の新たな株主はもとの債権者だと考えてもよいでしょう. 結局

$$\widetilde{D}_1^L = D_1^L(X) - BC_1(X) \tag{8.45}$$

と表わすことができます. 以上から, 各証券の利得が定まったので, 倒産コストの企業価値への影響を調べます.

例 8.6 (倒産コストと MM 定理)　法人税および倒産コストを考慮した証券市場における, 負債発行の企業価値への影響を調べましょう.

企業 L の発行する株式および負債を 1 単位ずつ保有するポートフォリオの利得を考えると, 式 (8.44), (8.45) から

$$\begin{aligned}\widetilde{S}_1^L(X) + \widetilde{D}_1^L(X) &= S_1^L(X) - T_1^U(X) + TB_1(X) + D_1^L(X) - BC_1(X) \\ &= X - T_1^U(X) + TB_1(X) - BC_1(X)\end{aligned} \tag{8.46}$$

となります. ここで式 (8.43) と比較すると

$$\widetilde{S}_1^L(X) + \widetilde{D}_1^L(X) = \widetilde{S}_1^U(X) + TB_1(X) - BC_1(X) \tag{8.47}$$

が得られ，各項を証券と考えて，価値を導出すると

$$\widetilde{V}_0^L = \widetilde{V}_0^U + TB_0(X) - BC_0(X) \tag{8.48}$$

となります．

定理 8.2 (負債発行量と倒産コスト) 倒産コストはゼロ以上であり，負債総額が大きいほど倒産コストも大きい．

証明：倒産コスト (8.42) は負になることはないので，$BC_0 \geq 0$ がいえます．次に，負債総額 P の負債を発行する場合の倒産コストを $BC_1(X, P)$ とします．ここで $\Delta > 0$ として，負債を増やした場合の倒産コストを考えると

$$BC_1(X, P + \Delta) - BC_1(X, P) = \begin{cases} 0, & X \geq P + \Delta \\ \alpha X, & P \leq X < P + \Delta \\ 0, & X < P \end{cases} \tag{8.49}$$

が成立します．利得 $BC_1(X, P+\Delta)$ と $BC_1(X, P)$ のどちらも証券であると考えると，無裁定の仮定から $BC_0(P+\Delta) \geq BC_0(P)$ が成立します．よって負債総額が大きいほど倒産コストが大きくなることがわかりました． □

負債の発行には節税効果があり，企業価値を上昇させます．一方で，負債を発行すると倒産コストを支払う可能性が生まれて，その分だけ企業価値が下がります．倒産コストがどの程度，企業価値に影響を与えるのか，数値例を用いて計算してみましょう．

例 8.7 (倒産コストの計算例) 法人税および倒産コストを考慮した証券市場における 2 つの企業 U, L を考え，法人税および倒産コストに関する想定を除いて例 3.10 の記述を踏襲します．倒産コストが企業価値に与える影響を計算してみましょう．ただし $\alpha = 50\%$ とします．

式 (8.43) および (8.44) からわかるとおり，株式価値については倒産コストの影響がなく，例 8.5 の結果を用いると $\widetilde{S}_0^U, \widetilde{S}_1^L$ は既に求まっています．さらに，式 (8.45) を見ると負債価値を求めるためには，倒産コストの価値 BC_0 を求めるだけでよいことがわかります．

利得を表わす関数 (8.42) から，倒産コストについて

$$BC_0 = ??? \begin{array}{c} \text{倒産コスト} \\ \nearrow BC_1 = 0 \\ \searrow BC_1 = 14 \end{array} \tag{8.50}$$

を得ます．BC_1 を複製するポートフォリオの利得を式 (3.21) とすると連立方程式

$$\begin{cases} 120w + 100z = 0 \\ 70w + 100z = 14 \end{cases} \tag{8.51}$$

が得られるので，その解 $w = -0.28, z = 0.336$ より

$$\theta_0 = 100w + 95z = 3.92$$

を得ます．よって無裁定の仮定から $BC_0 = 3.92$ となります．この例では式 (8.40) から

$$TB_0 - BC_0 = 2.68 - 3.92 < 0$$

となり，式 (8.48) から負債の発行は企業価値を減少させることがわかりました．

8.4.3 企業価値と最適資本構成

定理 8.1 で示したように，負債発行を増やすほど税効果利益 TB_0 は増加します．一方で，定理 8.2 から，負債発行を増やすほど倒産コストの価値は高くなってしまいます．これら 2 つの効果にはトレードオフがあり，両者を合わせた効果は，X の分布に依存することになります．トレードオフがうまく拮抗し，最適な負債量が存在するという考え方を**トレードオフ理論**と呼びます．

H.E. Leland は構造モデル[*4)]を使って，このトレードオフ理論を最初に分析しました．Merton モデルでは債券の満期で外生的にしか起こらなかったデフォルトを，株主が自発的に選択できるように拡張しました．Leland モデルの最大の特徴は，Merton モデルでは考慮されていなかった法人税とデフォルト損失を取り入れることで，企業価値を最大化する最適資本構成を決定できることにあります．これによって，負債比率を表わすレバレッジの分析など，信用リスクに関する説明力が飛躍的に向上しました．

Leland モデルでは，Merton モデルの仮定に加えて，以下の仮定をおきます．
- 債券は満期のないコンソール債で，クーポン c は一定である．
- 株主は自発的にデフォルトを選択できる．
- デフォルト時に資産価値はすべて株主から債権者へ移転する．
- 資産価値移転の際の損失率は α である．
- 企業に課される法人税率は λ である．

企業の資産価値 A は，Merton モデルと同様に対数正規分布（$\log A$ が正規分布）に従うとします．すなわち，前項までの二項モデルによる分析を連続化したモデルになっています．この関係は，CRR の公式と Black–Scholes の公式の関係と同じです．

Leland モデルにおいても二項モデルと同様に，企業価値は株式価値と債券価値の合計から求められます．Leland モデルの詳細は本書の範囲を超えるので省略しますが，企業価値は

$$V = A + \frac{\lambda c}{r}\left(1 - \left(\frac{A}{A^*}\right)^\gamma\right) - \alpha A^*\left(\frac{A}{A^*}\right)^\gamma \tag{8.52}$$

と求まります．ただし，

[*4)] 負債のデフォルトを表現するモデルには，構造モデルと誘導モデルがあります．詳細は専門書を参照してください．

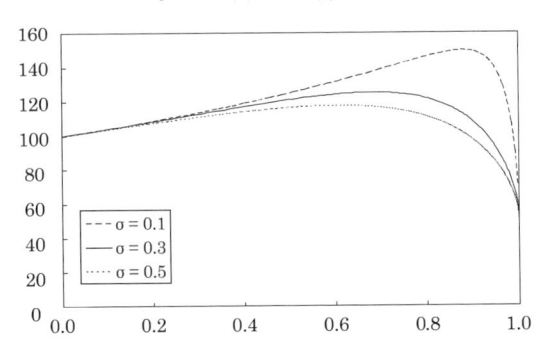

図 8.3 レバレッジと最適資本構成

$$A^* = \frac{\gamma}{\gamma - 1} \frac{(1-\tau)c}{r} \tag{8.53}$$

$$\gamma = \frac{1}{2} - \frac{\mu}{\sigma^2} - \sqrt{\left(\frac{\mu}{\sigma^2} - \frac{1}{2}\right)^2 + \frac{2\rho}{\sigma^2}} < 0 \tag{8.54}$$

です.

Merton モデルとの大きな違いは,$V = A$ とはならず,MM 定理が成立しない点です. 式 (8.52) を見ると,税効果利益と倒産コストは,それぞれ

$$TB = \frac{\lambda c}{r}\left(1 - \left(\frac{A}{A^*}\right)^\gamma\right), \quad BC = \alpha A^* \left(\frac{A}{A^*}\right)^\gamma \tag{8.55}$$

と解釈でき,企業価値は税効果利益の分だけ増加し,デフォルト損失の分だけ減少しています. したがって,負債による資金調達額によって,企業価値は相反する 2 つの影響を受けることになり,最適なレバレッジが存在することになります. 次の例で見てみましょう.

例 8.8 (最適資本構成) Leland モデルの数値例として,$\sigma = 0.1, 0.3, 0.5$, $r = 0.05$, $\lambda = 0.4$, $\alpha = 0.5$, $A = 100$ を使います. 債券調達額は c によって変化させます. また,負債比率をレバレッジ $L = D/V$ で表わします. このとき,横軸を L,縦軸を V としたグラフは図 8.3 のようになります. 資産価値のボラティリティが高い,すなわち経営リスクが高い企業ほど,同じレバレッジに対する企業価値が低く,最適なレバレッジも低いことがわかります. この結果は,不安定な企業はレバレッジが低いという現実と一致しています.

A 付録

A.1 数学の基礎

本章では，本書の理解に必要となる数学の基礎知識を説明します．具体的には，配当割引モデルなどで必要な数列の和，連続複利を扱う際に必要となる指数関数と対数関数，および関数の近似に欠かせないテーラー展開を学びます．

A.1.1 数列の和の計算

本項では，数列 $\{a_n\}$ の第 n 項までの部分和

$$S_n = \sum_{k=0}^{n} a_k = a_0 + a_1 + \cdots + a_n$$

と無限和

$$S = \sum_{k=0}^{\infty} a_k = a_0 + a_1 + a_2 + \cdots$$

を考えます．

ファイナンスで考える数列の大半は**等比数列**

$$a_n = aB^n, \qquad n = 0, 1, 2, \ldots$$

です．ここで a を初項，B を公比と呼びます．ファイナンスでの応用を考えて，公比は正で 1 でないとします．したがって，考えるべき数列の和は

$$S_n = \sum_{k=0}^{n} aB^k = a + aB + aB^2 + \cdots + aB^n \tag{A.1}$$

および無限級数

$$S = \sum_{k=0}^{\infty} aB^k = a + aB + aB^2 + \cdots \tag{A.2}$$

となります．

まず，部分和 (A.1) を計算するために $S_n - BS_n$ を考えます．このとき，

$$S_n - BS_n$$
$$= (a + aB + aB^2 + \cdots + aB^n) - B(a + aB + aB^2 + \cdots + aB^n)$$
$$= (a + aB + aB^2 + \cdots + aB^n) - (aB + aB^2 + aB^3 + \cdots + aB^{n+1})$$
$$= a - aB^{n+1}$$

したがって，

$$S_n = \sum_{k=0}^{n} aB^k = \frac{a(1 - B^{n+1})}{1 - B}, \qquad B \neq 1 \qquad (A.3)$$

が得られます．公比には $B \neq 1$ を仮定していたことを思い出してください．

次に，無限級数 (A.2) は部分和 S_n において $n \to \infty$ とすれば求まりますが，結果 (A.3) から，このためには B^{n+1} の極限を調べればよいことがわかります．仮定から $B > 0$ かつ $B \neq 1$ だったので，

$$\lim_{n \to \infty} B^{n+1} = \begin{cases} 0, & 0 < B < 1 \text{ のとき} \\ \infty, & B > 1 \text{ のとき} \end{cases}$$

したがって，無限級数 (A.2) は

$$S = \sum_{k=0}^{\infty} aB^k = \begin{cases} \dfrac{a}{1 - B}, & 0 < B < 1 \text{ のとき} \\ \infty, & B > 1 \text{ のとき} \end{cases} \qquad (A.4)$$

と求まります．

例 A.1（割引価値の無限和） 第 2 章の定義 2.2 で見たように，額面 P 円，クーポンは 1 年ごとに C 円，満期 T 年の利付債に v 円を支払ったとすると，最終利回り $y > 0$ は

$$v = \sum_{i=1}^{T} \frac{C}{(1 + y)^i} + \frac{P}{(1 + y)^T}$$

で定義されます．この式の右辺第 1 項は初項を $a = C/(1+y)$，公比を $B = 1/(1+y)$ とおいた等比数列の第 $(T-1)$ 項までの部分和と考えることができるので，公式 (A.3) から，

$$\sum_{i=1}^{T} \frac{C}{(1+y)^i} = \frac{C}{1+y} \frac{\left(1 - \left(\frac{1}{1+y}\right)^T\right)}{1 - \frac{1}{1+y}} = \frac{C}{y} \left(1 - \left(\frac{1}{1+y}\right)^T\right)$$

が得られます．ここで $y > 0$ より，公比は $0 < B < 1$ であることに注意しましょう．したがって，$T \to \infty$ のとき，公式 (A.4) から

$$v = \sum_{i=1}^{\infty} \frac{C}{(1+y)^i} = \frac{C}{y}$$

となります．無限にクーポンが支払われる債券を**永久債**と呼び，英国政府によって発行されている**コンソール債**がその代表例です．

A.1.2 指数関数と対数関数

本項では，連続複利を計算するための**指数関数**，対数収益率を計算するための**対数関数**を説明します．

a. 指 数 関 数

実数 $a > 0$ を n 回かけた数

$$a^n = \underbrace{a \times a \times \cdots \times a}_{n \text{ 回}}, \qquad n = 1, 2, \ldots$$

を a の**べき乗**といい，n を**指数**といいます．a を 0 回かけたときは $a^0 = 1$ と約束し，負の整数に対しては

$$a^{-n} = \frac{1}{a^n}$$

とします．

次に，n 回かけて a になる数を考えると，

$$a = \underbrace{a^{1/n} \times a^{1/n} \times \cdots \times a^{1/n}}_{n \text{ 回}}$$

から $a^{1/n}$ が定義できます．この $a^{1/n}$ を m 回かけることで $a^{m/n}$ が得られますが，このことから，自然数だけでなく有理数[*1)]の指数に対してもべき乗が定義できることがわかります．さらに，有理数を使って実数を近似することができるので，実数の指数に対してもべき乗が定義されます．

べき乗に関して次の指数法則が成り立つことが知られています．

定理 A.1 (指数法則) $a > 0$ と任意の実数 x, y に対して，

(i) $a^{x+y} = a^x a^y$ (ii) $a^{x-y} = \dfrac{a^x}{a^y}$ (iii) $a^{xy} = (a^x)^y$

が成立する．

さて，実数 $a > 0$ のべき乗 a^x を指数 x の関数として見たもの

$$y = a^x, \qquad a > 0 \tag{A.5}$$

は x の連続関数となり，これを $a > 0$ を**底**とする**指数関数**と呼びます．図 A.1 に，$a = 1.5$ と $a = 2/3$ の指数関数のグラフを描きました．図からわかるとおり，指数関数 $y = a^x$ は $a > 1$ のとき狭義増加，$0 < a < 1$ のとき狭義減少となります．$a = 1$ の場合には，1 は何乗しても 1 なので，この自明なケースを除いて指数関数を考えるのが普通です．

[*1)] 2 つの整数 n, m の分数 m/n で表現できる数を**有理数**，できない数を**無理数**と呼びます．**実数**は有理数と無理数の和集合です．

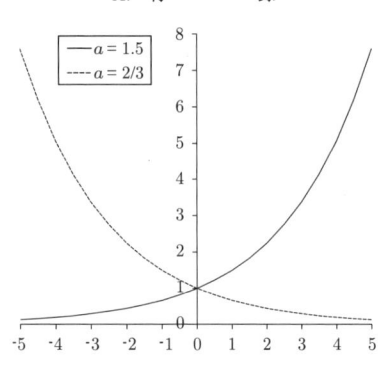

図 **A.1**　指数関数 $y = a^x$ のグラフ

b. 対 数 関 数

対数関数は指数関数の**逆関数**として定義されます．逆関数とは狭義単調な関数 $y = f(x)$ に対して定義され，グラフでは直線 $y = x$ に関して対称な関数になります．したがって，$y = f(x)$ において x と y を入れ替えたもの $x = f(y)$ が逆関数になりますが，関数の表現として，通常はこれを y について解いた形を逆関数と呼び，記号で

$$y = f^{-1}(x)$$

と書きます．次の例で具体的に逆関数を見てみましょう．

例 **A.2** (2 次関数の逆関数)　2 次関数 $y = x^2$ は $x > 0$ のとき狭義単調増加，$x < 0$ では狭義単調減少なので，いずれかの範囲で逆関数を考えることができます．まず $x > 0$ の範囲で考えましょう．このとき，x と y を入れ替えた式

$$x = y^2, \quad y > 0$$

が 2 次関数 $y = x^2$ の逆関数になりますが，約束に従えば，これを y について解く必要があります．$y > 0$ に注意してこれを解くと，2 次関数 $y = x^2$ の逆関数

$$y = \sqrt{x}, \quad x > 0$$

が得られます．同様に，$x < 0$ の範囲で考えた場合の逆関数は

$$y = -\sqrt{x}, \quad x > 0$$

となります．各自で確認してください．図 A.2 からもわかるように，逆関数はもとの関数に対して $y = x$ で対称になっています．

では，対数関数の説明に戻ります．$a > 1$ のとき，指数関数 $y = a^x$ は狭義単調増加なので，その逆関数は定義から $x = a^y$ ですが，これを y について解くことはできな

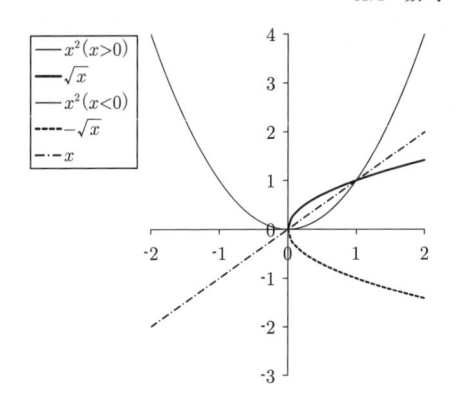

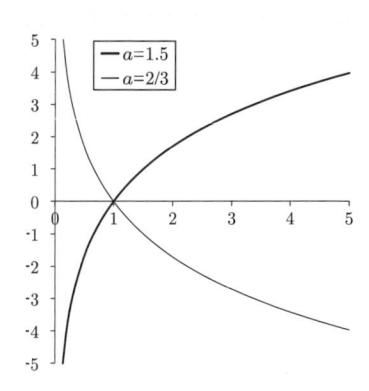

図 **A.2** 2次関数の逆関数   図 **A.3** 対数関数のグラフ

いので，この逆関数を形式的に

$$y = \log_a x, \qquad x > 0$$

と表わします．これを $a > 0$ を底とする**対数関数**と呼び，x に関して狭義単調増加になります．$0 < a < 1$ の場合には指数関数 $y = a^x$ は狭義単調減少なので，その逆関数である対数関数も狭義単調減少になります．$a = 1$ のときは指数関数 $y = 1^x = 1$ は狭義単調ではないので，逆関数である対数関数を考えることはできません．図 A.3 は $a = 1.5$ と $a = 2/3$ のときの対数関数のグラフを表わしています．図からもわかるとおり，指数関数は常に正の値をとるので，対数関数の定義域は $x > 0$ となります．

また，指数法則を対数に変換すると，以下の対数法則が成り立ちます．

定理 A.2 (対数法則)　$a > 0, \neq 1$ と任意の正数 x, y に対して，

(i)　$\log_a xy = \log_a x + \log_a y$　　(ii)　$\log_a \dfrac{x}{y} = \log_a x - \log_a y$

(iii)　$\log_a x^y = y \log_a x$

が成立する．

c. ネイピア数

最後に，連続複利の際に出てくる e について説明します．2つの数列

$$a_n = \left(1 + \frac{1}{n}\right)^n, \quad b_n = \left(1 + \frac{1}{n}\right)^{n+1}, \quad n = 1, 2, \ldots$$

を考えます．各項の値は

n	1	2	3	4	5	$\cdots$	100	$\cdots$
a_n	2	2.25	2.37	2.44	2.49	$\cdots$	2.71	$\cdots$
b_n	4	3.38	3.16	3.05	2.99	$\cdots$	2.73	$\cdots$

となり，2つの数列は同じ値に収束します．このことは

$$\lim_{n\to\infty}\frac{b_n}{a_n}=\lim_{n\to\infty}\left(1+\frac{1}{n}\right)=1$$

であることから確認できます．この極限を

$$\mathrm{e}=\lim_{n\to\infty}\left(1+\frac{1}{n}\right)^n \tag{A.6}$$

と書き，eを**ネイピア数**といいます．極限値は

$$\mathrm{e}=2.718281828459\ldots$$

となり，これは無理数（分数の形で表現できない数）です．

例 A.3 (連続複利とネイピア数)　満期 T 年，額面 P 円，発行価格 v 円の割引債を1年間に n 回再投資したとき（転化回数 n）の複利利回りを r とすると

$$v\left(1+\frac{r}{n}\right)^{nT}=P$$

が成立します．連続的に再投資すると考えたとき転化回数は $n\to\infty$ となるので，$r/n=1/N$ とすると，$n\to\infty$ のとき $N\to\infty$ なので，ネイピア数の定義 (A.6) より，

$$\lim_{n\to\infty}\left(1+\frac{r}{n}\right)^{nT}=\lim_{N\to\infty}\left(1+\frac{1}{N}\right)^{rTN}=\lim_{N\to\infty}\left(\left(1+\frac{1}{N}\right)^N\right)^{rT}=\mathrm{e}^{rT}$$

となり，連続複利の公式 $v\mathrm{e}^{rT}=P$ が得られます．

ネイピア数 e を底とする対数を**自然対数**といい，通常は底を省略して $\log x$ と書きます．このことから，e を**自然対数の底**と呼ぶこともあります．

A.1.3　テーラー展開

本項では，関数を多項式で近似するテーラー展開について説明します．多項式とは，一般に

$$g(x)=b_0+b_1x+b_2x^2+\cdots+b_nx^n$$

と書ける関数のことです．したがって，多項式近似では係数 b_k をどのように決めるかがポイントになります．

テーラー展開の方針は，
1) 展開の中心を $x=a$ にする
2) 微分可能な次数の微分係数を一致させる

というものです．方針 1) から，多項式を

$$g(x)=c_0+c_1(x-a)+c_2(x-a)^2+c_3(x-a)^3+\cdots+c_n(x-a)^n$$

と書き直します．$g(x)$ の微分は

$$g'(x) = c_1 + 2c_2(x-a) + 3c_3(x-a)^2 + \cdots + nc_n(x-a)^{n-1}$$
$$g''(x) = 2c_2 + 6c_3(x-a) + \cdots + n(n-1)c_n(x-a)^{n-2}$$
$$g^{(3)}(x) = 6c_3 + \cdots + n(n-1)(n-2)c_n(x-a)^{n-3}$$
$$\vdots$$
$$g^{(n)}(x) = n!c_n$$

となり，方針 2) から，

$$g(a) = c_0 = f(a)$$
$$g'(a) = c_1 = f'(a)$$
$$g''(a) = 2c_2 = f'(a)$$
$$g^{(3)}(a) = 6c_3 = f^{(3)}(a)$$
$$\vdots$$
$$g^{(n)}(a) = n!c_n = f^{(n)}(a)$$

が成立します．したがって，すべての次数に対して，

$$c_k = \frac{f^{(k)}(a)}{k!}, \qquad k = 0, 1, 2, \ldots, n$$

が得られ，n 回微分可能な関数 $f(x)$ の $x = a$ の回りのテーラー展開は，

$$f(x) = \sum_{k=0}^{n} \frac{f^{(k)}(a)}{k!}(x-a)^k + R \tag{A.7}$$
$$= f(a) + f'(a)(x-a) + \frac{f''(a)}{2}(x-a)^2 + \cdots + \frac{f^{(n)}(a)}{n!}(x-a)^n + R$$

となることがわかります．ここで，R は**剰余項**と呼ばれる近似の誤差です．

特に，$a = 0$ のとき，

$$f(x) = f(0) + f'(0)x + \frac{f''(0)}{2}x^2 + \cdots + \frac{f^{(n)}(0)}{n!}x^n + R$$

を**マクローリン展開**といいます．

例 A.4 (指数関数のマクローリン展開) 指数関数 $f(x) = e^x$ は無限回微分可能で

$$f(x) = f'(x) = f''(x) = \cdots = f^{(n)}(x) = \cdots = e^x$$

なので，マクローリン展開は

$$e^x = e^0 + e^0 x + \frac{e^0}{2}x^2 + \cdots + \frac{e^0}{n!}x^n + \cdots$$
$$= 1 + x + \frac{x^2}{2} + \cdots + \frac{x^n}{n!} + \cdots$$

となります．無限個の項で近似できるので，剰余項はありません．また，$|x| \ll 1$（x の絶対値が十分に小さい）のとき 2 次以上の項を無視することで，

$$e^x \approx 1 + x$$

という近似が得られます．

例 **A.5**（対数関数のマクローリン展開）　対数関数 $g(x) = \log x$ も無限回微分可能ですが，$x = 0$ では関数を定義できないのでマクローリン展開は使えません．そこで，関数

$$h(x) = g(1+x) = \log(1+x) \tag{A.8}$$

のマクローリン展開を考えます．$h(x)$ の微分は

$$h'(x) = \frac{1}{1+x}, \; h''(x) = -\frac{1}{(1+x)^2}, \; h^{(3)}(x) = \frac{2}{(1+x)^3}, \cdots$$

となるので，$h(x)$ のマクローリン展開は

$$\log(1+x) = \log 1 + \frac{1}{1}x - \frac{1}{2}\frac{1}{1^2}x^2 + \frac{1}{6}\frac{2}{1^3}x^3 + \cdots$$
$$= x - \frac{x^2}{2} + \frac{x^3}{3} + \cdots$$

となります．式 (A.8) より，

$$\log x = x - 1 - \frac{(x-1)^2}{2} + \frac{(x-1)^3}{3} + \cdots$$

が得られます．$|x| \ll 1$ のとき 2 次以上の項を無視することで，近似

$$\log x \approx x - 1$$

が得られます．

A.2　確率の基礎

本節では，本書の理解に必要となる確率統計の基礎知識を提供します．具体的には，最適ポートフォリオの導出で必要な確率変数の期待値および分散・共分散，オプションの価格付けで必要となる二項分布と正規分布について学びます．また，確率統計においてもっとも基本的な定理である中心極限定理について説明します．

A.2.1 確率変数

本書では不確実性を確率で捉え，$P(A)$ を事象 A の**確率**とします．**事象**とは実験や観察の結果で，たとえば「コインを投げて表が出る」や「サイコロを振って偶数の目が出る」などです．便宜上，「何かが生起する」という事象と「何も起こらない」という事象も考えて，それらを**全事象**および**空事象**と呼び，それぞれ $\Omega, \emptyset$ で表わします．また，もっとも根元的な事象を**根元事象**と呼び ω などで表わします．全事象は根元事象を要素とする集合です．

例 A.6（サイコロ投げ） 1つのサイコロを振る実験を考えます．実際にサイコロを投げてみないと結果はわからないので，これを確率事象と捉えます．根元事象は「1の目が出る」，$\cdots$，「6の目が出る」ですが，表現を簡潔にするために

$$\omega_i = \{\text{サイコロを振って } i \text{ の目が出る}\}$$

という根元事象を定義します．こうすると，全事象は $\Omega = \{\omega_1, \omega_2, \ldots, \omega_6\}$，偶数の目が出るという事象は $A = \{\omega_2, \omega_4, \omega_6\}$，3以下の目が出るという事象は $B = \{\omega_1, \omega_2, \omega_3\}$ となります．各根元事象の生起確率が等確率で $1/6$ であれば $P(A) = P(B) = 0.5$ です．もしサイコロがゆがんでいて $P(\omega_1) = 0.2$ で他の目の生起確率が 0.16 であったとすれば，$P(A) = 0.48$，$P(B) = 0.52$ となります．各自で確認してください．

確率統計では，実験や観察の「結果のすべて」を代表する変数を利用します．「サイコロ投げで出る目」を表わす変数や，「ある株式の明日の株価」を表わす変数などで，このような変数を**確率変数**と呼びます．

確率変数とは，かなり乱暴な言い方をすると，根元事象 ω を実数に変換する関数のことです．次の例を使って説明します．関数 $y = f(x)$ とは，実数 x を実数 y に変換する写像 f のことです．

例 A.7（二項モデル） 経済の状態には2つしかなく，ω_u を良い状態，ω_d を悪い状態とします．ある株式の現在の価格は100円で，もし ω_u が生起したら株価は10%上昇し ω_d が生起したら5%下落するとします．明日の株価を表わす確率変数を X とすれば，これは $X(\omega_u) = 110$ 円，$X(\omega_d) = 95$ 円になるということです．ω_u の生起確率が 0.6 で ω_d の生起確率が 0.4 であったとすれば，$P(X = 110) = 0.6, P(X = 95) = 0.4$ であり，他の価格になる確率は0です．

$X(\omega)$ を確率変数 X の実現値あるいは結果といいます．もし X の実現値が離散的であれば，それが仮に無限個であっても，「X が x_i に等しくなる確率」を

$$p_i = P(X = x_i), \qquad i = 1, 2, \ldots \tag{A.9}$$

により定義できます．ただし，事象 $\{\omega : X(\omega) = x_i\}$ を略して $\{X = x_i\}$ と表記しました．

ところが，X の実現値が連続的な場合には，以下で見るように，式 (A.9) ではうまく確率を定義できないことが知られています．この場合には，より一般的な事象である $\{X \leq x\}$ を考えます．

例 A.8 (株価の確率変数)　X を明日の株価を表わす確率変数とし，事象 $\{\omega : X(\omega) \leq 100\}$ を考えます．この事象は「株価が 100 円以下になる」根元事象の集合を表わしており，記述を簡潔にするために略して $\{X \leq 100\}$ と書きます．$\{X > x\}$ や $\{a < X \leq b\}$ なども事象ですが，これらの意味も明らかでしょう．ただし，株価の場合，根元事象が何か定かではありませんが，例 A.7 と同様に，ファイナンスでは神のみぞ知る根元事象 ω が生起して，その結果として株価 $X(\omega)$ が観察されると考えます．

事象 $\{X \leq x\}$ の確率を，分布関数と呼ばれる関数を利用して定義します．

定義 A.1 (分布関数)　確率変数 X に対して，以下で定義される関数 $F(x)$ を確率変数 X の**分布関数**あるいは**累積密度関数**と呼ぶ．

$$F(x) = P(X \leq x), \quad -\infty < x < \infty$$

株価の例 A.8 では，X の分布関数を $F(x)$ とすると，株価が 100 円以下になる確率は $F(100)$ で与えられます．また，確率の合計は 1 なので，「株価が 100 円以上になる確率」は $1 - F(100)$ となることがわかります．同様に，「株価が a 円以上 b 円以下になる確率」は，分布関数を使えば

$$P(a \leq X \leq b) = F(b) - F(a), \quad -\infty < a < b < \infty \tag{A.10}$$

となることも直感的に明らかでしょう．このように，分布関数が与えられれば，すべての事象の確率を計算することができます．

このように説明してくると，これ以降，確率の議論が難しくなるのではないかと心配になるかもしれませんが，幸いなことに，ファイナンス実務で使う確率変数には離散型と連続型しかなくて，離散的な場合の確率は式 (A.9) で定義されました．連続的な場合には次の密度関数を使います．

定義 A.2 (確率密度関数)　分布関数 $F(x)$ に対して

$$F(x) = \int_{-\infty}^{x} f(y)\mathrm{d}y, \quad -\infty < x < \infty$$

を満たす正の関数 $f(x)$ が存在するとき，$f(x)$ を**確率密度関数**という．

微分と積分の関係から密度関数は分布関数の微分で定義され，確率の計算式 (A.10) から

$$P(a \leq X \leq b) = \int_{a}^{b} f(y)\mathrm{d}y, \quad -\infty < a < b < \infty \tag{A.11}$$

が成立します．実は，連続的な場合には分布関数よりも密度関数を使うほうが便利なので，通常は密度関数を考えます．ただし，密度関数は確率そのものを表わしていないので注意が必要です．確率を計算するためには，式 (A.11) のように，密度関数を積分する必要があります．また，式 (A.11) から，

$$P(X = x) = \int_x^x f(y)\mathrm{d}y = 0$$

となり，連続的な場合には，離散的な確率の定義式 (A.9) は役に立たないことがわかります．

A.2.2 期 待 値

本項では，確率変数 X の密度関数を $f_X(x)$ と書きます．標準的なファイナンスでは，本節で説明する期待値がリターンを，標準偏差がリスクを表わす指標として利用されます．

定義 A.3 (期待値) 確率変数 X が離散的で実現値 $x_1, \ldots, x_n$ をとるとき，

$$\mathbb{E}[X] = \sum_{i=1}^n x_i P(X = x_i)$$

を X の**期待値**と呼ぶ．X が連続的な場合には，期待値は

$$\mathbb{E}[X] = \int_{-\infty}^{\infty} x f_X(x)\mathrm{d}x$$

で定義される．

定義 A.3 の期待値を**平均**と呼ぶこともあります．より一般的に，ある関数 $h(x)$ に対して，確率変数 $h(X)$ の期待値を

$$\mathbb{E}[h(X)] = \int_{-\infty}^{\infty} h(x) f_X(x)\mathrm{d}x \tag{A.12}$$

で定義します．離散的な場合も同様です．

例 A.9 (サイコロ投げ) 例 A.6 のサイコロ投げの実験を考えます．X を出る目を表わす確率変数とすると，$X(\omega_i) = i$ となります．このとき，各根元事象の生起確率が $1/6$ であれば，X^2 の期待値は

$$\mathbb{E}[X^2] = 1^2 \times \frac{1}{6} + 2^2 \times \frac{1}{6} + \cdots + 6^2 \times \frac{1}{6} = 15\frac{1}{6}$$

であり，サイコロがゆがんでいた場合には以下のようになります．

$$\mathbb{E}[X^2] = 1^2 \times 0.2 + 2^2 \times 0.16 + \cdots + 6^2 \times 0.16 = 14.6$$

期待値のもっとも重要な性質は次の線形性です．この性質はファイナンス理論の核となる性質なので，必ず覚えてください．

定理 A.3 (期待値の線形性) 確率変数 X, Y と定数 a, b に対して

$$\mathbb{E}[aX + bY] = a\mathbb{E}[X] + b\mathbb{E}[Y] \tag{A.13}$$

が常に成立する．

一方，リスク指標として使われる分散は次のように定義されます．分散は分布の散らばりの程度を表わしています．

定義 A.4 (分散と標準偏差) 確率変数 X の平均を μ_X とする．X の**分散**は

$$\mathbb{V}[X] = \mathbb{E}[(X - \mu_X)^2]$$

標準偏差は $\sigma_X = \sqrt{V[X]}$ で定義される．

例 A.10 (サイコロ投げ) 例 A.9 の確率変数 X の分散を計算してみましょう．まず，サイコロにゆがみがなければ，

$$\mu_X = \mathbb{E}[X] = 1 \times \frac{1}{6} + 2 \times \frac{1}{6} + \cdots + 6 \times \frac{1}{6} = 3.5$$

なので，X の分散は

$$\mathbb{V}[X] = (1 - 3.5)^2 \times \frac{1}{6} + (2 - 3.5)^2 \times \frac{1}{6} + \cdots + (6 - 3.5)^2 \times \frac{1}{6} = 2.92$$

サイコロがゆがんでいた場合には $\mu_X = 3.4$ なので，分散は

$$(1 - 3.4)^2 \times 0.2 + (2 - 3.4)^2 \times 0.16 + \cdots + (6 - 3.4)^2 \times 0.16 = 3.04$$

となり，ゆがんでいるほうの分散が大きくなります．何故か？ 理由を考えてください．

$h(x) = (x - \mu_X)^2$ とおけば，期待値の公式 (A.12) から，分散は

$$\mathbb{V}[X] = \int_{-\infty}^{\infty} (x - \mu_X)^2 f_X(x) dx$$

として計算されます．離散的な場合も同様です．一方，期待値の線形性から

$$\mathbb{V}[X] = \mathbb{E}[X^2 - 2\mu_X X + \mu_X^2] = \mathbb{E}[X^2] - 2\mu_X \mathbb{E}[X] + \mu_X^2 = \mathbb{E}[X^2] - \mu_X^2$$

が成立します．このように，分散の計算では期待値の線形性がよく利用されます．

分散がリスク指標として用いられる理由は，分散の次の性質によります．証明は分散の定義と期待値の線形性を利用します．各自で証明してください．

定理 A.4 (分散の性質) X を確率変数，c を定数とすると，

(1) $\mathbb{V}[c] = 0$, (2) $\mathbb{V}[X+c] = \mathbb{V}[X]$, (3) $\mathbb{V}[cX] = c^2\mathbb{V}[X]$

が成立する．

例 A.11 (標準偏差とリスク) 定理 A.4 と標準偏差の定義から，標準偏差には

(1) $\sigma_c = 0$, (2) $\sigma_{X+c} = \sigma_X$, (3) $\sigma_{cX} = c\sigma_X$

が成立します．定数 c を「確実に c が生起する確率変数」と考えれば，性質 (1) から，確実であることと標準偏差が 0 であることは同じになります．性質 (2) から，確実なものを加えても標準偏差の大きさに変化はありません．性質 (3) は，c 倍した確率変数の標準偏差はもとの標準偏差の c 倍になるということです．これらの性質はリスクが持つべき性質なので，標準偏差がリスク指標として妥当であることの根拠になっています．

A.2.3 共分散と相関係数

一般に，確率変数は互いに影響しあっています．たとえば，ある日の日経平均株価を X とし，同じ日の TOPIX の値を Y とします．日経平均は東京証券取引所で取引されている株式から代表的な銘柄を選んで株価を単純平均した値であり，TOPIX は全銘柄の発行時価総額による加重平均です．日経平均株価も TOPIX も同じ市場の株価指数で，計算の方法が異なるだけですから，X と Y は互いに関連しあっているはずです．この節では，2 つの確率変数間の関係の強さを表わす指標である共分散と相関係数について説明します．

定義 A.5 (共分散) 2 つの確率変数 X と Y の**共分散**は

$$\mathrm{Cov}[X,Y] = \mathbb{E}[(X-\mu_X)(Y-\mu_Y)] \tag{A.14}$$

で定義される．ただし $\mu_X = \mathbb{E}[X], \mu_Y = \mathbb{E}[Y]$ とする．

共分散も期待値計算に他ならないので，期待値の線形性が役に立ちます．たとえば，

$$\begin{aligned}&\mathbb{E}[(X-\mu_X)(Y-\mu_Y)]\\&=\mathbb{E}[XY - \mu_Y X - \mu_X Y + \mu_X \mu_Y]\\&=\mathbb{E}[XY] - \mu_Y \mathbb{E}[X] - \mu_X \mathbb{E}[Y] + \mu_X \mu_Y\end{aligned}$$

なので，共分散に関して

$$\mathrm{Cov}[X,Y] = \mathbb{E}[XY] - \mathbb{E}[X]\mathbb{E}[Y] \tag{A.15}$$

が成立します．この表現のほうが簡潔なので，式 (A.15) を共分散の定義とする場合もあります．

分散の定義と共分散の定義を見比べると $\mathrm{Cov}[X,X] = \mathbb{V}[X]$ が成立します．すなわち，自分自身との共分散が分散です．また，共分散の定義から，平均とのずれ $(X-\mu_X)$ と $(Y-\mu_Y)$ が同じ符号を持つ傾向にあるならば，積 $(X-\mu_X)(Y-\mu_Y)$ は正の値をとりやすくなり，その結果 X と Y の共分散は正になります．最初に書いた日経平均と TOPIX の場合がこれにあたります．逆に，$(X-\mu_X)$ と $(Y-\mu_Y)$ が逆の符号を持つ傾向にあるならば，積 $(X-\mu_X)(Y-\mu_Y)$ は負の値をとりやすくなり共分散は負となります．

単位を変えて共分散を計算すると，単位のとり方によって値が大幅に変わってしまうことがあります．このため，共分散を標準偏差で割った次の相関係数を関係性の強さの尺度として使います．

定義 A.6 (相関係数) 2つの確率変数 X と Y の**相関係数**は

$$\rho[X,Y] = \frac{\mathrm{Cov}[X,Y]}{\sigma_X \sigma_Y} \tag{A.16}$$

で定義される．ただし $\sigma_X = \sqrt{V[X]}$, $\sigma_Y = \sqrt{V[Y]}$ とする．

標準偏差は正の値をとるので，共分散が正（または負）であることと相関係数が正（または負）であることは同じです．相関係数が正のとき X と Y には**正の相関**があるといい，負の値をとるとき**負の相関**があるといいます．相関係数が 0 のとき，X と Y は**無相関**であるといいます．

ただし，相関係数や共分散は大まかな関係を示しているだけであって，相関係数が正（あるいは負）だからといって，必ず X と Y が同じ（逆の）方向に動くわけではないことに注意してください．実際，日経平均と TOPIX の値は正の相関を持っていますが，毎日同じ方向に動いているわけではありません．

定理 A.5 (相関係数の性質)　X と Y を確率変数，$a>0$ と b を定数とする．このとき，以下が成立する．
(1)　$-1 \leq \rho[X,Y] \leq 1$
(2)　$\rho[X,Y] = \pm 1 \iff X = \pm aY + b$　（複号同順）

性質 (1) から相関係数の絶対値は 1 を超えないこと，性質 (2) から相関係数の絶対値が 1 になるのは X と Y の間に線形関係がある場合だということがわかります．

A.2.4　二項分布

本項では，二項モデルにおける上昇回数の確率分布である**二項分布**を説明します．二項分布は離散的な確率分布の中で，もっとも基本的な確率分布です．

二項分布は一般的な言い方をすると，**ベルヌーイ試行**の成功回数の従う確率分布です．ベルヌーイ試行とは，
- 試行の結果は「成功」と「失敗」の2つ

- 試行を繰り返すとき,各試行は同じ条件で独立に行なわれる

という条件を満たす試行のことをいい,代表的な例はコイン投げです.二項モデルにおいて,株価の上昇を成功,下落を失敗とすると,株価変動はベルヌーイ試行に従っていることがわかります.

a. 確率分布

成功確率 p で n 回繰り返すベルヌーイ試行を考えます.X を成功回数を表わす確率変数とすれば,X は離散的な確率変数で,その確率分布は

$$P(X=x) = \frac{n!}{x!(n-x)!} p^x (1-p)^{n-x} \tag{A.17}$$

によって与えられます.このとき,X はパラメータ (n,p) の二項分布に従うといい,記号で $X \sim B(n,p)$ と書きます.

二項分布の分布関数は

$$P(X \leq x) = \sum_{k=0}^{x} \frac{n!}{k!(n-k)!} p^k (1-p)^{n-k}$$

となります.同様に,余事象の確率を表わす**補分布関数**(生存関数)は

$$P(X > x) = P(X \geq x+1) = \sum_{k=x+1}^{n} \frac{n!}{k!(n-k)!} p^k (1-p)^{n-k}$$

となります.通常はパラメータを明記して,補分布関数を

$$\phi(a;n,p) = \sum_{k=a}^{n} \frac{n!}{k!(n-k)!} p^k (1-p)^{n-k} \tag{A.18}$$

と書きます.

b. 平均と分散

期待値の定義から,二項分布の平均は

$$\mathbb{E}[X] = \sum_{k=0}^{n} k \frac{n!}{k!(n-k)!} p^k (1-p)^{n-k}$$

で計算されますが,$k=0$ のとき右辺は 0 なので,これは

$$\mathbb{E}[X] = \sum_{k=1}^{n} k \frac{n!}{k!(n-k)!} p^k (1-p)^{n-k}$$

$$= \sum_{k=1}^{n} k \frac{n(n-1)!}{k(k-1)! \times ((n-1)-(k-1))!} p \times p^{k-1} (1-p)^{(n-1)-(k-1)}$$

$$= np \sum_{k=1}^{n} \frac{(n-1)!}{(k-1)! \times ((n-1)-(k-1))!} p^{k-1} (1-p)^{(n-1)-(k-1)}$$

と変形できます．ここで，$h = k-1, m = n-1$ とおくと，

$$\mathbb{E}[X] = np \sum_{h=0}^{m} \frac{m!}{h!(m-h)!} p^h (1-p)^{m-h}$$

となり，和の項は二項分布 $B(m,p)$ の全事象の確率を表わしているので 1，したがって

$$\mu_X = \mathbb{E}[X] = np \tag{A.19}$$

が得られます．

次に，分散を求めるために，

$$\mathbb{V}[X] = \mathbb{E}[X^2] - \mu_X^2 = \mathbb{E}[X(X-1)] + \mu_X - \mu_X^2$$

と変形します．$X(X-1)$ の期待値は上述の平均とまったく同様に計算され，

$$\mathbb{E}[X(X-1)] = n(n-1)p^2$$

となります．各自で確認してください．したがって，二項分布の分散は

$$\mathbb{V}[X] = np(1-p) \tag{A.20}$$

と求まります．

A.2.5　正規分布

次に，確率論や統計学において，もっとも重要な確率分布である**正規分布**を説明します．正規分布は連続的な確率分布であり，次項の中心極限定理によって，独立な多数の要因の和として表わされる確率変数はすべて正規分布に従います．このことから，誤差項は正規分布に従うと仮定するのが一般的です．

a. 確率分布

平均 μ，分散 σ^2 の正規分布の密度関数は

$$f(x) = \frac{1}{\sqrt{2\pi\sigma^2}} e^{-(x-\mu)^2/2\sigma^2}$$

で与えられ，記号で $X \sim N(\mu, \sigma^2)$ と書きます．分布関数は

$$P(X \leq x) = \int_{-\infty}^{x} \frac{1}{\sqrt{2\pi\sigma^2}} e^{-(y-\mu)^2/2\sigma^2} \, dy$$

となりますが，この積分には解析的な表現は存在せず，数値計算により確率を計算することになります．

$X \sim N(\mu, \sigma^2)$ のとき，

$$Z = \frac{X - \mu}{\sigma} \tag{A.21}$$

A.2 確率の基礎

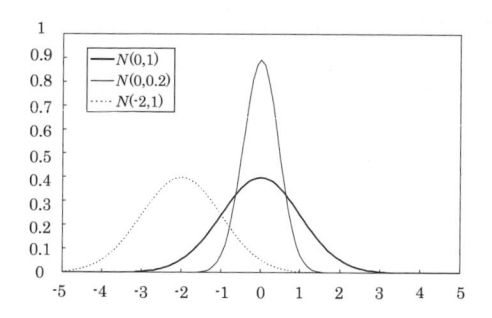

図 **A.4** 正規分布 $N(0,1)$, $N(0,0.2)$, $N(-2,1)$ の密度関数

を X の**標準化**といい，Z は**標準正規分布** $N(0,1)$ に従います．標準正規分布は平均 0，分散 1 の正規分布なので，その密度関数は

$$\phi(x) = \frac{1}{\sqrt{2\pi}} e^{-x^2/2}, \quad -\infty < x < \infty \tag{A.22}$$

分布関数は

$$\Phi(x) = \int_{-\infty}^{x} \frac{1}{\sqrt{2\pi}} e^{-z^2/2} dz, \quad -\infty < x < \infty \tag{A.23}$$

となります．標準正規分布は特に重要な正規分布なので，密度関数と分布関数に特別な記号を用いていることに注意してください．

図 A.4 は正規分布 $N(0,1)$, $N(0,0.2)$, $N(-2,1)$ の密度関数を描いています．図からわかるように，標準化 (A.21) は平均の分だけ平行移動し，標準偏差の分だけ縮尺を調整します．また，標準正規分布 $N(0,1)$ は原点に関して左右対称になっています．したがって，標準正規分布の分布関数 (A.23) には

$$1 - \Phi(x) = P(Z \geq x) = P(Z \leq -x) = \Phi(-x) \tag{A.24}$$

が成立します．ここで，$1 - \Phi(x)$ が標準正規分布の補分布関数を表わします．

b. 中心極限定理

本項では，CRR の公式の連続極限が Black–Scholes の公式に収束するために必要な中心極限定理について説明します．

中心極限定理とは，簡単にいうと，「独立同一分布に従う n 個の確率変数の和は n が十分大きいとき正規分布に従う」ということです．Black–Scholes モデルでは，対数株価は正規分布に従うと仮定していますが，株価変動には多数の要因が影響していると考えられ，それらが合わさった結果，中心極限定理から対数株価は正規分布に従うと考えるのが自然だということです[*2]．

[*2] 中心極限定理が成立するのは要因が独立な場合に限られ，独立でない要因の影響が強い場合には，正規分布には収束しないことになります．近年の研究から，対数株価は正規分布ではなく，さらに裾の厚い（ファットテール）分布を使ったほうがよいとされています．このことは，バブル崩壊や金融危機によって，身をもって実証されました．

以下では，確率変数列 $X_1, X_2, \ldots$ に対して，その部分和を
$$S_n = X_1 + X_2 + \cdots + X_n, \quad n = 1, 2, \ldots$$
とします．

定理 A.6 (中心極限定理) 確率変数列 $X_1, X_2, \ldots$ が，それぞれ平均 μ，分散 $\sigma^2 \neq 0$ の独立同一分布に従うとき，
$$\lim_{n \to \infty} P\left(\frac{S_n - n\mu}{\sqrt{n\sigma^2}} \leq x\right) = \int_{-\infty}^{x} \frac{1}{\sqrt{2\pi}} e^{-z^2/2} dz$$
が成立する．

証明は本書の範囲を超えるので専門書に譲りますが，仮定から
$$\mathbb{E}[S_n] = \mathbb{E}[X_1 + X_2 + \cdots + X_n] = \sum_{k=1}^{n} \mathbb{E}[X_k] = \sum_{k=1}^{n} \mu = n\mu$$
同様に，分散に関して
$$\mathbb{V}[S_n] = \mathbb{V}[X_1 + X_2 + \cdots + X_n] = \sum_{k=1}^{n} \mathbb{V}[X_k] = \sum_{k=1}^{n} \sigma^2 = n\sigma^2$$
が成立します．ここで，確率変数列の独立性からそれらが無相関であることを利用しました．したがって，十分大きな n に対して，中心極限定理の仮定の下，近似的に
$$Z_n = \frac{S_n - n\mu}{\sqrt{n\sigma^2}} \sim N(0, 1)$$
が成立します．Z_n は部分和 S_n の標準化に対応していることに注意してください．言い換えれば，十分大きな n に対して，部分和 S_n は正規分布 $N(n\mu, n\sigma^2)$ で近似することができます．

c. 積率母関数

本項では，正規分布の期待値計算に便利な積率母関数について説明します．積率母関数とは，積率 $\mathbb{E}[X^n]$ を求めるための関数です．$n = 1$ のときの積率 $\mathbb{E}[X]$ は平均を表わします．

$\theta = 0$ の近傍で
$$m_X(\theta) = \mathbb{E}\left[e^{\theta X}\right]$$
が存在するとき，$m_X(\theta)$ を確率変数 X の**積率母関数**といいます．

積率母関数を θ で微分すると，
$$m'_X(\theta) = \mathbb{E}\left[Xe^{\theta X}\right]$$
$$m''_X(\theta) = \mathbb{E}\left[X^2 e^{\theta X}\right]$$
$$\vdots$$
$$m_X^{(n)}(\theta) = \mathbb{E}\left[X^n e^{\theta X}\right]$$

となります．これに $\theta = 0$ を代入すると

$$m'_X(0) = \mathbb{E}[X], \quad m''_X(0) = \mathbb{E}[X^2], \quad \cdots, \quad m_X^{(n)}(0) = \mathbb{E}[X^n] \quad (A.25)$$

が得られ，積率母関数から積率が求まることがわかります．

正規分布の積率母関数を求めてみましょう．$X \sim N(\mu, \sigma^2)$ の積率母関数は

$$\begin{aligned}
m_X(\theta) &= \int_{-\infty}^{\infty} e^{\theta x} \frac{1}{\sqrt{2\pi\sigma^2}} e^{-(x-\mu)^2/2\sigma^2} \mathrm{d}x \\
&= \int_{-\infty}^{\infty} \frac{1}{\sqrt{2\pi\sigma^2}} e^{\theta x - (x-\mu)^2/2\sigma^2} \sigma \mathrm{d}x
\end{aligned}$$

となります．変数変換 $z = (x - \mu)/\sigma$ により，$x = \sigma z + \mu$, $\mathrm{d}x = \sigma \mathrm{d}z$ なので，

$$\begin{aligned}
m_X(\theta) &= \int_{-\infty}^{\infty} \frac{1}{\sqrt{2\pi}} e^{-(z-\theta\sigma)^2/2 + \theta^2\sigma^2/2 + \theta\mu} \mathrm{d}z \\
&= e^{\theta\mu + \theta^2\sigma^2/2} \int_{-\infty}^{\infty} \frac{e^{-(z-\theta\sigma)^2/2}}{\sqrt{2\pi}} \mathrm{d}z
\end{aligned}$$

と変形できます．ただし，最初の等号では平方完成を使っています．積分の項は正規分布 $N(\theta\sigma, 1)$ の全事象の確率を表わしているので 1，したがって正規分布の積率母関数は

$$m_X(\theta) = e^{\theta\mu + \theta^2\sigma^2/2} \quad (A.26)$$

と求まります．

例 A.12 (正規分布の平均と分散)　正規分布の積率母関数 (A.26) を θ に関して 2 次まで微分すると，

$$\begin{aligned}
m'_X(\theta) &= (\mu + \theta\sigma^2) e^{\theta\mu + \theta^2\sigma^2/2} \\
m''_X(\theta) &= \sigma^2 e^{\theta\mu + \theta^2\sigma^2/2} + (\mu + \theta\sigma^2)^2 e^{\theta\mu + \theta^2\sigma^2/2}
\end{aligned}$$

となり，これに $\theta = 0$ を代入すると

$$m'_X(0) = \mu, \qquad m''_X(0) = \sigma^2 + \mu^2$$

が得られます．したがって，(A.25) から，

$$\begin{aligned}
\mathbb{E}[X] &= m'_X(0) = \mu \\
\mathbb{V}[X] &= \mathbb{E}[X^2] - (\mathbb{E}[X])^2 = m''_X(0) - (m'_X(0))^2 \\
&= \sigma^2 + \mu^2 - \mu^2 = \sigma^2
\end{aligned}$$

となり，正規分布 $N(\mu, \sigma^2)$ における μ が平均，σ^2 が分散であることが確認されました．

例 **A.13 (Black–Scholes モデルの株価)** Black–Scholes モデルでは，対数株価が

$$\log \frac{S_t}{S_0} = \left(\mu - \frac{\sigma^2}{2}\right)t + \sigma W_t$$

に従うと仮定します．ここで，μ は期待収益率，σ がボラティリティ，W_t は正規分布 $N(0,t)$ に従う確率変数です．したがって，時点 t における株価 S_t の期待値は

$$\mathbb{E}[S_t] = S_0 \mathrm{e}^{(\mu-\sigma^2/2)t} \mathbb{E}\left[\mathrm{e}^{\sigma W_t}\right]$$

となります．$W_t \sim N(0,t)$ から正規分布の積率母関数 (A.26) を使って，

$$\mathbb{E}\left[\mathrm{e}^{\sigma W_t}\right] = \mathrm{e}^{\sigma \times 0 + \sigma^2 t/2} = \mathrm{e}^{\sigma^2 t/2}$$

となるので，将来時点 t における株価の期待値は

$$\mathbb{E}[S_t] = S_0 \mathrm{e}^{(\mu-\sigma^2/2)t} \mathrm{e}^{\sigma^2 t/2} = S_0 \mathrm{e}^{\mu t}$$

と求まります．ここで，S_0 は現時点における株価です．

問と章末問題の略解

問 **2.3** 単利：(1) 2.0408%　(2) 1.5464%　(3) 2.7778%　複利：(1) 2.0408%
(2) 1.5346%　(3) 2.6690%

問 **2.4** (1) 99.010 円　(2) 0.97066 万円　(3) 471.16 億円

問 **2.5** 1 年：2.0408%, 半年：2.0305%, 3 ヵ月：2.0254%

問 **2.6** (1) 110　(2) 110.25　(3) 110.3813　(4) 121　(5) 146.41

問 **2.7** $f_{1,1} = 2.5025\%$, $f_{2,1} = 3.5074\%$, $f_{3,1} = 4.5147\%$, $f_{4,1} = 5.5244\%$,
$f_{1,2} = 3.0037\%$, $f_{1,4} = 4.0061\%$, $f_{2,2} = 4.0098\%$

問 **2.8** (1) $d(1) = 0.9091$, $d(2) = 0.7972$, $d(3) = 0.6575$　(2) $d(1) = 0.98$,
$d(2) = 0.96$, $d(3) = 0.94$

問 **2.9** $d(1) = 0.98039$, $d(2) = 0.94260$, $d(3) = 0.86384$, $d(4) = 0.82270$,
$d(5) = 0.78353$, (A) 262.78, (B) -57.229

問 **2.10** 96.9662　問 **2.11** 110.22　問 **2.12** 96.369, 5.9798%

問 **2.13** 2.8286%　問 **2.14** 96.281, 5%

問 **2.16** (1) 3%　(2) 102.83　(3) 100　(4) 97.277

問 **2.17** (A) $50 = \dfrac{20}{1+y} + \dfrac{5}{(1+y)^2} + \dfrac{10}{(1+y)^3} + \dfrac{20}{(1+y)^5}$　(B) 15.139%

問 **2.18** 18.424, 5.6518%

問 **2.19** 内部収益率が (A) 4.6904% < (B) 4.7255%

問 **2.20** 正味現在価値が (C) 0.4563 > (D) 0.3383

Q **2.1** (1) (a) 92.593, (b) 68.058, (c) 46.319　(2) (a) 複利：4.1667%, 単利：
4.1667% (b) 複利：3.1421%, 単利：3.1915% (c) 複利：2.6690%, 単利：
2.7778% (d) 複利：2.0523%, 単利：2.2059%　(3) 1 年：5.4093%, 半年：
5.3380%, 3 ヵ月：5.3029%　(4) (a) 121.00, (b) 121.55

Q **2.2** (1) $r_2 = 5.4988\%$, $r_4 = 6.1224\%$　(2) 96.341　(3) 99.250

Q **2.3** (1) 92.800, 8.0400%　(2) 5.4093%　(3) (A) 11.1705% > (B) 9.8499%
(4) (a) 100 円, (b) 安い　(5) $100 = C/(1+0.04) + (100+C)/(1+0.03)^2$
より $C = 3.0147$

Q **2.4** (1) (A) 10.000% > (B) 6.3941%　(2) (E) 3.4689 < (F) 3.5855

Q **2.5** (1) 15.366　(2) 22.000%

問 **3.1** $S = 5/(0.02 + 0.03) = 100$

問 **3.2** $400 = 20/(0.03 + \rho)$ より $\rho = 0.02$

問 **3.3** $600 = 30/R_S$ より $R_S = 0.05$

問 **3.4** $R_D = 0.07$, $R_S = 0.1$, $k = 100/(100+100)$ より $R = 0.085$

問 **3.5** NPV $= 5.3524 > 0$

問 **3.6** $D_0 = (80 + 80 \times 0.1) \times 0.95 = 83.6$, $S_0 = x - D_0 = 16.4$

問 **3.7** $R_S = (100 \times 1.1 - 88 - 16.4)/16.4 = 0.34146$

問 **3.8** (1) $R_S = \mu_A = 8\%$ (2) $D_0 = (10 + 10 \times 0.05)/1.05 = 10$, $S_0 = x - D_0 = 90$ より $R_S = 0.1 + (10/90) \times (0.1 - 0.05) = 0.08333$ (3) 0.11 (4) 0.35

問 **3.9** $S_0^L = 23.65$, $D_0^L = 76.35$ 問 **3.10** $R_S = 10.465\%$, $R_D = 6.582\%$

Q 3.1 (1) $90 = 100/(1 + 0.05 + \lambda)^2$ より $\lambda = 0.0040926 = 40.926$bp (2) $95 = 6/(1 + 0.05 + \lambda) + 106/(1 + 0.05 + \lambda)^2$ より $\lambda = 383.60$bp

Q 3.2 (1) $R = 8.5\%$ (2) NPV$=2478.7 > 0$ (3) NPV$=-802.00 < 0$

Q 3.3 (1) 負債総額：$P = 6(1 + 0.08) = 6.48$，負債価値：$D_0^L = P/(1 + r) = 6.1714$, 株式価値：$S_0^L = x - D_0^L = 3.8286$, 企業価値：10 (2) $R_S^L = \dfrac{E[S_1^L(X)] - S_0^L}{S_0^L} = \dfrac{10(1 + 0.1) - 6.48 - 3.8286}{3.8286} = 18.06\%$ あるいは $R_S^L = \mu_A + \dfrac{D_0^L}{S_0^L}(\mu_A - r) = 0.1 + \dfrac{6.1714}{3.8286}(0.1 - 0.05) = 18.06\%$

Q 3.4 (1) 17.143% (2) 22.500% (3) 60.000%

Q 3.5 $S_L^0 = 26.6$, $D_L^0 = 73.4$ **Q 3.6** $R_S = 25.00\%$, $R_D = 11.38\%$

問 **4.1** $R_1 = -1.0\%$, $R_2 = -9.1\%$, $R_3 = 11.1\%$, $R_4 = 10.0\%$, $R_5 = -9.1\%$, $LR_1 = -1.0\%$, $LR_2 = -9.5\%$, $LR_3 = 10.5\%$, $LR_4 = 9.5\%$, $LR_5 = -9.5\%$

問 **4.2** $\mu = 0$, $\sigma = 0.0978$, 表4.2と同じ

問 **4.3** $\mu = p(u - 1) + (1 - p)(d - 1)$, $\sigma = \sqrt{p(1-p)}(u - 1 + d - 1)$

問 **4.4** $c = -\ln(2\mathrm{e}^{-2} - \mathrm{e}^{-4}) = 1.38$

Q 4.1 $\mu = -0.0005$, $\sigma = 0.1527$ **Q 4.3** $r_{99} = 1.471$, $r_{80} = 0.532$

Q 4.5 2次効用：$SR_B = 3.5\%$, $SR_C = 12.0\%$, 指数効用：$SR_B = -41.7\%$, $SR_C = -16.5\%$

問 **5.1** $\mu_A = 7.635\%$, $\mu_B = 10.78\%$, $\sigma_A = 23.40\%$, $\sigma_B = 27.44\%$, $\rho_{AB} = -0.8007$

問 **5.2**

w	0	0.4	0.5	0.6	0.7	0.8	1
σ_P	20.00%	10.58%	8.66%	7.21%	6.56%	6.93%	10.00%
μ_P	10.00%	8.00%	7.50%	7.00%	6.50%	6.00%	5.00%

問 **5.3** 無リスク預金：$-3/8$，株式A：$5/8$，株式B：$3/4$

問 **5.4** (2) $\mu = 6\%$ のとき, 無リスク預金：0.6円，株式A：0.2円，株式B：0.2円. $\mu = 10\%$ のとき, 無リスク預金：-1円（1円借入），株式A：1円，株式B：1円

問 5.7 (1) $w_0 = 13/24, w_A = 5/24, w_B = 1/4$ (2) $w_A : w_B = 5 : 6$
(3) $\mu_T = 70/11\%, \sigma_T = 11.809\%$

問 5.9 制約式を w_A, w_B に関する連立方程式とみなした場合，目的関数は $\sigma_P^2 = 18w_C^2 - 12w_C + 4$ となり，$w_A = w_B = w_C = 1/3$.

Q 5.1 (1) 上から順に，$1.65\%, 47.93\%^2, -104.2\%^2$ (2) $\mu_A = 9.965\%, \sigma_A = 9.575\%, \mu_B = 6.704\%, \sigma_B = 8.252\%, \rho_{AB} = -0.5770$

(3)

w	0	0.4	0.5	0.6	0.7	1
σ_P	8.25%	4.16%	4.14%	4.69%	5.65%	9.57%
μ_P	6.70%	8.01%	8.33%	8.66%	8.99%	9.96%

Q 5.3 $w_0 = -10/7, w_A = 5/7, w_B = 12/7, 5 : 12, \sigma_T = 8.0869\%, \mu_T = 6.4706\%$

Q 5.4 大域的最小分散ポートフォリオは，目的関数を $\min_{w_A, w_B}(4w_A^2 - 2w_Aw_B + w_B^2)$ とし，制約式を $w_A + w_B = 1$ とする問題の解により与えられる．制約式を $w_B = 1 - w_A$ と変形して目的関数に代入すれば，解くべき問題は制約式のない2次関数の最小化問題に帰着される．

Q 5.5 $\sigma_P^2 = (21/4)w_C^2 + (21/2)w_C + 13$ より $w_A = 1, w_B = 1, w_C = -1$

Q 5.6 (1) $\rho_{AM} = 0.5$ (2) $\beta_A = 0.375$ (3) $(\mu_M - r)/\sigma_M = 5\%$ (4) $r + \beta_A(\mu_M - r) = 4.375\%$

Q 5.7 (1) $\sigma_A = 5.823\%, \rho_{AM} = 0.7002, \beta = 1.627$ (2) 8.608% (3) 6.905%
(4) 0.1379（億円） (5) -1.310（億円）

Q 5.8 $x_A = 10/37, x_B = 12/37, x_C = 15/37$

問 6.1 $2S_T - K$　問 6.2 $t = 5$ において100単位の先物をショートする．

問 6.3 (2) 1億200万円

問 6.4 現金決済：買い手は売り手から貸出債権の損失額（元本100億円 − 時価）のうち想定元本分50%を受け取る．現物決済：買い手は売り手に貸出債権を譲渡し，想定元本50億円を受け取る．

問 6.5 $S_T < K$ のとき権利を行使して $P_T = K - S_T$, $S_T \geq K$ のとき不利になるので権利を行使せず $P_T = 0$.

Q 6.1 満期ペイオフ：$2K$，割引現在価値：$2Kd(T) - 2S$

Q 6.2 1億7万5千円．

Q 6.4 強気：低い行使価格のプットロングと高い行使価格のプットショート，低い行使価格のプットショートと高い行使価格のプットロング，バタフライ：低い行使価格のプットロング1単位と中間の行使価格のプットショート2単位と高い行使価格のプットロング1単位．

Q 6.5 トップ：高い行使価格のプットショートと低い行使価格のコールショート，ボトム：低い行使価格のコールロングと高い行使価格のプットロング．

問 7.1 商品 Z を n 単位売却し，同時に商品 X と Y を n 単位ずつ購入する．

問 7.2 $-Fv(t,T) = -S$ より $F = S/v(t,T)$ **問 7.3** $\dfrac{v(0,1) - v(0,5)}{\sum_{m=3}^{10} v(0, 0.5m)}$

問 7.4 $\left((pu^2 + (1-p)d^2)^2 - (pu + (1-p)d)^4\right)S^2$

問 7.5 $\Delta = -0.5, B = 24$ から, $P_0 = 4.$ **問 7.6** 0.5

問 7.7 $p^* = 0.75, \ 1 - p^* = 0.25, \ P_0 = (0.75 \times 0 + 0.25 \times 20)/1.25 = 4$

問 7.8 $\mu_S = p^*(u-1) + (1-p^*)(d-1) = r.$
$\mu_{Cu} = (1 + r - p^*)/p^*, \ \mu_{Cd} = -1, \ \mu_C = p^*\mu_{Cu} + (1-p^*)\mu_{Cd} = r.$
$\mu_{Pu} = -1, \ \mu_{Pd} = (r + p^*)/(1 - p^*), \ \mu_P = p^*\mu_{Pu} + (1-p^*)\mu_{Pd} = r.$

問 7.10 28.4

Q 7.3 $P_0 = \dfrac{K}{(1+r)^n} f(a; n, p^*) - S f(a; n, q^*),$

ただし $f(a; n, p^*) = \displaystyle\sum_{k=0}^{a-1} \dfrac{n!}{k!(n-k)!} (p^*)^k (1-p^*)^{n-k}$

Q 7.5 $C_0(80) = 0.61, C_0(100) = 6.69, C_0(120) = 21.46$

Q 7.6 $P_0 = K e^{-rT} \Phi(-a_2) - S \Phi(-a_1)$

索　引

Black–Scholes の公式　145
CAPM　94, 97, 99
CDS　117
CRR の公式　143
Jensen のアルファ　97
Leland モデル　163
LIBOR　19, 114
Markowitz のポートフォリオ選択問題　79
Merton モデル　160
MM 定理　48, 56, 161
Sharpe レシオ　69, 95, 138
TIBOR　114
TOB　155, 156
Tobin のポートフォリオ選択問題　82
VaR　65
WACC　44, 49

ア　行

相対取引　13, 112
アウトオブザマネー　119
アットザマネー　119, 151
アメリカンオプション　122

委託証拠金　113
一物一価の法則　130
インザマネー　119, 142
インデックスファンド　104

永久債　173

オプション　117
オプションプレミアム　118

カ　行

価格の線形性　131
価格発見機能　13
確実性等価原理　68
額面　8, 17
確率　179
確率変数　179
確率密度関数　180
貸し手　1
加重平均資本コスト　39, 44, 49
過少投資問題　56
合併　153
株式　7
株式公開買付け　155
株式コスト　39, 43, 51
株式時価総額　15
空売り　75
借り手　1
為替スワップ　116
為替予約　111
元金　20
間接金融　5
完全市場　94
元本　1, 11, 20
ガンマ　150
元利合計　20

企業価値　45
企業価値保存の法則　48, 50
議決権　10
期待収益率　46, 63
期待値　181

期待理論　24
キャッシュフロー　16
共分散　183
金利期間構造　23
金利スワップ　19, 114, 132

クーポン　8, 18
クーポンレート　18
クレジットスプレッド　41, 162
クレジットデリバティブ　116

現在価値　26
原資産　109

行使価格　117
国債　7, 17
個別リスク　101
コールオプション　118, 145
コンソール債　173
コンビネーション　126

サ　行

債券　7
最終利回り　28
最小分散ポートフォリオ　79, 93
裁定機会　48, 130
裁定取引　134
最適資本構成　170
債務　8
債務超過　40
債務不履行　9
財務レバレッジ　51
先物価格　112
先物契約　112
先渡価格　110
先渡契約　110, 131
先渡利回り　24
差金決済　113
残余請求権　47
残余利益　40

時間価値　25, 147
直物取引　112
事業資産　46
資金調達コスト　37
自己資本　9, 44
自己資本比率　43
資産価値　161
資産代替問題　56
市場　12
市場価格　13
市場ポートフォリオ　94
市場モデル　100
指数関数　173, 174
システマティックリスク　101
自然対数　176
実行可能ポートフォリオ　78
シナジー効果　153
資本　9
資本構成　45
資本資産評価モデル　94
資本市場線　96
社債　7
収益率　60
証券　7
証券化　15
証券市場線　98, 99
証券特性線　102
正味現在価値　32
ショートポジション　111, 120
信用リスク　9

ストラドル　126
スプレッド　124
スワップ　18, 114
スワップレート　19, 114

正規分布　186
税効果利益　165
積率母関数　188
セータ　151
接点ポートフォリオ　82, 93, 95

索　引　　　*197*

相関係数　74, 184
総割引現在価値　26

タ 行

大域的最小分散ポートフォリオ　79
貸借対照表　39
対数関数　174, 175
対数収益率　60
ダイナミックヘッジ　144
探索コスト　2, 12
担保請求権　47
単利　20

仲介人　3
中心極限定理　148, 187, 188
直接金融　4

通貨スワップ　115

デフォルト　9, 64
テーラー展開　177
デリバティブ　109
デルタ　150
デルタヘッジ　135, 144
転化回数　22
天候デリバティブ　110
店頭市場　13

倒産　47
倒産コスト　56, 166, 168
投資家　5
投資プロジェクト　158
等比数列　171
取引所取引　13, 112
トレードオフ理論　169

ナ 行

内部収益率　31

二項定理　136

二項分布　184
二項モデル　52, 63
2資産分離定理　82

値洗い　113

ハ 行

バー　65
買収　153
配当　9
配当割引モデル　43
ハイリスク・ハイリターン　74
パー債券　30
発行価格　8, 17
ハードルレート　38
パー発行　8
バランスシート　39
半年複利利回り　22

非システマティックリスク　101
標準化　187
標準正規分布　187
標準偏差　63, 182

ファクターモデル　100
フォワードレート　24
複製ポートフォリオ　54, 130, 136, 143
複利　21
負債　7
　　――の節税効果　56, 163
負債コスト　39, 42, 51
プットオプション　118
プットコールパリティ　133
分散　182
分布関数　180

ペイオフ　111
ペイオフ関数　109
平均　181
平均投資収益率　31
ベーシスポイント　41

ベータ　98
ペッキングオーダー仮説　56
ヘッジ　123
ヘッジポートフォリオ　144
ベルヌーイ試行　184

法人税　163
ポートフォリオ　74
ポートフォリオ効果　75
補分布関数　185
ボラティリティ　63
本源的価値　147

マ　行

マクローリン展開　177
満期　8, 11, 17

無限級数　171
無裁定　130
無リスク資産　80

ヤ　行

有価証券　7
有限責任原則　47
有効フロンティア　80
融資　11

預金　11, 12
ヨーロピアンオプション　122

ラ　行

ライボー　19

ランダムウォーク仮説　63

リアルオプション　158
利鞘　4
リスク　59, 72, 183
　——の市場価格　95, 138
リスク回避的　67, 79
リスク指標　150
リスク尺度　97
リスク中立確率　67, 139, 141
リスク中立化法　139
リスク中立的　67, 141
リスク調整済み割引率　67, 159
リスクフリーレート　66
リスクプレミアム　43, 59, 67
リスク分解　92
リスクヘッジ　109
リターン　63, 72
利付債　8, 17, 27
利回り　20
利回り曲線　23
流動性　15

レバレッジ効果　51, 121
連続複利　22, 60

ロングポジション　111, 120

ワ　行

ワック　44
割引関数　25
割引現在価値　26
割引債　8, 17
割引率　32

著者略歴

木島正明（きじま まさあき）

- 1957年 新潟県に生まれる
- 1980年 東京工業大学理学部卒業
- 1986年 ロチェスター大学経営大学院博士課程修了
- 現　在 首都大学東京大学院社会科学研究科教授
         Ph.D., 理学博士

後藤允（ごとう まこと）

- 1978年 三重県に生まれる
- 2006年 早稲田大学大学院理工学研究科博士後期課程修了
- 現　在 北海道大学大学院経済学研究科准教授
         博士（工学）

鈴木輝好（すずき てるよし）

- 1967年 青森県に生まれる
- 2003年 京都大学大学院経済学研究科博士後期課程修了
- 現　在 北海道大学大学院経済学研究科教授
         博士（経済学）

ファイナンス理論入門
― 金融工学へのプロローグ ―

定価はカバーに表示

2012年3月1日　初版第1刷

著　者　木　島　正　明
　　　　鈴　木　輝　好
　　　　後　藤　　　允

発行者　朝　倉　邦　造

発行所　株式会社　朝　倉　書　店

東京都新宿区新小川町6-29
郵便番号　162-8707
電　話　03(3260)0141
FAX　03(3260)0180
http://www.asakura.co.jp

〈検印省略〉

© 2012 〈無断複写・転載を禁ず〉　　　中央印刷・渡辺製本

ISBN 978-4-254-29016-5　C 3050　　Printed in Japan

JCOPY ＜(社)出版者著作権管理機構　委託出版物＞

本書の無断複写は著作権法上での例外を除き禁じられています。複写される場合は、そのつど事前に、(社)出版者著作権管理機構（電話 03-3513-6969, FAX 03-3513-6979, e-mail: info@jcopy.or.jp）の許諾を得てください。

V.J.バージ・V.リントスキー編
首都大 木島正明監訳

金融工学ハンドブック

29010-3 C3050　　　　A 5 判 1028頁 本体28000円

各テーマにおける世界的第一線の研究者が専門家向けに書き下ろしたハンドブック。デリバティブ証券，金利と信用リスクとデリバティブ，非完備市場，リスク管理，ポートフォリオ最適化，の4部構成から成る。〔内容〕金融資産価格付けの基礎／金融証券収益率のモデル化／ボラティリティ／デリバティブの価格付けにおける変分法／クレジットデリバティブの評価／非完備市場／オプション価格付け／モンテカルロシミュレーションを用いた全リスク最小化／保険分野への適用／他

首都大 木島正明・京大 岩城秀樹著
シリーズ〈現代金融工学〉1

経済と金融工学の基礎数学

27501-8 C3350　　　　A 5 判 224頁 本体3500円

解法のポイントや定理の内容を確認するための例を随所に配した好著。〔内容〕集合と論理／写像と関数／ベクトル／行列／逆行列と行列式／固有値と固有ベクトル／数列と級数／関数と極限／微分法／偏微分と全微分／積分法／確率／最適化問題

首都大 木島正明著
シリーズ〈現代金融工学〉3

期間構造モデルと金利デリバティブ

27503-2 C3350　　　　A 5 判 192頁 本体3600円

実務で使える内容を心掛け，数学的厳密さと共に全体を通して概念をわかりやすく解説。〔内容〕準備／デリバティブの価格付け理論／スポットレートのモデル化／割引債価格／債券オプション／先物と先物オプション／金利スワップとキャップ

明大 乾　孝治・首都大 室町幸雄著
シリーズ〈現代金融工学〉5

金融モデルにおける推定と最適化

27505-6 C3350　　　　A 5 判 200頁 本体3600円

数理モデルの実践を，パラメータ推定法の最適化手法の観点より解説〔内容〕金融データの特徴／理論的背景／最適化法の基礎／株式投資のためのモデル推定／GMMによる金利モデルの推定／金利期間構造の推定／デフォルト率の期間構造の推定

法大 湯前祥二・北大 鈴木輝好著
シリーズ〈現代金融工学〉6

モンテカルロ法の金融工学への応用

27506-3 C3350　　　　A 5 判 208頁 本体3600円

金融資産の評価やヘッジ比率の解析，乱数精度の応用手法を詳解〔内容〕序論／極限定理／一様分布と一様乱数／一般の分布に従う乱数／分散減少法／リスクパラメータの算出／アメリカン・オプションの評価／準モンテカルロ法／Javaでの実装

首都大 木島正明・第一フロンティア生命 小守林克哉著
シリーズ〈現代金融工学〉8

信用リスク評価の数理モデル

27508-7 C3350　　　　A 5 判 168頁 本体3600円

デフォルト（倒産）発生のモデルや統計分析の手法を解説した信用リスク分析の入門書。〔内容〕デフォルトと信用リスク／デフォルト発生のモデル化／判別分析／一般線形モデル／確率選択モデル／ハザードモデル／市場性資産の信用リスク評価

首都大 木島正明・首都大 田中敬一著
シリーズ〈金融工学の新潮流〉1

資産の価格付けと測度変換

29601-3 C3350　　　　A 5 判 216頁 本体3800円

金融工学において最も重要な価格付けの理論を測度変換という切口から詳細に解説〔内容〕価格付け理論の概要／正の確率変数による測度変換／正の確率過程による測度変換／測度変換の価格付けへの応用／基準財と価格付け測度／金利モデル／他

首都大 室町幸雄著
シリーズ〈金融工学の新潮流〉3

信用リスク計測とCDOの価格付け

29603-7 C3350　　　　A 5 判 224頁 本体3800円

デフォルトの関連性における原因・影響度・波及効果に関するモデルの詳細を整理し解説〔内容〕デフォルト相関のモデル化／リスク尺度とリスク寄与度／極限損失分布と新BIS規制／ハイブリッド法／信用・市場リスク総合評価モデル／他

首都大 木島正明・首都大 中岡英隆・首都大 芝田隆志著
シリーズ〈金融工学の新潮流〉4

リアルオプションと投資戦略

29604-4 C3350　　　　A 5 判 192頁 本体3600円

最新の金融理論を踏まえ，経営戦略や投資の意思決定を行えることを意図し，実務家向けにまとめた入門書。〔内容〕企業経営とリアルオプション／基本モデルの拡張／撤退・停止・再開オプションの評価／ゲーム論的リアルオプション／適用事例

上記価格（税別）は 2012 年 2 月現在